立信财经文库

政治关联、政府扶持和企业技术创新绩效关系研究

张艳妮／著

立信会计出版社
LIXIN ACCOUNTING PUBLISHING HOUSE

图书在版编目(CIP)数据

政治关联、政府扶持和企业技术创新绩效关系研究/张艳妮著. —上海：立信会计出版社，2023.11
(序伦财经文库)
ISBN 978-7-5429-6649-0

Ⅰ.①政… Ⅱ.①张… Ⅲ.①企业创新—研究—中国 Ⅳ.①F279.23

中国国家版本馆 CIP 数据核字(2023)第 219599 号

责任编辑　张翠芳
助理编辑　汪玉玲
美术编辑　南房间

政治关联、政府扶持和企业技术创新绩效关系研究

ZHENGZHI GUANLIAN ZHENGFU FUCHI HE QIYE JISHU CHUANGXIN JIXIAO GUANXI YANJIU

出版发行　立信会计出版社
地　　址　上海市中山西路 2230 号　　邮政编码　200235
电　　话　(021)64411389　　传　　真　(021)64411325
网　　址　www.lixinaph.com　　电子邮箱　lixinaph2019@126.com
网上书店　http://lixin.jd.com　　http://lxkjcbs.tmall.com
经　　销　各地新华书店

印　　刷　江苏凤凰数码印务有限公司
开　　本　710 毫米×1000 毫米　1/16
印　　张　15.75
字　　数　235 千字
版　　次　2023 年 11 月第 1 版
印　　次　2023 年 11 月第 1 次
书　　号　ISBN 978-7-5429-6649-0/F
定　　价　79.00 元

前　言

创新一直是企业重点关注的领域之一，尤其自“大众创业，万众创新”提出以来，诸多学者与企业家对于企业如何开展技术创新展现出了浓厚的兴趣，并对其进行了一系列的研究。

尽管已经有大量的研究挖掘了企业开展技术创新活动的诸多因素，探索出企业技术创新在企业生产经营活动的作用，但是这些研究并没有完全诠释企业开展技术创新的内在机理，尤其是缺乏中国情境下的路径模式。也有国内研究企业技术创新的学者挖掘出了中国情境下特有的影响因素，例如政治关联、市场化程度、法治水平等。但这些因素影响企业技术创新活动的内在机理尚未厘清。因此，本书试图探索这些因素如何影响企业技术创新活动的开展。

为了解决上述问题，本书选取了影响因素——政治关联，试图探索出企业高管政治关联如何作用于企业技术创新活动。通常的观点认为，政治关联有利于企业开展技术创新活动，它为企业开展创新活动带来了异质性资源，这主要是基于资源基础理论的一种解释。本书注意到，并非企业高管政治关联程度越高，越有利于企业开展技术创新活动，反而有可能不利于企业开展技术创新活动，这主要是考虑资源诅咒所带来的影响。因此，本书结合资源基础理论与资源诅咒理论共同阐释企业高管政治关联作用于企业技术创新活动的双重路径。

已有研究通常只考虑企业的创新（研发）投入或创新（专利）产出，探索不同因素对于企业创新投入与产出单方面的影响。本书认为企业技术创新投入与产出是表现企业技术创新活动的两个方面、两种方式，因而应将企业技术创新活动划分为技术创新投入与产出，并将两者结合起来进行研究，揭示企业高管政治关联影响企业创新投入与产出的不同作用模式。本书研究发现，政府扶持即政府补助和政府项目科技立项在政治关联影响企业技术创新绩效的过程中起中介作用。此外，为了能够清晰地界定本书的研究边界，本书以制度理论为基础，研究发现企业面临的市场环境与法治环境对于企业高管政治关联与企业技术创新作用路径存在调节作用。总之，本书整合资源基础理论、资源诅咒理论与制度理论探索了企业高管政治关联影响企业技术创新活动的内在机理。

本书选取2008年到2015年所有在我国沪深上市的企业作为初始样本，按照相关要求进行筛选，整理出13 601个企业年度观测值。同时，本书使用CSMAR上市企业的高管人物特征数据库的高管履历筛选出12 711个最终观测样本。此外，在检验制度环境的调节作用时，本书从《中国分省份市场化指数报告(2016)》中萃取出本研究所使用的制度环境相关数据，检验其对政治关联影响技术创新绩效路径的调节。这些详实而细致的研究设计、数据筛选、实证检验，基本验证了本书所提出的理论假设。

本书的主要研究结论：本书主要回答了政治关联如何影响企业技术创新活动，界定了政治关联影响企业技术创新的边界条件，并且通过大样本检验证实了本书所提出的问题，具体来讲，主要包括以下三方面的结论：首先，本书发现了政治关联对企业技术创新的双重影响。企业追求政治关联对于企业创新活动的影响既有积极影响，也有消极影响。企业追求政治关联可以获得更多的创新资源，但是企业获得的创新资源并非一定有利于企业创新活动的开展。其次，本书发现了政治关联影响企业技术创新的四条内在机制。本书从资源基础理论诠释了政治关联作为企业技术创新获取创新资源的关键渠道，能够对企业创新活动产生影响，发现政治关联有益于企业获取政府补助与科技项目,并且进一步增加企业的创新产出;结合资源诅咒理论,认为企业获得过多的创新资源反而会对企业创新活动产生负面影响,用系统且辩证的思维考察了政治关联影响企业技术创新的内在机制,填补了当前对于政治关联如何影响企业技术创新研究的不足。最后,本书深入分析了政治关联影响企业技术创新的情景效应及其中介路径的情景效应。考虑到企业的政治网络是嵌入在制度环境中的,制度环境的演进会影响政治关联作为资源渠道作用的发挥,本书验证了制度环境在政治关联影响企业技术创新情景效应及其影响路径中的显著调节作用。

本书的主要理论贡献包括以下三个方面:首先,基于多理论的系统性视角分析了政治关联如何影响企业技术创新。从资源基础理论的视角出发,深入分析了企业追求政治关联,从而从政府处获得创新资源,并且进一步推动企业创新活动的开展,这既验证了以往大多数学者对于政治关联对企业创新活动的积极看法,也进一步证实了企业追求政治关联可以为企业带来足够的创新资源,进而有利于企业创新活动的开展。从资源诅咒理论的角度出发,探讨了企业追求的政治关联所带来的创新资源可能产生挤出效应,即企业追求政治关联反而不利于企业创新活动的展开,综合资源基础理论与资源诅咒理论分析了企业追求政治关联为企业获得的创新资源对企业不同创新活动产生的不同影响,由此得到了一个更为辩证的结论,拓展了当前对于政治关联与企业技术创新活动之间的单一看法。从制度理论出发,界定了政治关联影响企业技术创新活动的边界条件,弥补了当前单一视角研究政治关联对企业技术创新活动的影响。其次,本书发现,政府扶持作为企业的外部创新资源能够在政治关联与企业技术创新之间起到中介作用。从创新资源的角度提出政府扶持能够用于解释企业政治关联与技术创新活动之间的内在机理,并据此发现了四种影响机制,加深了当前政治关联与企业技术创新之间的内在逻辑关系的认识。最后,本书发现,制度环境能够在企业政治关联与企业技术创新活动之间及其中介路径中起到调节作用，拓展了政治关联与企业技术创新活动的边界研究。本书从制度理论出发，发现企业所处的制度环境可以显著缓解政治关联所带来的负面影响，并能够增强政治关联所带来的积极效应。

本书的研究结果能够为企业如何开展技术创新活动提供理论上的指导；同时又能够为地区政府建立公平、公正的市场化环境与法治环境提供借鉴。本书的研究也拓展了资源基础理论、资源诅咒理论与制度理论的相关研究。

目　录

1 绪 论

1.1 研究背景

1.1.1 现实背景

科技是国之利器，是一个国家、一个民族发展的重要力量；而创新是国家、社会、企业立足的根本途径。技术创新不仅作为企业在复杂多变环境中增强竞争优势、提升自身价值的关键途径，被广泛地认为是复杂多变环境中提升企业价值的核心战略，也是驱动区域和国家经济发展的重要因素。1978 年改革开放伊始，“科学技术是第一生产力”的重要论断使得科技创新成为我国的国家战略。在 1999 年，为推动我国科技创新发展，中共中央、国务院发布了《关于加强技术创新，发展高科技，实现产业化的决定》，首次对科技创新进行了顶层设计。此后，我国陆续启动“知识创新工程”和“技术创新工程”等一系列重大工程，旨在培育我国的技术创新体系，并利用科技创新推动产业的发展。随着我国经济进入新常态，在供给侧结构性改革的背景下，科技创新成为我国经济改革、新旧动能转化和产业转型升级的核心驱动引擎。党的十九大报告提出要深化科技体制改革、建立技术创新体系、促进科技成果转化，进一步明确了科技创新在建设我国现代化经济体系中的战略支撑地位。

在中美贸易争端中，美国为保护其国内市场而对我国实施“双反”调查。以反补贴为例，美国认为我国政府对出口企业的外资、税收、土地等方面补贴政策严重影响了美国本土产业的发展。然而政府补贴是世界各个国家以国家战略为基础，对某些行业进行补贴的正常行为，并非中国独有，而且美国对其农业也进行了大额补贴。另外，我国政府对于那些从事技术创新的企业给予的补贴往往是为了促进企业的长远发展，降低企业创新成本的同时提高企业在市场中的竞争力。同时，对于企业创新程度的差异，政府会给予不同额度的补贴、税收优惠等，以激励企业持续从事技术创新。因此，如何理解政府补贴在企业技术创新中的作用，对于推动相关领域的发展具有重要意义。

早期，我国实行的计划经济在某种程度上避免了市场经济发展过程中可能存在的产能过剩、恶性竞争等问题，然而计划经济对资源的利用并非最优配置，难以保障有效的市场竞争。为应对市场失灵，经济学家凯恩斯提出当市场这一"看不见的手"失效时，需要政府这只"看得见的手"去对市场进行干预和管制，以修正市场机制的弊端（Li 和 Zhang，2007）。我国政府也在利用"有形之手"去解决关键创新资源的市场配置失衡问题，主要体现在以下两方面：一是加强对企业创新的政策扶持。在"大众创业，万众创新"的背景下，我国政府积极推动创新与创业的相互作用。为高新技术产业以及战略新兴产业的创业创新提供政策上的扶持，其形式通常表现为税收的优惠、政府直接的资金补贴、科技项目扶持等。二是持续优化企业创新的制度环境。具体表现在构建我国的创新生态系统，完善新动能的培育制度建设。实施简政放权的"放管服"改革、连续出台优化科研管理提高科研绩效、推进人才评价机制改革等政策文件，进一步破除制约企业创新创业的制度障碍。同时在法律层面完善我国知识产权保护法，加强对知识产权市场的监管，促进企业科技创新成果经济效益和社会效益的转化。而且，我国政府也在积极推动金融体制的改革，避虚就实、"活血化瘀"，进一步解决金融市场信息不对称、高杠杆、系统风险等问题，提高金融服务的效率，为我国企业的创业创新在资金流上提供源头活水。

在以公有制为主体的经济制度下，我国国有企业比民营企业更易享受政府政策以及改革红利。但不能忽视的是，民营企业的规模远超国有企业。截至2017年年底，我国民营企业数量已达到4 000万家，占我国企业总数的99%，贡献了我国60%的GDP、50%的税收，提供了80%以上的城镇就业岗位[①]。即使政府"有形的手"在调节市场创新资源存在配置失衡，但相较于国有企业，其他企业在技术创新上仍然面临创新资源获取难、政策扶持以及改革红利难以覆盖、制度性成本高等问题。而且，在现阶段，由于我国支持市场建设的基础性制度仍需完善，政府对市场的干预通常比较广泛，这使得企业必须借助某些替代性机制来克服制度缺陷对其发展的阻碍，最常见的形式是寻求与政府建立政治联系。这一企业寻求与政府建立联系的行为，在全球也比较普遍。一项跨国调查中显示，在全球47个国家和地区中有35个国家和地区存在企业的政治关联现象(Fisman等，2012)。

直观来看，政治关联已经成为企业获得各类政治资源的有效通道。正如费孝通提出的"差序格局"理论，社会中的人与人在相处的过程中会因关系的亲疏远近而进行区别对待，这一"近水楼台先得月"的逻辑，亦可用于解释企业寻求政治关联的行为。我国政府在管理企业的过程中，也不可避免地受到了这些逻辑的影响。已有的研究经验也表明，拥有政治关联的企业在资源的获取方面有更好的表现，如享有便利的融资渠道、较低的市场准入门槛(Bertrand，2004；Getz，1997；罗党论和刘晓龙，2009)、税收的优惠(程华，2006；江静，2011；李维安，李浩波和李慧聪，2016；吴联生，2009)、更易获取政府补贴(佟爱琴和陈蔚，2016；夏力和李舒妤，2013)等。特别是，随着我国经济的不断发展和人口红利的不断减弱，在市场机制尚未健全的营商环境中，企业为获取资源上的优势和克服自身先天的权属性质的缺陷，愿意付出很高的成本和代价去建立和经营自身的政治网络关系。

技术创新是企业核心竞争优势的关键来源，因此企业外部创新资源的获取成为企业创新系统高效产出的根本，但企业的政治关联一定能促进企业的技术创新吗？已有研究隐含表达了政治关联对企业的

① 资料来源：《2017—2022年中国企业经营项目行业市场深度调研及投资战略研究分析报告》。

技术创新的是一把“双刃剑”。一方面,企业可以利用其与政府或者政府官员之间的政治联系获取政治资源,发挥资源禀赋的优势,从而提升企业的技术创新绩效(曾萍,吕迪伟和刘洋,2016;李传宪和干胜道,2013;王维,郑巧慧和乔朋华,2014b;王珍义 等,2011);另一方面,由于企业建立和维持政治关系,需要承担寻租成本和政策性负担,使其自身经营活动受到干扰,降低企业战略选择的灵活性(Bertrand, 2004; Goldman, Rocholl 和 So, 2009;余明桂,回雅甫和潘红波,2010;章细贞和龙媚,2015)。企业的政治关联反而会带来明显的资源诅咒效应,进一步挤出企业的研发资源投入,抑制企业的技术创新行为(袁建国,后青松和程晨,2015b)。

在供给侧结构性改革背景下,科技创新成为我国经济转型的内在动力,政府贯彻落实创新驱动发展战略,就需要企业承担创新者的角色。政府为激励好、支持好和服务好企业的创新活动,不断在顶层设计上完善企业创新制度环境的同时,也加大对企业的技术创新行为的扶持力度。但是创新行为是一项需要大量资源持续投入和承担较高风险的活动。对于拥有政治关联的企业而言,它们在获取政府扶持上具有一定的优势,企业的管理者也在探索利用政治关系促进企业技术创新绩效的路径。但考虑到政治关联带来的不确定性,甚至是负面效应,这让企业的管理者往往踌躇不前,难以进行决策。因此,在这样的现实背景下,从企业和政府的双重视角去探讨政治关联与企业的技术创新之间内在的逻辑关系,对企业和国家而言都具有很强的实践价值。

1.1.2 理论背景

对于政治关联的研究,其本质上仍属于战略管理的范畴。经典的战略管理理论对企业外在环境的审视和分析的焦点往往落在市场领域,认为企业的竞争优势来源于市场多方主体力量博弈的结果,如企业的竞争者、潜在的进入者、上游的供应商以及供应链下游的购买客户。因此,企业需要利用自身相较于其他主体的优势,采取相应的市场战略去抓住外部机会,同时有效规避外部威胁。但是,随着非市场力量作用于企业绩效和竞争优势的效果增强，对非市场战略的研究显得格外重要。企业应该将政治关联上升到战略层面，将其视为企业整体竞争战略的关键组成部分(Peng 和 Luo，2000)。政治关联作为一种无形的政治资源，对于企业的生产经营活动有着十分大的影响。它不仅对企业战略布局产生影响，也对企业的战略目标有着重大的影响。这丰富了战略管理理论，同时也引起了学者们对政治关联如何帮助企业获得竞争优势的讨论。其中技术创新作为现代企业核心竞争优势的关键来源，成为学者们讨论这一问题时经常采用的结果变量。

本书通过对政治关联与企业技术创新相关文献的系统回顾和研究，发现已有研究尚处于起步阶段，目前对于企业技术创新与政治关联之间的关系缺乏系统、全面的探索与考察。已有关于企业技术创新与政治关联的研究主要可分为四种类型：其一为探讨企业政治关联对企业技术创新的直接效应，并在不同的行业背景下进行检验。例如，已有学者认为，政治关联作为一种政治资源会对企业技术创新产生直接的积极影响，但是也有学者指出，政治关联对于企业技术创新也存在潜在的负面影响。其二为剖析企业政治关联影响企业技术创新的作用路径。这一类研究致力于探索企业政治关联是如何影响技术创新的，侧重于对内在作用路径的考察与摸索。其三为从企业外部环境和内部治理结构角度，探索企业政治关联作用于企业技术创新的边界条件。这一类研究主要是考察内外环境如何对政治关联与技术创新之间的关系起到缓和或促进作用，并且考察两者之间的耦合效应。其四为探求企业面临的外部制度环境对企业政治关联作用于企业技术创新绩效路径的调节作用。这一类研究是对第三类研究的深化，它侧重于探索制度环境在政治关联与技术创新之间的作用，这是因为相较于国外的市场环境，在中国的国情下，制度环境对企业创新活动有着较强的引导作用，这导致了已有学者十分关注这种特殊的外部环境如何对政治关联与技术创新的关系产生影响。为了深入了解这四类研究的现状与趋势，本书对这四类研究的文献进行梳理，进一步对其研究的现状和存在的不足进行阐述和总结。

1）现有的研究对企业政治关联和技术创新之间的关系存在明显的分歧

对于企业政治关联能否有效促进企业的技术创新，目前学者们的研究结果存在明显的分歧，大致可概括为三个方面：促进作用、抑制作用以及无影响。多数研究表明，政治关联所带来的政治资源可以为企业技术创新提供有效的支持，因而有利于企业技术创新活动的开展。然而也有研究表明，由于企业过分追求政治关联，使得企业为维持政治关联而付出的寻租成本过高，压缩了企业对技术创新的投入，使得企业技术创新趋于乏力，不利于企业的技术创新。这两种观点各有自身严谨的逻辑思路，并且能够较为有力地说明政治关联与企业技术创新之间的关系。此外，也有极少数学者认为，政治关联与技术创新之间的作用路径过于遥远，即便企业具有政治关联，这种政治上的资源也很难服务于企业的技术创新活动，因此这些学者主张政治关联不会对技术创新产生影响。为了能够较为全面地厘清政治关联与企业技术创新之间的关系，本书从三个角度展开详细的论述。

其一，企业政治关联对企业的技术创新有抑制作用，这一观点背后的解释逻辑主要强调两个方面：一方面，如果企业一味地追求政治关联、维持政治关系，会给企业带来社会责任负担增加、成本上涨等问题（Faccio 和 Lang，2002；梁莱歆和冯延超，2010；游家兴，徐盼盼和陈淑敏，2010），导致企业需要将原来用于其他生产活动的时间、精力投入维持政治关联之中。政治关联会使得企业投资效率低下（Claessens，Feijen 和 Laeven，2008），企业可能会挤占研发资源去弥补继续维持政治关联所需付出的寻租成本（Chen 和 Li，2005），进而降低了企业对研发创新的投入，从而抑制了企业的技术创新（罗明新，马钦海和胡彦斌，2013）。另一方面，有学者认为，企业拥有越强的政治关联，得到的制度倾斜越大，因而缺乏创新动力，会破坏企业内在的创新动机（李新春和肖宵，2017）。这是因为当企业可以依靠政治关联获得更多创新所需的资源、资金时，企业会逐渐倾向于依赖外部资源来推动技术创新，而非企业的内在创新动力。这种创新动力的缺失，使得企业创新活动难以产生有价值的效用，并且当企业技术创新遇到困难或瓶颈时，往往不是主动寻求解决问题的方式，而是寻求外部支持，因而政治关联对于企业技术创新并非是有益的。

其二，企业政治关联对企业的技术创新有促进作用，这一观点背后的解释逻辑可以简单归纳为三个方面。首先，企业的政治关联通常可以视作一种关键的企业战略资源，为企业获取创新资源的关键通道(Faccio，Masulis 和 McConnell，2006；Fisman，2001)，是企业技术创新活动过程中必不可少的要素之一。当企业具有政治关联时，往往可以有效、便捷、快速地获取企业技术创新所需的外部资源，这可以有效降低企业技术创新过程中的资源限制与外部阻力。其次，有政治关联的企业在应对外部制度环境时拥有更强的战略前瞻性和组织柔性，可以及时获取组织的合法性，成为企业创新的重要保障(Dowling 和 Pfeffer，1975；高照军，张宏如和蒋耘莛，2018；赵晶和孟维烜，2016；郑丹辉和李孔岳，2015)。企业具有政治关联，意味着企业与政府之间的关系较为密切，而政府又是企业所面临外部制度环境的主要塑造者以及宏观政策制度的制定者。最后，企业的政治关联能帮助企业在市场中传递积极信号，提升企业的声誉和品牌价值，从而激励企业的技术创新行为(Fisman，2001；Goldman 等，2009)。

其三，企业政治关联与企业的技术创新无关。这一类的文献依托创新理论视角进行推演，强调创新的系统过程，认为无论是在市场经济还是转型经济中，企业政治关联的嵌入都不可能对其技术创新产生影响(Wang 和 Lin，2013；许玲玲，2017)。尽管这些学者认为在理论视角的推演下，政治关联与企业技术创新之间很难产生有效的影响，但是多数学者表示无论在理论上还是实践上，企业政治关联与技术创新之间存在某种直接或间接的关联。正是对于不同观点的争论，激发了后续学者们对企业政治关联对技术创新影响的内在机理和边界条件的探索，以解释出现不同结果的原因。

2) 企业政治关联作用于技术创新的内在机理有待进一步探索

企业政治关联对于技术创新的机理研究能够打开两者之间的“黑

箱”，识别出政治关联作用于企业技术创新的潜在路径，以此更加清楚地明确政治关联与企业技术创新之间的关系。随着学者们逐步验证政治关联影响企业技术创新的直接效应，也有学者进一步指出政治关联与技术创新之间存在着较长链条的间接效应，即探索政治关联如何间接影响企业的技术创新。这些研究对于理解政治关联如何作用于技术创新有着较大的作用。本书对于已有关于机理研究、作用机制相关研究进行归纳，发现对于企业政治关联作用与技术创新内在机理的解释，已有研究主要从两方面进行分析：

其一，从企业内部的视角出发，立足于知识基础观、吸收能力、双元创新、社会网络等理论，验证知识交换、组织学习、动态能力、企业技术合作网络等因素的中介作用（简兆权，陈键宏和王晨，2014；金江，麦均洪和郑西挺，2016；刘岩，蔡虹和张洁，2014；潘清泉和唐刘钊，2015）。这些研究强调政治关联是一个较为复杂的概念，它涉及企业多种知识、能力、技术等资源，需要从一个动态的视角来考察政治关联给企业带来的影响。例如，组织动态能力往往包含对企业已有资源的整合、创建与重构，拥有政治关联的企业往往需要考虑与政府之间的关系，以便动态应对政治关联所带来的政治资源对企业的影响。并且，资源的类型、性质、作用方式的不同，使得这些资源与政治关联的关系也带有模糊性，这种模糊性对企业动态能力有着更高的要求。虽然这些研究可以帮助我们从知识、能力、技术等角度理解政治关联对企业技术创新的影响，但这些研究并没有深入揭露这些资源之间的碰撞与冲突如何对企业的能力产生动态的影响。

其二，立足于社会资本理论和资源基础观，分析企业外部资源获取因素的中介路径（罗党论和唐清泉，2009）。这些研究尝试从企业的内外部视角去梳理政治关联影响企业技术创新的潜在路径模式，为打开企业政治关联与技术创新的“黑箱”奠定了扎实的基础。学者们的观点主要突出政治关联所带来的资源效应，强调政治关联对于现有资源的影响，在此基础上分析这些资源的获取对企业技术创新所产生的作用。然而，大多数研究认为，政治关联为企业带来的政治资源，会直接对企业技术创新产生影响，但已有学者对于这类资源能够促进还是抑制企业技术创新持有不同的看法。更进一步地，由于资源性质的差异，不同类型的资源在这一过程中也会产生不同的影响。总而言之，该视角下的政治关联与企业技术创新之间的关系仍然有待梳理与验证。

3）已有研究缺乏对企业政治关联影响技术创新的边界条件的探讨

学者们也在探索企业政治关联影响技术创新的权变效应，即在什么样的情境下，政治关联与技术创新之间的作用关系会更为突出、会被放大，抑或被抑制。但目前已有的研究往往从企业创新的视角，将影响企业创新行为的权变效应嫁接到政治关联影响企业技术创新的路径上来，比如强调企业高管的风险承担性、领导者类型风格、企业家社会网络、企业战略柔性、组织冗余程度等。例如，对于变革型领导风格与保守型领导风格而言，拥有前种领导风格的企业管理者，往往对于企业技术创新更加注重，强调企业技术的变革，突出冒险精神，因此这一类企业管理者往往会妥善利用企业所能获得的一切有利于企业技术创新的资源，包括政治关联所带来的政治资源，这在一定程度上强化了政治关联对于企业技术创新的影响。对于后者而言，这种放大作用却未显得十分明显。然而，从诸如企业领导风格等有利于企业技术创新的视角来看，这在很大的程度上忽视了外部环境对企业技术创新的关键影响作用。尤其考虑到企业的政治关联是紧紧地嵌入在制度环境之中，随着制度环境的变迁，其对企业的效用也在波动，但这类研究对这些外部环境的关注并不充分。

自改革开放以来，我国将科教兴国制定为基本国策后，一直在致力于优化企业的创新制度环境，释放市场的创新活力。企业所面临的制度环境处于动态的变化之中，这些制度环境对于企业活动，尤其是创新活动有着十分重要的影响。例如，对于中小企业、高新技术企业而言，我国分别给予了其不同程度的创新扶持政策，那些具有政治关联的企业通常被认为可以更为便捷地获得这些资源。然而，有关制度环境如何在政治关联与技术创新之间发挥作用却仍不可知。此外，制度环境作为企业所面临的重要的外部环境之一，能够对企业生产活动产生直接的影响，企业需要系统全面地考虑如何应对多元化的制度环境，以便更好地整合企业所拥有的各类资源，使得各类资源的效益发挥到最大。因此，将制度环境作为企业政治关联影响技术创新的权变条件，不仅能较为系统地去审视两者间的关系，填补现有研究的不足，而且具有较强的现实意义。

4）已有研究缺乏整合多个理论去系统解释政治关联和技术创新间的关系

企业的技术创新是一个复杂的系统过程，如果只是利用单一理论的视角去剖析其运行机制，无疑是一叶障目。已有的对于政治关联影响企业技术创新的研究，往往只聚焦在企业创新的结果或者创新资源的投入上，比如技术创新绩效、创新效率、研发投入等。缺乏利用较为系统的理论整合，去系统解释企业的技术创新行为，包括企业创新资源的获取、创新资源的投入和创新资源的产出，这可能也是已有的研究在政治关联影响企业技术创新的作用上存在争论的潜在原因。因此，本书认为基于资源基础理论、资源诅咒理论、制度理论可以更为系统地整合政治关联作用于技术创新的研究框架，具有较强的理论价值。本书采用多个理论视角考察政治关联对于企业技术创新的影响，主要基于以下两方面的原因。

一方面，多理论视角能够更为系统地分析企业技术创新的过程，包括创新资源的获取、投入及产出。企业技术创新并不是单一、静态的，而是一个动态变化的过程，它往往涉及企业技术创新所需资源的获取，创新资源投入技术创新过程之中，以及最后创新成果的产出。在不同的阶段，创新所需的资源数量、资金数量、人力资源等不尽相同，如何合理有效安排这些资源是企业技术创新成果成功产出的重要基础。此外，由于单一理论通常难以从一个完整的角度概括技术创新活动对于资源需求幅度的变化，而基于某一整合视角，综合多项理论考察企业技术创新活动的变化，尤其是政治关联对于企业技术创新的影响，可以有效避免不同理论的“盲区”，并且将每一个理论的核心思想发挥到极致。

另一方面，考虑到政治关联的双面效应，多理论视角能够在一定程度上弥合现有研究的争论。已有研究表明，政治关联对企业技术创新有着不同、甚至对立的影响，这是单一理论难以有效解决的。某一具体的理论往往只能解释一条具体的路径(例如，基于资源基础理论可知，政治关联能够有效促进企业的技术创新)，但是基于该理论却不能解释政治关联对企业技术创新的另一方面的影响，而需要借助另一个理论来弥合当前理论的不足(例如，基于资源诅咒理论可知，政治关联会对企业技术创新产生抑制作用)。不仅如此，这些理论往往在解释直接效应的同时难以诠释政治关联影响企业技术创新的权变效应。鉴于此，本书将资源基础理论、资源诅咒理论、制度理论整合至同一个框架之中，全方位考察政治关联对于企业技术创新的影响。

1.2 研究问题的提出

当政治关联被定义为战略层面的企业行动，学者们便开始探索其作为非市场占有率对企业经营绩效的作用。但对于企业政治关联能否提升企业经营绩效仍有较大争论。积极的观点认为，政治关联能够实现企业社会资本的积累，从而对企业的绩效有正向促进作用。但有学者认为通过政治关联实现的企业社会资本的增加并不一定能正向作用于企业绩效，反而会存在资源的诅咒效应。从整体看，这些观点的争论往往聚焦在政治关联在企业获取外部资源过程中的作用，忽视了政治关联作用于企业绩效的内在机理。而且，当把研究的情景聚焦在更具有现实意义的企业技术创新上时，由于政治关联作用于企业技术创新的逻辑链条较长，更为系统地审视内在的作用过程显得更为重要。基于此，本书的研究问题聚焦在政治关联对企业技术创新会不会产生影响？如果有影响，影响的过程是怎样的？影响的过程会不会受到边界条件的限制？

基于以上逻辑以及现有的研究缺口，本书整合了资源基础理论、资源诅咒理论和制度理论，对政治关联与企业技术创新之间的理论路径进行了构建，整合多个理论去解释政治关联影响企业技术创新的机理过程。更进一步地，为了有效地回答本书所界定的系列研究问题，即探索政治关联作用企业技术创新的路径和边界条件，本书进一步将以上研究问题分解为五个紧密相连而又相互独立的子问题，包括政治关联是否会直接影响企业技术创新？政府扶持是否直接影响企业技术创新？政府扶持是否在政治关联与企业技术创新之间起到中介作用，如果有，是部分中介还是完全中介？政治关联对企业技术创新的影响是否受到制度环境的调节，如果有，是起到加强作用还是削弱作用？政治关联、技术创新、制度环境以及政府扶持四者之间存在何种关系？本书的具体研究问题如下。

1）政治关联对企业技术创新资源投入和技术创新产出的直接影响研究

为了探索政治关联影响企业技术创新的机理和权变效应，需要先对其主效应进行检验。目前，已有的研究虽然对政治关联与企业技术创新之间的关系存在争论，但这些研究往往是考察政治关联对企业技术创新产出的作用，忽视了企业技术创新是一个系统性的过程。企业技术创新不仅仅表现为创新的产出（通常采用专利进行衡量），也表现为创新的投入（通常采用研发投入来衡量），从创新的投入以及创新的产出来衡量企业技术创新，能够更加全面地把握企业的技术创新活动。此外，已有研究发现政治关联与企业技术创新之间存在差异化的影响，包括积极影响、消极影响以及无影响，对企业技术创新衡量方式的差异，使得政治关联与企业技术创新之间的关系出现以上的分歧。为此，本书将创新资源的投入和产出一起纳入结果变量中，可能会进一步发现出现研究争论的原因，对政治关联作用于企业技术创新的关系带来新的思考。

2）政府扶持对企业技术创新的关系研究

为进一步地挖掘政治关联与企业技术创新的关系，本书理出了政府扶持与企业技术创新的更深层次关系，便于进一步探索政府到底是“扶持之手”还是“掠夺之手”。本书首先考察政府扶持对企业技术创新的影响，包括对技术创新投入和产出的影响。本书中政府扶持主要包括政府补贴和科技立项，以此探究二者分别对创新投入和技术创新产出的影响。政府补贴一般涵盖直接的资金补助以及间接的税收优惠等，科技立项主要为企业从政府处获得的各类项目，政府补贴与科技立项囊括了政府对于企业技术创新的大部分支持。政府对企业提供扶持本质上是为了增强企业的创新能力，为企业技术创新降低成本、缓解资金压力等，以此激励企业加大对于企业技术创新活动的投入力度与产出效益，本书研究的目的在于验证这一效果。

3）政治关联作用于企业技术创新资源投入和技术创新产出的路径研究——政府扶持的中介作用检验

已有的研究已经证明企业创新资源的获取对企业创新资源的投入具有关键影响，而且创新投入进一步决定了企业的创新产出。此外，政治关联又是企业获取资源的关键渠道，在资源基础观的视角下，我们不得不思考创新资源的获取是否为政治关联影响企业技术创新资源投入和产出的必要路径。鉴于此，本书试图以资源基础理论为基础，考察政府扶持在政治关联与企业技术创新之间的作用，即探索政府扶持（政府补贴与科技立项）在政治关联与企业技术创新（技术创新投入与技术创新产出）之间的中介作用。本研究基于政府扶持作用，剖析政治关联影响企业技术创新的机理过程，具有较强的理论支撑和现实参考意义。

4）政治关联影响企业技术创新资源投入和技术创新产出的权变效应研究——制度环境的调节作用分析

不能忽视的是，企业作为一个市场主体，其经营活动受到外部市场环境的显著影响。企业所有的生产经营活动都受制于企业所处的环境，并且考虑到企业政治关联所带来的政治网络亦嵌入在制度环境中，对于其作用于企业技术创新活动的影响，不得不去重视制度环境的波动带来的权变效应。在当下我国市场机制持续完善、创新资源仍较为稀缺的体制环境下，政治关联对企业而言确实是获取战略资源的通道。但随着我国经济的转型，企业的营商以及创新环境更为公正、清明。在企业利用政治关联产生的网络促进企业技术创新的过程中，市场化制度环境能否影响政治关联作用的发挥，是迫切需要关注的情景因素。鉴于此，本书从制度理论出发，将制度环境作为政治关联影响企业技术创新的边界条件，探索制度环境如何影响政治关联与企业技术创新之间的关系。

5）政治关联、政府扶持和技术创新的有调节的中介模型研究

在现实条件中，政治关联、政府扶持、技术创新以及制度环境往往是并存的，并以动态关联的形式存在，而非静态的、一成不变的。因此在考察资源禀赋效应与市场要素扭曲对企业技术创新影响的同时引入制度逻辑，能够以一种更加全面的视角揭示政治关联对企业技术创新的影响。更进一步地，理解区域制度环境是怎样影响企业资源转化为企业技术创新是十分重要和有意义的，能够让企业从一个更为综合的视角思考政治关联、政府扶持和企业技术创新三者在制度环境下的变化。鉴于此，本书主要探索了制度环境如何影响政治关联、政府扶持和企业技术创新三者之间的关系，从一个更为综合的视角分析制度环境在政治关联、政府扶持和企业技术创新三者之间的作用。

1.3 研究思路与方法

1.3.1 研究思路

本书基于对现实背景和理论背景的分析，提出了研究问题，核心是探索政治关联影响企业技术创新的内在机理路径。首先，基于系统的文献综述，初步厘清政治关联、技术创新、政府扶持的概念、类型、测量，进一步阐述三者之间的理论关系，以及两两之间潜在的联系，以夯实本书的理论基础。其次，基于严谨的文献推演和现实问题的剖析，整合多个理论，据此提炼出本书的观点，并结合资源基础理论、资源诅咒

理论以及制度理论，提出相应的研究假设，进一步总结出本书的理论研究模型框架，如图 1-1 所示。再次，本书进一步通过大样本实证分析，对假设模型进行检验与验证分析。通过大样本的数据分析和统计，本书验证了政治关联作用于企业技术创新的路径以及边界条件，分析结果支持了大部分的研究假设。最后，本书对研究的结论进行汇总和讨论，阐述本书的价值和局限性，并展望未来可能的研究方向。同时，本书的研究结果也能够为企业管理者以及政府提供相关的管理实践启示，为企业更好地利用政治关联服务于自身技术创新提供有效的理论指导，为政府对企业技术创新从政治关联角度提供政府扶持提供有效的理论支持。

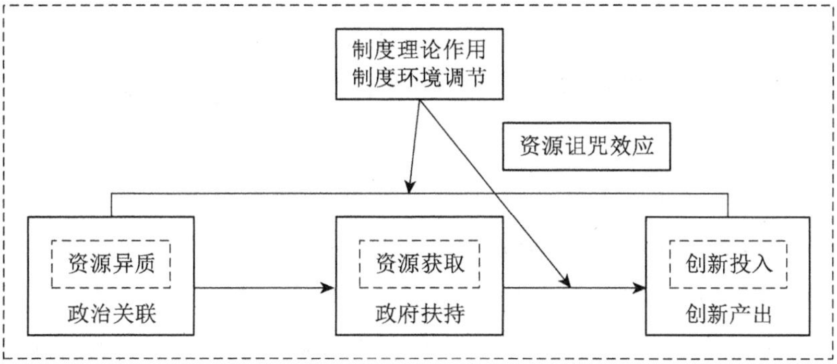

图 1-1 本书的理论研究模型框架

1.3.2 研究方法

目前，有关政治关联与企业技术创新的相关研究，主要通过实证研究的方式对两者之间的关系进行分析与检验。鉴于此，结合实际研究情景以及本书的研究问题，本书主要通过文献研究和实证研究的方法对研究问题进行阐释。具体而言，本书的研究方法主要包括以下两个方面。

第一，文献研究方法。本书首先对国内外关于政治关联和企业技术创新的相关研究进行系统梳理，厘清两者之间的关系脉络。同时根据现实问题和理论需要，提出本书的研究问题，即政治关联如何影响企业技术创新。其次，在此基础上，为了回答本书所提出的研究问题，本书进一步寻找理论上的解释，试图从一个综合的理论视角解决现有研究对政治关联与企业技术创新之间影响上的分歧意见，并给出更为恰当的解释。根据已有相关研究的线索，本书认为，以资源为切入点，对资源基础理论、资源诅咒理论和制度理论进行整合，能够很好地回答所提出的研究问题。随后，利用这些理论中的一种或者多种观点结合，去进行假设的推演，提出本书的研究假设，进一步整合成本书的研究模型。在整合的过程中，本书充分考虑了各个理论的优势与不足，在发挥不同理论各自优势的同时，用另一个理论对某一个理论的不足进行填补，以此从一个更为全面的视角分析政治关联与企业技术创新之间的关系。在假设逻辑的推演中，注重用理论去解释概念之间的因果关系、路径的内在机理、作用的具体方式，为本书的研究提供夯实的理论基础。

第二，实证研究方法。基于理论的整合和逻辑的推演提出的研究假设命题，需要用实证数据分析去进行检验；并且利用大样本数据能够有效避免研究误差，使研究的结果更为科学和严谨。考虑到已有不少研究采用该方法进行研究模型数据的采集与验证，本书在充分考虑不同类型的研究的基础上，对这些研究进行分析，发现这些研究所采用的数据并非十分全面，并且在时间截面上的选择也较为短暂。基于以上发现，本书实证检验的数据样本界定在我国沪深上市的所有企业。并且考虑到，由于在 2006 年以后，上市企业才较为系统地披露研发相关数据，本书的研究模型考虑了企业研发的全过程，以及企业研发效应的滞后性，本书选取了 2008—2015 年共 8 年的样本数据，去衡量样本在每一个变量上的表现水平。样本的历史纵向发展数据能够反映政治关联对企业技术创新的波动性影响，而且蕴含了制度环境随着时代的演进而带来的大历史观。对于数据的收集渠道，本书主要从国泰安数据库（CSMAR）、万得数据库（WIND）、锐思数据库（RESSET）等数据库收集 8 年间企业高管背景、研发投入、获得的政府补贴和科技立项、专利数量等数据，并手工整理出企业年度观测值。基于大样本数据，本书进一步利用 STATA 进行多元回归分析，进行假设的检验和中介效应的分析，对理论假设进行实证检验。本书认为，一个较长跨度的档案数据能够更为真实地反映出本书研究问题的实质，实证检验的模型如图 1-2 所示。

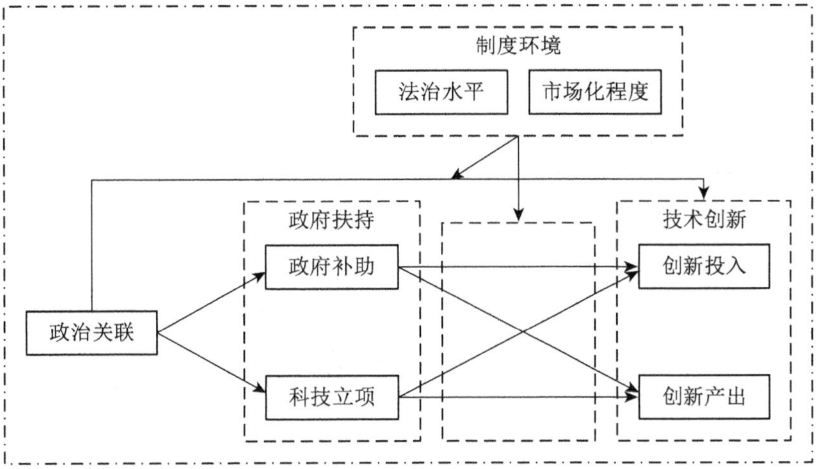

图 1-2 制度环境对政治关联影响技术创新绩效的中介路径的调节

1.4 研究技术路线与章节安排

1.4.1 研究技术路线

技术路线图是对研究过程的设计与规划，对于研究设计的开展具有指导性作用。根据对以上研究思路和研究方法的总结，本书设计出“提出问题—文献回顾—理论构建—提出假设—研究设计—实证检验—得出结论—讨论展望”的研究路径，本书具体的研究技术路线图如图 1-3 所示。具体而言，本书首先通过对企业实际情况进行剖析，提出初步的研究问题。其次，对相关的研究内容进行回顾，并通过对话现实问题，进一步明确本书的研究问题。为了有效解决本书所提出的研究问题，本书通过严谨的研究设计，将本书的研究问题拆分成四个互相关联、逐级递进的子研究，通过四个子研究的论证分析解决本书所提出的研究问题。特别地，考虑到本书研究数据为档案数据，本书进一步进行了稳健性的检验，检验结果基本与假设研究的检验结果一致。最后，本书对四项研究结果进行归纳汇总，得出研究结论，并据此给出管理实践启示。此外，本书还梳理了研究过程中出现的不足与问题。

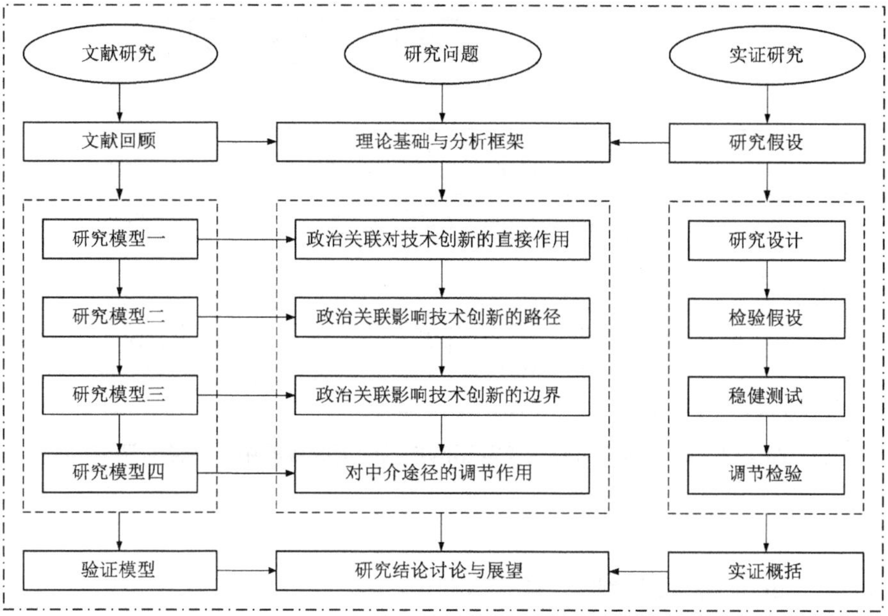

图 1-3　本书的研究技术路线图

1.4.2　章节安排

本书一共采用八个章节来完成整体的研究设计，回答政治关联如何影响企业技术创新等一系列研究问题。

第 1 章，绪论。本章主要对本书的研究背景、研究问题、研究思路与方法、研究技术路线、研究意义以及潜在的研究创新点进行阐述。具体包括：本章首先对企业进行技术创新的现实背景进行分析，包括经济转型背景、政府政策扶持背景、制度环境背景等，基于对这些背景的洞察，在实践层面论述企业技术创新对企业自身和国家而言的现实意义以及迫切性。其次，本章进一步对已有的相关理论研究进行梳理，识别已有研究的不足和文献缺口，提出本书的核心研究问题，即政治关联如何影响企业技术创新，并进一步从现实和理论两个层面论述所提出研究问题的意义。同时在该部分后续内容中，本章详细阐述了研究思路与研究方法，并在此基础上给出本书拟定研究技术路线，用于指导本书研究的开展。最后，本章围绕本书的章节布局进行简答的论述，并从实践层面与理论层面阐述了本书潜在的创新点。通过对于上述内容的阐述，全面而细致地分析了这项研究的基本概况与研究过程。

第 2 章，理论基础与文献综述。该部分主要阐述和搭建全文研究所依托的理论基础框架。首先，本章对资源基础理论、资源诅咒理论以及制度理论进行了回顾，分析了其在解释政治关联影响企业技术创新路径的关键作用，以及潜在的理论思想。其次，基于对国内外关于政治关联与企业技术创新相关研究的系统梳理，识别出两者之间的内在联系，明确了政府扶持可作为潜在的因素解释政治关联作用企业技术创新的机理作用。再次，本章分别阐述了政治关联的定义与测量，并就政治关联对企业带来的影响进行分析；阐述了技术创新的定义、类型、前因与测量，并就政治关联对企业技术创新的直接（间接）影响、路径机制、权变研究等方面的内容进行论述；阐述了政府扶持的定义与测量，以及政府扶持对于企业技术创新产生的影响，为下文的研究设计提供支撑。进一步对已有的研究进行综述，识别文献缺口，在理论层面明确研究问题的回答模型。

第 3 章，政治关联对企业技术创新绩效的影响。这一部分首先基于理论和相关文献，对政治关联与企业技术创新之间的直接关系进行推演，提出政治关联影响企业技术创新的直接效应假设。本章认为，政治关联不利于企业技术创新的投入，但是能够增加企业技术创新的产出。基于这一主张，本章对这两个观点进行理论上的推演，然后明确涉及变量的测量和使用的数据样本，并在此基础上对假设进行实证检验。检验结果表明政治关联确实不利于企业技术创新的投入，但是有利于企业技术创新的产出。此外，为了能够更为准确地验证本章的研究假设，本章进一步地进行了稳健性的检验，检验结果基本与实证检验的结果一致。基于假设检验的结果进行讨论分析，为接下来的研究奠定夯实的理论基础。

第 4 章，政府扶持与企业技术创新的关系。该章主要着重关注政府补助与科技立项对于企业技术创新的影响，从企业获取资源的角度来看，本章选取了政府补助与科技立项这两种扶持手段，分别描述政府补助与科技立项对企业技术创新投入与创新产出的影响，即考察了政府补助与科技立项和企业技术创新投入与创新产出之间的两两关系。本章认为无论是政府补助还是科技立项，都不利于企业技术创新投入的增加，但有利于企业技术创新的产出。为了验证这一设想，本章通过大样本分析以及稳健性检验基本验证了这一主张，本章的研究结果能够为下一章的政治关联影响企业技术创新的路径分析做好铺垫。

第 5 章，政治关联影响企业技术创新的路径分析。本章主要是基于子研究一的发现，在发现了政治关联作用于企业技术创新的直接效应后，进一步挖掘其影响技术创新的内在机理，即检验政府扶持在该路径中的中介效应。本章首先给出政府扶持的定义和测量，随后假设了政治关联与政府扶持之间的积极关系，即政治关联有益于企业获得政府补助与科技立项，在此基础上，本章进一步分析认为，政府扶持能够在政治关联与企业技术创新之间起到中介作用，即政治关联对于企业技术创新投入与产出的影响，需要通过政府补助与科技立项来实现。鉴于此，本章基于中介检验的分析流程，对上述研究进行回归分析与检验假设，检验结果基本符合本章的研究假设，随后本章针对这一结果进行讨论分析和研究结果总结。

第 6 章，不同制度环境下政治关联影响企业技术创新绩效的差异分析。这一章的目的是在发现了政治关联直接作用于企业技术创新的基础上，进一步探索该作用的边界条件。与子研究二的机理研究相呼应，能够更为系统地审视政治关联影响企业技术创新的路径和情景效应。由于企业所处的环境对于企业各种经营活动，尤其是技术创新活动产生深远的影响，本章重点考察了制度环境对于政治关联与企业技术创新之间的关系的调节作用。在研究设计上，本章首先对新引入的变量制度环境进行定义，完整全面地交代了具体的测量方法，然后按照步骤进行调节效应的检验。检验结果表明企业所处的制度环境确实会对政治关联与企业技术创新投入与产出之间的关系起到调节作用。最后，基于检验结果与稳健性分析结果，本章进行相关研究结果的讨论和分析。

第 7 章，政治关联、政府扶持和技术创新绩效——一个有调节的中介模型。将资源基础理论整合到经济学的研究框架中，从资源获取和市场要素扭曲的角度来剖析不同制度环境下由于资源禀赋效应和制度逻辑的差异，政治关联对技术创新绩效的中介路径的调节效应。本章主要为对子研究三的深化，通过有调节的中介效应的检验，论证政治关联、政府扶持、技术创新以及制度环境是一个有机的统一体，制度环境对于政治关联与企业技术创新之间的影响，不仅仅受到政治关联和企业技术创新的影响，还会因为政府扶持的变化而发生微妙的改变。鉴于此，本章从一个更为全面综合的视角提出政治关联、政府扶持、技术创新以及制度环境之间的关系，并通过大样本检验了这关系，研究结果基本支持本书的研究假设。

第 8 章，研究结论与对策建议。这一章节对以上四个实证研究的数据检验结果进行讨论，总结和归纳出本书的主要研究发现，并通过研究的主要发现，阐述本书的研究价值，包括理论和实践价值，进一步，对全书的研究进行反思，总结其研究存在的局限性，对未来的研究方向进行展望。总而言之，本书最为重要的三个发现为：①发现了政治关联对企业技术创新的双重影响；②通过厘清政治关联影响企业技术创新的内在机制，发现了政治关联影响企业技术创新的四条内在机制；③深入分析了政治关联影响企业技术创新的情景效应及其中介路径的情景效应。在这一研究发现的基础上，本书对于企业、政府如何妥善利用政治关联提出实践中的管理启示；并论述了本书在已有关于政治关联与企业技术创新之间关系的研究做出的较为重要的理论贡献。除此以外，本书还对研究过程中的产生的不足与问题进行分析，并给出潜在的解决方式以及未来可能的、有价值的研究方向，以期对未来有关政治关联与企业技术创新之间的研究指明方向。

1.5 研究意义和可能的创新点

1.5.1 研究意义

本书的理论意义主要可以体现在以下三方面：

其一，通过对资源基础理论、资源诅咒理论和制度理论的整合，本书构建了政治关联影响企业技术创新投入和产出的理论框架。具体而言，首先，基于资源基础理论，将企业的政治关联作为创新资源获取的通道，能够有效支撑企业技术创新所需的资源与投入。这种政治资源的输入能够对已有关于企业资源的认识起到补充的作用。其次，在检验所获取的创新资源对企业创新资源投入和技术创新产出的影响过程中，基于资源诅咒理论，提出了资源挤出效应，进一步论述了创新资源的获取在创新资源的投入和产出中各不相同的作用。这种差异化的创新效应可以帮助现有研究者能够从一个更为辩证的视角看待政治关联与企业技术创新之间的关系。再次，通过理论框架的整合，能够更为系统地分析政治关联影响企业技术创新的作用过程，同时能够有效弥补已有从单一视角，如社会资本视角，去审视政治关联影响企业技术创新的不足。最后，将创新资源的投入和产出同时整合到研究框架中，能够在一定程度上解释出现已有研究存在差异的原因，弥合现有研究的争论，填补现有关于政治关联与企业技术创新的差异化影响的认识，进一步体现了所整合理论框架的理论价值。

其二，从创新资源获取的角度提出和验证了政府扶持在解释政治关联作用企业技术创新的新的内在机理路径。已有的对于政治关联影响企业技术创新的路径研究，聚焦于企业内部的中介因素，在很大的程度上忽视了企业创新资源获取在这一路径中的显著中介作用。战略管理领域的学者需要从一个动态、全面、辩证的思维去考察政治关联所产生的系列影响。因此,创新资源的获取,即本书所考察的政府扶持或许可以成为将政治关联对企业技术创新利弊影响厘清的很好机理,期望本书的研究能够进一步拓展关于政治关联影响企业技术创新的内在机理,以弥合现有关于政治关联与企业技术创新内在机理研究的匮乏与不足。

其三,已有的研究在对所推演的理论框架进行实证验证时,使用的研究对象往往聚集在某一行业或者部分小样本。这使得已有的研究在对政治关联影响企业技术创新的理论框架进行检验时,由于样本存在的潜在局限,研究结果的信度和效度可能会降低。并且,截取的时间过短、使用的样本数较少、使用样本的范围较为狭窄,均会导致研究结果产生细微的偏误,由此产生的结果也会在一定程度上存在争议。此外,目前关于政治关联和企业技术创新的研究在研究范式上,缺乏基于大数据样本的实证检验。诸如此类的局限性导致了政治关联在统计分析与企业技术创新之间存在差异化影响,但这或许并不是理论上的差异所导致的。因此,本书试图采取大样本的数据对所整合出的关于政治关联影响企业技术创新的框架进行实证检验,能够进一步夯实目前已有的关于政治关联和企业技术创新之间关系的研究,并且可以有效规避上述提及的系列问题,提高研究结果的可信程度与可接受程度。

本书的研究结果可以给管理者带来以下三方面的实践启示:

其一,用辩证的眼光去审视企业政治关联对技术创新的作用。本书的研究结果发现,政治关联对于企业技术创新既有积极的一面,也有消极的一面,虽然政治关联对于企业技术创新投入有消极的影响,但对企业技术创新产出却有积极的影响,然而这种积极影响只体现在了“数量”上,却没有体现在“质量”上。因此,企业应当重新审视政治关联给企业带来的影响。一方面,企业拥有政治关联能够帮助企业获得异质性的创新资源,但是创新资源的获取只是企业技术创新的起点,获取创新资源并不一定就能为企业的技术创新带来积极影响，企业管理者需要灵活应用政治关联，以便扩大对于企业技术创新的影响。另一方面，企业的高层也要规避政治关联带来的资源诅咒效应，提高创新资源的投入，从而促进企业的技术创新绩效。总而言之，综合分析政治关联的双重效应，从辩证的思维考察政治关联对于企业技术创新的影响，可以有效加深企业对政治关联的理解和认识。

其二，在我国经济步入新常态的背景下，为推进供给侧结构性改革，我国在市场机制、政治体制、法律环境、金融制度、营商环境等方面均在进行一定程度的改革，对于企业来说，会带来外部环境的变化，而且，每一次外部环境的变动都会给企业生产经营带来较大的冲击。鉴于此，企业在技术创新的过程中，势必要求具备灵活的应对能力，能够对变化的外部环境及时做出应对措施，以减轻外部环境变化对企业造成的冲突。本书研究发现制度环境在政治关联影响企业技术创新的情境作用，作为企业的管理者，为实现通过技术创新来获取市场竞争优势，其需要将政治关联上升到企业的战略层面，并注重制度环境对政治关联的影响，打破市场竞争战略思维的局限性。即当企业通过政治关联为自身技术创新获取创新资源支持时，不仅需要考虑政治关联本身对企业的影响，还需要将制度环境纳入考虑范畴。不仅如此，管理者应当根据外部制度环境的演化，及时、准确、快速地调整企业的政治战略，提升组织的技术创新活动对外部制度环境的敏感性。

其三，本书基于资源流动的视角，验证了企业政治关联作用于政府扶持，政府扶持进一步影响企业研发投入和研发产出的逻辑路径。在此基础上，本书还发现了政治关联可以通过政府扶持影响企业技术创新的作用机制。管理者可以通过对这一机理的解读，更好地洞悉企业高管的政治关联影响企业技术创新的决策过程，理解创新资源在这一传导路径中的连接作用，进一步树立创新资源思维、系统思维去审视政治关联作用于企业技术创新的影响。总之，企业应当运用综合辩证的思维通过政治关联获取政府资源并用于自身技术创新，降低不利影响，扩大有益影响，使得政治关联应有的效益发挥到极致。

1.5.2 研究可能的创新点

本书主要回答了政治关联如何影响企业技术创新，同时，政治关联在影响企业技术创新活动的过程中受到什么情景的约束。本书考虑了政府扶持在政治关联影响企业技术创新过程中的中介作用，同时考察了制度环境在这一过程所起的权变效应。通过对这一系列研究问题的回答，产生了可能的研究创新点。由此，本书在理论构建、研究范式上的创新点主要体现在以下几个方面：

一是，本书整合资源基础理论、资源诅咒理论以及制度理论，尝试较为系统地分析政治关联作用于企业技术创新的内在机理以及存在的权变效应，打破了基于单一理论视角的局限性。以往的研究较多基于单一理论或者单一视角探究政治关联与企业技术创新之间的关系，较少进行系统全面的分析。本书通过理论演绎，提出了“企业政治关联—创新资源获取—技术创新投入和创新产出”的理论分析框架，并综合运用以上理论对每一条逻辑路径进行推导，系统地解释了政治关联作用于企业技术创新的微观过程，通过综合性视角的分析可以很好地诠释政治关联影响企业技术创新的内在逻辑。综合性的分析既能够帮助学者深刻地认识到政治关联与企业技术创新之间的复杂关系，也可以让企业管理者从一个更为全面的角度看待政治关联与企业技术创新之间的关系。

二是，本书从政府扶持的角度，识别了政治关联影响企业技术创新的新的机理。已有的对于政治关联影响企业技术创新机理的研究往往聚焦在组织理论视角下，分析组织内部能力以及环境因素在该路径中的中介作用。这些研究通常强调企业能力的重要性，如创新能力、动态能力、整合能力等，但忽略了创新资源对于企业技术创新的影响。政治关联作为企业在畸形的市场体制下进行资源获取的替代机制，已被视为企业获取创新资源的关键途径，然而已有的研究未能进一步深入剖析创新资源的获取在对企业研发投入和创新产出的作用。本书基于政府扶持的视角，基于“企业政治关联—创新资源的获取—创新资源的投入和产出”的路径逻辑，验证了创新资源的获取（比如政府补贴和科技立项）在政治关联作用于企业技术创新的显著机理作用。通过梳理不同影响路径，可以更为精准地帮助政府和企业管理者从事或者推动企业技术创新活动，提升政府和管理者对企业创新活动的认识。

三是，本书深入分析了政治关联影响企业技术创新的情景效应。考虑到企业的政治网络是嵌入在制度环境中的，制度环境的演进会影响政治关联作为资源渠道作用的发挥。不少研究开始注意到制度环境在政治关联与技术创新之间的影响，并提出其潜在的调节作用。鉴于此，本书验证了制度环境在政治关联影响企业技术创新路径中的显著调节作用，即“政治关联—创新资源投入和产出”的路径受到市场制度化环境波动的影响。在验证了主效应和识别了中介效应的基础上，进一步探索了情景效应，增加了本书所提出理论模型的解释力和预测力。这些发现综合在一起，有助于企业管理者与政府相关人员更为透彻地把握政治关联作用于企业技术创新的内在过程。对于政府而言，这可以让企业明确政府为其提供扶持时其自身需要配套完成的举措，也可以让管理者清晰地认识不同的制度环境对企业创新活动所产生的不同影响，并据此做出不同的努力。

四是，在研究的设计上，本书打破了以往采用行业数据或者部分样本数据的明显局限，采用大数据样本的方式对构建的理论模型进行实证检验，显著提升了研究的科学性和严谨性，研究的结果也更具信度。以往的研究往往只关注某一类型的企业或者某一特定背景中的企业群体，基于这一思路下的研究结果往往具有行业上的限制，不具有较强的普适性与外部推广性。因此，本书通过大范围的样本来对所提出的理论模型进行验证，包括政治关联影响企业技术创新的直接效应、政府扶持视角下的机理路径以及制度环境的情景效应，均在一定程度上很好地支撑了已有的政治关联影响企业技术创新的理论阐释。通过大样本的实证检验所得出的研究结论具有较高的外部拓展性，本书的研究结果既可以对企业应对政治关联做出一般性的指导，也可以针对某一个特定的行业进行分析，给出具体的对策意见。本研究具有较高的外部推广性。

1.6 本章小结

本章主要对本书的研究背景、研究问题、研究思路、研究方法、研究技术路线、章节安排、研究意义以及潜在的创新点进行描述与分析，架构了本书的研究框架，并明确了本书的研究方向与目的，为本书研究的顺利开展奠定基础。在后续的章节，本书将逐步围绕研究问题，逐层解决研究难点。

2 理论基础与文献综述

2.1 理论基础

2.1.1 资源基础理论

资源基础理论(resource-based theory)最初由 Wernerfelt (1984)完整表述,该理论主要应用于微观经济领域与战略管理领域。资源基础理论认为,企业拥有资源,其中一部分资源可以使它们获得竞争优势,另一部分资源可以让企业获得卓越、长期的绩效,此外,有价值且稀有的资源可以为企业带来竞争优势,而且这种优势可以持续较长时间,以至于企业可以防止其优势资源被模仿、转移或替代。尤其是那些异质性资源,这些资源的拥有、占据可以让企业在短期乃至长期占据领先优势,使得企业占据较多的主动权。本书所研究的政治关联所带来的政治资源便属于这类资源。就当前学术研究而言,大多数研究都较好地应用资源基础理论解释"资源对于企业重要性"等一系列相关的问题,并且具有较强的解释力度,巩固了资源基础理论在战略管理领域的地位。总的来说,使用该理论的实证研究都强烈支持基于资源的观点,本书也将应用这一坚实的理论基础作为本书研究开展的一大理论。

在经济学领域,资源基础理论可以追溯到亚当·斯密于 1776 年在《国富论》中提出的劳动分工理论,该理论强调限制规模经济效益的主要因素是企业内部的分工性质和程度,企业分工性质和程度的不同导致了企业成长的效益不同。在此基础上，A1fred 于 1920 年提出了企业内在成长理论，并且在 1959 年，经过 Penrose 的完善，资源基础理论的雏形形成，随后在 Wernerfelt 等学者的努力下，资源基础理论进一步形成完整的表述。随着经济学研究者对资源基础理论的逐步应用，该理论开始在经济学各细分领域中得到广泛的应用。当前资源基础理论主要涉及人力资源管理领域、经济学与企业理论领域、企业家研究领域(包括企业家能力等问题)、营销领域、国际企业领域等，也包括资源、动态能力和知识混合使用的领域，公司治理（包括收购和风险资本融资)等领域。由此可知，资源基础理论对微观经济领域与战略管理领域都有着丰富的研究，具有较强的理论根基，并且十分契合本书的研究背景。因此，本书将资源基础理论作为解释政治关联影响企业技术创新的首要理论。

资源基础理论的核心要义是企业基于自身的资源和能力同其他企业进行竞争(Barney，1991；Wernerfelt，1984)，主要用于检验资源的异质性而造成的绩效差异(Peteraf 和 Barney，2003)。企业资源的差异，通常使得企业之间的绩效存在较大的差距。资源基础理论有两个重要的前提假设，其一，行业中的组织不可能拥有不同的资源；其二，所有的这些资源在组织之间具有不可复制性(Barney，1991)。这主要是因为当这些独特资源形成后，组织间的资源差异难以在短时间被竞争对手复制。资源基础理论认为，资源是指那些组织在日常运营活动过程中可以展现企业核心竞争力的任何事物(Wernerfelt，1984)，既可以是有形的组织资产，又可以是无形资产(Caves，1980)。比如企业在技术创新过程中，往往会使用企业现有可以调用的一切资源，包括企业现有装备、技术、人力资本、有效的工作流程等。这些资源经过一系列合理的重组后，可以帮助企业更好地在市场中竞争，从而帮助企业实现其最终的愿景、使命、战略和目标(Porter，1981)。无论何种资源，都具有较强的企业色彩，因此这些资源为企业在市场中的竞争带来了良好的基础。

其中，Barney (1991)指出，组织之所以可以获得持续性的竞争优势，其根源在于企业控制着有价值、稀缺、不可替代和难以复制的资源和能力。企业想要基业长青，其必须具备特有的资源，比如掌握某一项核心技术等，而创新可以帮助企业达到这一目标。此外，企业还要擅于吸收和使用这些资源，否则这些资源如同摆设，难以为企业带来有效的竞争优势（Conner，1991）。然而值得一提的是，企业持续性竞争优势的建立并非一定需要很长的时间，也可以在短暂的部署后获得，考虑到企业技术创新是企业生存周期中阶段性的活动，并且也有学者分析了资源和能力在企业生命周期演变过程中的产生与消亡（Adner 和 Helfat，2003），因而本书认为，可以使用资源基础理论解释企业技术创新行为。更进一步地，由于资源基础理论假定企业在选择和积累相关资源的选择是理性的，但即便不同的企业做出了相同的选择，最后也会因为组织能够掌握的信息有限、认知局限、偏见以及其他因素的影响而使得企业获得不同的绩效结果（Oliver，1997）。因此，对于企业而言，当它们积累了一定的资源之后，并非一定可以产生创新行为，也有可能受到诸多外部因素的影响，企业需要综合考虑内外部因素对于企业技术创新的影响，合理发挥资源效应。

当前，不少学者使用资源基础理论解释外部资源对于企业技术创新的影响。比如，政府扶持作为一种外部资源可以被企业吸收使用并可以用于提高企业创新能力（傅利平和李永辉，2015），进而推动企业积极从事技术创新（吴剑峰和杨震宁，2014）。这是因为组织往往会建立一种独特的资源情境，构建出一个独一无二的资源调用空间，让其竞争对手难以复制，进而降低竞争对手对自身造成的威胁（Wernerfelt，1984）。同样地，也有学者运用资源基础理论解释企业高管通过自身社会网络获取的资源要素来推动企业技术创新。比如，企业家社会网络的达高性可以对企业技术创新产生影响，而这种社会网络所具有的达高性本质上讲就是一种政治关联（罗明新 等，2013）。

资源基础理论主要侧重于企业间的绩效差异，突出企业优质资源的重要性，但是该理论也存在一些弊端。首先，该理论单纯地告诉企业管理者，企业获得异质性资源的重要性，却没有告诉企业管理者在获得这些异质性资源后应当如何进行操作(Miller, 2003)。例如,对于企业高管而言,通常政治关联被认为是有益于组织获得创新资源,但是对于如何获得这些创新资源以及获得创新资源之后,企业如何创建竞争优势,该理论却没有诉诸相关理由。其次,资源基础理论过分强调了企业内部资源的重要性,却忽视了企业外部资源以及外部因素的影响。例如,组织情景因素,企业获得不同的资源容易受到情景因素的影响(Hoopes, Madsen 和 Walker, 2003)。再次,该理论没有对异质性资源如何获取进行阐释。通常企业对于资源的获取存在路径依赖,那么对于企业而言,一直重复获得相关资源是否确实有利于企业构建持续性竞争优势有待商榷。最后,对于异质性资源是否足以维持企业的竞争优势也有一定的争议,部分学者认为,企业获得的资源是不断变化的,因而依赖这些资源而构建的竞争优势也是暂时的,难以为企业的竞争优势提供持续不断的动力(Armstrong 和 Shimizu, 2007)。本书将主要探讨企业获得的这些资源对于企业创新活动的影响,不考虑企业如何获得这些资源,只考虑企业拥有这些资源对于企业创新活动会造成什么作用。更进一步地,为了更加全面地用资源基础理论阐释企业创新活动,本书还引入外部组织因素用以弥补资源基础理论的不足。

总体而言,对于资源基础理论而言,它主要有三方面的内容。首先,资源基础理论强调资源的异质性,这也是企业竞争优势的来源,企业决策的复杂性、不确定性以及组织自身的矛盾性等特征,使得企业拥有的资源具有较大的差异。其次,资源基础理论认为,企业拥有的资源具有不可模仿性,即企业资源的独特性,这是企业获得持续性竞争优势的重要来源,也是企业能够持续从事创新活动的重要动力源泉。由于企业拥有的资源各不相同,企业发展与企业资源存在一定的因果关系,但是这种因果关系难以被其他企业所洞穿并模仿;并且不同的企业由于自身资源的关系,存在一定的路径依赖,又或者由于模仿成本问题,其他企业并非有意愿或者有能力去模仿已有企业的竞争优势。最后,企业特殊资源的获取渠道各不相同,既可以是企业内部渠道的获取，如内部组织学习、知识管理等，也可以是外部渠道获取，如建立外部网络等，但这些渠道往往视企业自身情况而定。总而言之，资源对于企业技术创新活动至关重要，这同时也是企业开展各类活动的基础。

2.1.2 资源诅咒理论

资源诅咒起初出现在经济学领域中，由经济学家通过在对自然资源和经济增长间关系问题的探讨中形成。早期的观点主张，自然资源产生负外部性的原因主要是由初级产品的贸易条件逐渐恶化导致的(Henry Wai-chung, 1984)。也有学者认为，主导资源的部门之间信息交流不畅、沟通不顺，导致部门之间的联系中断而造成经济停滞(Baldwin, 1966)。随后，Auty (1993)系统阐释了资源诅咒的内涵。Auty在研究产矿国经济发展问题时发现，丰裕的资源对一些国家的经济增长并不是充分的有利条件，反而是一种限制，由此引出了资源诅咒的概念。长期以来，资源诅咒多指与矿业资源相关的经济社会问题，资源诅咒理论强调丰富的自然资源并非一定可以为国家或者地区的经济发展带来益处，可能会是一种诅咒；而事实也发现，那些自然资源丰富的国家往往比那些资源稀缺的国家经济增长要慢，这主要是该国家对丰富资源过度依赖所导致的。但是资源为什么会产生诅咒效应，学术界对此还没有一个清晰而统一的认识，较为常见的看法主要为资源丰富的国家比那些资源贫瘠的国家更容易出现寻租行为，由此导致了政府往往更倾向于从自然资源中获得所需的资金(Auty, 2001)。更有学者将其上升到政治和军事层面，认为丰富的资源可能导致频繁的政治和军事冲突，因而带来了资源诅咒(Angrist 和 Kugler, 2008)。

资源诅咒理论的关键要义在于国家或者地区拥有丰裕的资源并非一定有利于经济增长，反而会限制当地的经济发展(Auty, 1993)，这一内涵已经被相当多的学者引申到了企业层面，这是因为企业在生存发展过程中，受到所处国家或者地区的政治、法律、金融等各种环境的影响(袁建国 等，2015b)，这些因素对于企业而言是一种外部资源要素，能够深刻影响企业的成长。例如，政治资源作为企业重要的外部资源之一，能够影响企业的决策行为（Boubakri，Cosset 和 Saffar，2008），这种政治资源虽然可以帮助企业降低获取外部资金的成本，以助力企业快速发展（Boubakri 等，2012），但是也可能对企业产生负面影响，不利于企业开展生产活动。诸如企业为了获得政治资源而将一部分本应该投入企业研发活动中的资源用于寻求政治资源所需付出的寻租成本之中，这种行为在一定程度上扭曲了企业的正常投资行为（邓建平和曾勇，2009）。结合资源基础理论来看，政治关联与企业技术创新之间的关系似乎是一种动态的变化关系，也有可能受到高度情景的影响，随特定情景的不同而不同。

通常情况下，由于政府掌握了大量的优势资源，企业往往会热衷于和政府建立关系，以期从政府处获得大量有效的资源（杨其静，2011）。但是政治资源越丰富的企业，却越有可能通过寻租活动来提升企业业绩，这在一定程度上会减弱有政治关联企业的管理当局通过创新活动来提升企业业绩的积极性（袁建国 等，2015b）。尽管国内对于资源诅咒效应的关注并不是很多，但也有不少学者开始研究我国经济发展以及企业成长过程中是否存在资源诅咒效应，并且这些研究的结论基本趋于一致，结论是中国也存在资源诅咒效应（胡援成和肖德勇，2007；邵帅和齐中英，2008；徐康宁和王剑，2006）。另外，虽然只有少数研究将资源诅咒理论应用于企业技术创新，但是考虑到本书的研究背景，本书认为资源诅咒理论可以用于解释企业寻求政治关联而获取更多的资源时对企业技术创新活动产生的潜在负面影响，从而为我们制定政策时注意规避某些负面影响或者更加合理地找出更有效的治理方案提供依据。

随着资源诅咒理论的不断发展，逐步形成了四种常见的传导作用机制。首先，由于某个部门的异常繁荣造成了其他部门逐渐衰退的现象，这种作用机制被称为“荷兰病效应”（Corden 和 Neary，1982）。对于企业而言，出现这种现象的主要原因在于一种资源的过分增长容易对企业其他资源的有效增长产生抑制作用，因为对于企业而言，其所能容纳的资源总量是有限的。这种效应也是资源诅咒理论中最主要的作用机制。其次为“挤出效应”,即自然资源丰富的地区容易减少劳动力的供应和教育的投入,降低对人力资源的重视而过度依赖自然资源(Gylfason, 2001)。对于企业而言,企业过分依赖某种资源时往往容易忽视其他资源对于企业的价值,容易产生所谓的路径依赖心理,而忽视了那些对于企业存在潜在价值的资源。由于制度建设和管理方式的不完善,有些资源丰富的地区政府为谋求特殊利益会不合理地干预市场运行。过度依赖自然资源的国家容易受到发达国家垄断组织的压迫,由于以自然资源为基础的产品价格波动较大,容易引起贸易环境的循环动荡,这不利于国家长期经济的持续与稳定。相对地,对于企业而言,由于外部市场环境的不断变化,依靠单一资源建立的竞争优势难以维持持久的动力,企业不仅需要依靠已有优势资源建立竞争优势,也要积极开拓新的资源,不断降低外部市场环境的急剧变化对企业造成的冲击。

尽管也有少数学者对于资源诅咒效应是否存在持怀疑态度(张贡生和李伯德,2010),认为现有关于资源诅咒的相关研究中,对于自然资源与经济增长的度量存在明显的缺陷。但是,大多数学者认为自然资源存在诅咒效应,并且产生这一现象的根源涉及经济因素、政策制度因素和寻租因素等。这些学者从产业结构(王闰平,陈凯,2006)、制度建设(Costa 和 Santos, 2013)、人力资源开发(Lu 等,2019;张耀军和姬志杰,2006)、生态环境改善(武芳梅,2007)等角度提出如何缓解甚至破解资源诅咒的负面影响,并且探索了一些行之有效的解决方案。这些研究为本书探索企业资源如何推动或抑制企业创新活动提供了新的视角。与资源基础理论不同,资源诅咒理论强调企业过度追求某一资源反而不利于企业开展活动;而资源基础理论认为,企业的资源对于企业开展生产经营活动、构建竞争优势具有十分重要的作用。

总而言之,资源诅咒理论较多应用在省市级乃至国家级层面,该理论有力地解释了一个地区资源过于丰富反而不利于当地的经济发展的系列问题。并且不少研究开始探索区域资源繁荣给当地企业带来的影响(Hertog, 2010)。同样地,该理论目前已经被逐步拓展到企业层面(袁建国 等,2015b)。这些研究的主要观点是,当一个企业过度拥有某种资源时,企业为了持续获得并维持这一资源而带来的系列损耗会降低企业的经营效益,反而不利于组织发展,给组织带来了资源诅咒效应。

两个理论的综合使用,可以让本书从一正一反两个角度考察政治关联对企业技术创新的影响,为此,本书将在后续的文献综述中对此做出进一步阐述。本书将整合资源基础理论与资源诅咒理论,共同说明企业获得的政治关联——这一特殊的资源既有利于企业创新活动的开展,同时也会抑制企业创新活动的进行;与此同时,为了弥补这两个理论对于外部环境方面考虑的不足,尤其是情景因素对于政治关联于企业技术创新的影响,本书进一步引入制度理论,用于界定政治关联对于企业创新活动产生影响的边界条件,以更加全面地捕获政治关联影响企业创新活动的作用机理。

2.1.3 制度理论

古典制度理论家通常研究联盟、影响力、权力、非正式结构等问题(Greenwood 和 Hinings, 1996),而自 20 世纪七八十年代以来,制度理论相关研究发生巨大的变化。一些新制度理论家开始研究组织与其他组织之间的竞合关系。制度理论回答了这样一个核心问题:为什么同一个领域的所有组织常常会看起来和行动起来都一样(DiMaggio 和 Powell, 1983)?制度理论的核心概念在于组织结构和流程倾向于获得意义、实现自身的稳定,而不是以预期的效果和效率为基础,虽然组织在生命周期初始阶段,其组织形态会存在很大的差异,但是随着时间的推移,组织的结构和实践会表现出惊人的同质性。在此之前,古典制度理论家研究了诸如联盟、竞争价值观、影响力、权力以及非正式结构等问题(Greenwood 和 Hinings, 1996),但近些年,新制度理论学家则在组织领域的层次上研究组织与其他组织之间的竞争性与合作性交换问题,并聚焦于合法性和那些被视为“理所应当”的结构和过程,就目前而言,制度领域的研究已经对合法性的必要性和益处进行了充分的研究，并且达成了高度的一致。

制度理论假定制度是环境的一个关键组成部分，其中制度主要指为社会行为提供稳定性、规范性、规制性和认知性的结构与活动（Scott，1995），包括法律、规定、习俗、社会和职业规范、文化、伦理等。企业作为一种组织形态，在制度环境下生存发展时，想要从这种环境中获取资源、获得社会认可，就必须要满足合法性要求（张泳 等，2017）。合法性是指组织的各种行动被各种内外部利益相关者在社会上接受和认可的程度（Kostova，Roth 和 Dacin，2008），以及与普遍存在的规范、规则和信念相一致的程度（Sonpar，Pazzaglia 和 Kornijenko，2009）。当组织服从制度压力并遵循对组织结构和过程的社会规范时，企业的经营活动便可以获得更高的合法性、更多的资源（Oliver，1997），甚至更强的生存能力（Yang 和 Konrad，2011）。因此在以企业为单元进行分析时，通常需要考虑环境对于企业生产经营活动带来的各种影响。在本书中，企业面临的外部环境主要体现为制度环境，并着重考察了在中国特定的外部制度环境下，企业政治关联对技术创新会产生何种变化。

通常情况下，来自政府、行业联盟以及社会期望的压力明确了什么是社会所接受和期望的组织行为，这使得组织的行动看上去是一致的，这三种压力主要包括强制性压力、模拟性压力和规范性压力（DiMaggio 和 Powell，1983）。其中强制性压力指来自拥有组织所依赖资源的实体的压力，比如企业从政府处获得资源，那么企业便要承受来自政府制定的必须强制执行的正式法律、规则或协议等（Liang 等，2007）。模拟性压力主要指组织模仿或者复制同领域中成功组织的行为和做法，而规范性压力指组织在制定战略决策的过程中针对主要的利益相关者而具有的价值观、伦理和行为规范（张泳 等，2017）。总而言之，企业从外部获取资源时，会受到外部实体组织或单位的压力，这种压力会对企业使用这些资源的过程产生影响，进而影响企业的产出。已有不少学者探究企业在面临这些制度压力时如何从事创新活动（刘放，杨筝和杨曦，2016；张一林，龚强和荣昭，2016），这些研究发现,不同类型的制度环境对于企业创新活动会有差异化的影响,企业的应对措施也会随着制度环境的变化而变化,因而本书试图解释企业如何应对制度环境以便更好地从事技术创新活动。

当某项未被利用的资源被社会认为是合法时,该资源通常会被逐渐利用起来,新的组织形式也会随之涌现(Aldrich 和 Fiol, 1994)。此处的合法性是指组织的各种生产运营活动被各类利益相关者认可和接受的程度(Kostova 等,2008),并与普遍存在的社会规范、规则、信念等相一致的程度(Sonpar 等,2009)。如前所述,组织在社会中运作时,势必受到组织所在环境的影响,当组织遵循这些社会规范、规则、信念以及服从制度压力时,企业的生产经营活动就可以得到更高的合法性,也有机会获得更多的资源与更强的生存能力(Yang 和 Konrad, 2011)。制度理论认为,制度化活动对于个体、组织以及组织之间都会产生影响,本书主要考察企业高管政治关联对于企业创新活动的影响,因而主要将制度理论应用于个体与组织层级。通常而言,个体层级聚焦于企业高管方面,制度学家认为企业高管往往会遵循那些社会规范、规则、习俗、传统等(Oliver, 1997);而企业层面则主要受到政治、社会、文化带来的影响(DiMaggio 和 Powell, 1983)。本书所研究的制度环境主要考察了法治化环境与市场化环境在政治关联与企业技术创新之间所起的作用。

虽然制度理论的相关研究对于合法性的必要性和益处已经达成了高度一致,但是对于制度理论未来的研究仍存在较多争议。制度理论常常倾向于关注组织制度化的效果,而忽视了组织制度化的过程,而对于制度理论的相关争议主要有以下几种。首先,有学者通过对多个主流期刊中关于制度理论相关研究进行解析,认为未来对于制度理论的研究应当聚焦在类别、语言、工作和美学四个方面(Suddaby, 2010)。其次,也有学者认为当前有三个比较突出的问题仍未解决,这些问题的解决应当是未来研究的重点(Pursey 和 Lander, 2009),包括结构或者代理的优越性之争、顺从或者一致性对于组织绩效的持续争论,以及组织域内多样性如何影响组织的结构和组织实践趋同。另外，还有学者认为制度的测量方式有待验证其合理性。虽然制度理论家呼吁未来的研究应当着重关注那些意义重大、变革深刻、影响深远的问题，但是当前关于制度理论的热点研究依旧围绕知识与创新、公司战略、创业战略以及新兴经济体增长等方面（涂智苹和宋铁波，2016）。

总的来说，制度理论已经成为分析组织的连续性和变革问题的重要维度，该理论强调组织所处的社会环境对于企业发展的重要性，且制度理论已经被刻画成规范和价值的源泉，也被结构化成禁锢组织自主行为的牢笼，这些都可以通过合法性机制来解释制度的趋同现象，弥补当前权变研究解释上的不足。在制度环境的影响下，无论是何种类型的企业，都需要对制度环境的变化做出反应，以便使自己适应新的制度环境。这一过程中，企业往往会展示出较高的趋同特征。因此，现有关于制度理论的研究主要关注组织领域的制度趋同现象，即组织通过学习或者模仿其他组织的结构和正式制度以获得社会认可，由此进一步导致企业趋向于一致。而本书将制度理论应用于企业技术创新活动中，探索政治关联影响企业创新活动开展的边界条件，即对于那些拥有不同程度政治关联的企业，是如何对制度环境的变化做出反应的，以便让自身在变化的制度环境中取得合法性的地位。

2.1.4 小结

本书综合使用了资源基础理论、资源诅咒理论以及制度理论，并以资源基础理论为主线，诠释企业高管政治关联如何影响企业创新活动。资源基础理论单纯强调了企业资源对于企业创新活动开展的重要性，既忽视了资源过量所造成的负面影响，也没有考虑组织权变因素可能产生的影响。因此，本书使用资源诅咒理论与制度理论弥补资源基础理论解释上述关系中的不足。资源诅咒理论认为企业某种资源负载时会逐渐迫使企业挪用其他资源以维持当前资源的有效运行，同时企业为了追求某种特殊资源，潜在地降低了企业发现新资源的机会。因此资源基础理论与资源诅咒理论的综合使用，可以比较准确地揭示企业高管政治关联对于企业创新活动的正面与负面影响。与此同时，本书充分考虑了组织中可能的权变因素，使用制度理论界定了企业高管政治关联影响企业创新活动的边界条件。制度理论阐述了诸如制度这种环境因素会对企业资源的使用以及创新活动的开展产生影响。因此，整合资源基础理论、资源诅咒理论以及制度理论能够更为全面地解释企业高管政治关联如何作用于企业创新活动，并且在何种条件下发挥作用。为此，本书将在后续的章节中分类讨论政治关联、企业技术创新、制度环境的相互关系，并且纳入政府扶持作为诠释企业高管政治关联影响企业技术创新的传导作用机制，论述政府扶持与企业技术创新之间的关系。

2.2 政治关联相关文献回顾

政治关联对企业创新的影响受到诸多学者的关注，研究者从不同角度对这一影响过程给予了解释（Jackowicz，Łukasz 和 Mielcarz，2014；Khwaja 和 Mian，2005；简兆权等，2014；赵晶和孟维烜，2016）。现有的研究发现，企业在某种程度上都或多或少地依赖于政府机构（Pfeffer 和 Salancik，2003），企业可以通过政府出台的相关政策来达到有利于自身发展的目标（Hillman，Keim 和 Schuler，2004）。无论是在国外，还是在国内，政治关联的现象都普遍存在（Faccio 等，2006；罗党论和甄丽明，2008）。然而现有研究尚未在这方面给出详尽的研究，并且现有的研究结果也存在争议，不仅如此，有关政治关联对企业的影响机制类研究更为匮乏。为此，本书对政治关联对企业带来的影响进行了简单的梳理，首先本书明确了政治关联的定义，在此基础上主要从政治关联对企业的正面影响与负面影响两个视角进行分析，剖析政治关联对企业生产经营活动过程中的影响。本书期望梳理政治关联对企业生产经营各方面产生的影响来加深对于政治关联的理解，厘清政治关联是如何对企业生产活动，尤其是对企业技术创新产生影响的。

2.2.1 政治关联的定义

政治关联，又被称为政治联系和政治关系(仇冬芳和徐丽敏，2015；佟爱琴和陈蔚，2016)，早在20世纪末，就有学者探究了企业注册所在地和地方官员居住地之间的关系(Roberts，1990)，这种关系已经初步体现了政治关联的初始内涵。随后有学者在研究印度尼西亚企业与掌权者苏哈托家族之间的关系时发现政治关联对企业有着极其重要的影响(Fisman，2001)，由此掀起了政治关联在学术界的研究热潮，并且政治关联在不同的国家表现出不同的特性，具有强烈的国家与地域特色。然而尽管不同学者对政治关联进行了大量的研究，但至今没有对政治关联给出明确的定义，并且由于不同国家、企业对于政治关联的看法不一，也阻碍了政治关联明确定义的提出。考虑到我国国情，并且国内外学者对于政治关联的看法并不十分一致，因而本书从国内外学者两个角度来探索政治关联的内涵与本质，以期梳理当前研究对于政治关联的看法与认识，并在此基础上提出本书的研究定义。

政治关联最初是指如果企业领导者和政府官员之间存在私人关系，那么就意味着企业存在着政治关联(Fisman，2001)，这一概念的提出并没有明确是哪些企业领导者，也没有明确是哪些政府官员，由于定义比较模糊，后续学者不断就其概念进行研究界定。有学者对领导者和官员间的关系进行了界定，认为当企业的大股东或是高层领导人和国家总理、副总理等之间有密切关系时，那么该企业有政治关联；也有研究认为，如果企业的CEO出自精英学校，同时又具有政府部门的工作背景，则企业存在政治关联。也有学者从股权所有制角度界定企业是否存在政治关联，比如Bushman，Piotroski和Smith(2004)、Adhikari，Derashid和Zhang(2006)认为，当国家持有一家企业的股份达到一定比例时，就可以认为这家企业具有政治关联。此外，也有学者从企业捐款行为角度界定企业是否存在政治关联，比如Ferguson和Voth(2008)与Claessens等(2008)从政治竞选的视角去判定企业是否具有政治关联，他们认为企业为寻求政治便利对候选人进行捐款时，则该企业存在政治关联。然而考虑到政治捐款是特别时期的企业行为,因而单纯依靠企业政治捐款行为无法准确判定企业是否存在政治关联(Goldman 等,2009)。随后,Faccio 等(2006)提出了一个被广泛接受并认可的定义,他指出如果企业的大股东、董事会主席或是 CEO(首席执行官)曾在国会、州或地方政府有过任职经历,或者这些企业的决策人同政府高级官员之间有着较为密切的关系,那么企业便具有政治关联,这种定义在很大程度上被国内外学者所引用与借鉴,得到了较为广泛的认可。

国内学者对于政治关联的定义普遍参考了 Faccio 等(2006)对于政治关联的界定,考虑国情不同,国内学者对于政治关联的定义也不尽相同。在早期研究中,政治关联被认为是企业获取一定利益的通道,因而企业会雇佣现任或退休的政府官员为企业高管,从而主动与政府官员建立政治联系(张建君和张志学,2005)。随后学者对政治关联的界定逐步转向企业高管自身与政府官员之间的关系上,其中较为主流的有董事会主席、总经理或 CEO 是否在政府部门任职或有相关工作背景(Chen 等,2017;潘红波,夏新平和余明桂,2008),是否在军队中有过工作经历(Fan, Wong 和 Zhang, 2007;吴文锋,吴冲锋和刘晓薇,2008),是否是人大代表或政协委员(蔡庆丰,田霖和郭俊峰,2017;曲亮和任国良,2012)。简而言之,国内学者普遍接受的定义是企业高管是否与各类政府官员之间存在联系,或者本身就是政府官员(党力,杨瑞龙和杨继东,2015)。为了能够更加清晰地界定政治关联的内涵,本书对明确给出政治关联概念的相关研究进行梳理,与以往研究对政治关联的定义相一致,并且充分考虑本书的研究背景,本书将政治关联定义为企业高管(董事长或总经理)为前任或现任政府官员、人大代表、政协委员等(乐菲菲,张金涛和齐莹莹,2017;李传宪和干胜道,2013;李维安 等,2016)。

2.2.2 政治关联对企业的影响

企业领导者所拥有的社会网络能够影响企业的技术创新(吴俊

杰，盛亚和姜文杰，2014)，企业家社会网络的达高性对技术创新产生影响，而社会网络所具有的达高性本质即为政治关联(罗明新 等，2013)。政治关联作为一种政治性资源，能够为企业带来双重影响。政治关联既可以作为一种有益的资源，促进企业生产经营活动的进行，为企业带来创新资源的同时提升企业的市场竞争力；它也可以作为一种不利的资源，使得政府在市场中的资源配置发生混乱，扭曲市场原本应有的价值。因此，如何看待政治关联对于企业的影响，值得每一位研究者以及企业管理者深思。鉴于此，本小节将从积极与消极两个方面详细阐述政治关联对于企业的影响，尤其是对于企业技术创新的影响。

一方面，政治关联作为企业资源获取渠道，可以提高企业的价值(Fisman, 2001)，也可以帮助企业减免税收(吴文锋，吴冲锋和芮萌，2009)、获得政府救济(Faccio 等，2006)、减少政治环境的不确定性(Sun 等，2015)，甚至对企业长期发展也会产生正面影响(Chen 等，2011)等，这些积极的影响都有益于企业增强竞争优势。其中政治关联主要表现为企业领导者与政府等机构、单位产生联系，这种联系或为直接联系，或为间接联系，但无论何种形式的关联，都是企业获得政治关联的一种表现。通常情况下，企业为了获得政府的异质性资源，往往会积极达成政府制定的各项规定与目标，至少不违背政府的原则。然而，也正是这种努力使得政治关联可能存在潜在的负面影响，即当企业付出的努力高于政治关联所带来的积极效应时，企业就会得不偿失。

另一方面，政治关联也会产生负面影响，破坏企业已有的价值(Fan 等，2007)，诸如由企业政治关联而引起的银行信贷资源错配(Claessens 等，2008)，导致银行的过度投资，从而对企业价值产生负面影响(张敏 等，2010)。由此可见，政治关联作为一把双刃剑，为企业带来丰富资源的同时，还有可能对企业产生不利影响。然而即便如此，企业还是热衷于追求政治关联，考虑到企业战略对于企业竞争优势的建立和长期生存发展有着十分重要的影响(张建君和张志学，2005)，尤其是当前我国的企业治理环境正面临着由行政型治理环境向经济型治理环境转型(李浩波，2015)，许多学者认为，由于法律机制的不够健全和市场环境的较大波动，企业往往会将政治关联看作是一种替代机制，从而在资源分配中发挥作用(Fisman, 2001;潘红波 等,2008)。

总而言之，政治关联在企业发展过程中作为一种资源要素将对企业生产经营等各种活动产生巨大的影响，这种影响既表现为正向的促进作用，也表现为负向的抑制作用，其关键在于企业如何看待以及使用这一特殊资源。本书主要关注政治关联作为企业获得政治资源的一种渠道，对于企业创新活动会带来何种影响。在下一小节，本书将系统地回顾已有研究对于政治关联的测量方法，以期从中发现最适合本书的度量方法。

2.2.3 政治关联的测量

现有研究对于企业政治关联的度量方法尚未统一，不同的学者对政治关联的度量方法各有不同，目前较为常见的主要有五种方式，主要包括问卷调查法、虚拟变量法、赋值法、比例法以及股权法。这五种方法各有各自的优势与劣势，方法本身并没有明显的对错之分，关键在于选择不同的方法时能否有效契合当前的研究背景，并且重点考虑是否具有切实的可行性。鉴于此，为了能够清晰地理解政治关联的测量方式，本书对当前政治关联的测量方式进行梳理，具体如表 2-1 所示，同时本书在整理这些测量方法的过程中，对不同的方法进行了简单的对比分析，以此选出最为适合本书的测量方法。

第一，问卷调查法。尽管学者们在问卷中将企业可能涉及的政治关联相关的内容均考虑进去了，诸如政府调研、参加政府举办的活动、与政府官员建立关系或私人联系等(曾萍 等,2016)。由于企业的政治关联并非一定可以通过客观方法完全捕获，这种方法通常能够将企业所拥有的所有政治关联挖掘出来，相对而言较为全面。然而，企业在填写问卷的过程中，可能存在虚报的情况，因而此类测量方法并不常见。此外，企业在填写自身具有政治关联程度的时候，往往具有较强的主观性，并且这种政治关联“数量”的高低由于不同评价主体主观看法的差异性，使得评价标准不尽相同，由此存在测量误差问题。鉴于以上分析，本书认为，企业可能会过高估计自身在政府等机构单位中的地位，从而导致政治关联的测量存在偏高的倾向，因此本书对这种测量方法不予考虑。

第二，虚拟变量法。这是一种较为常见的衡量方式，也是当前大多数学者所采用的测量方式。这是因为，相对而言，研究者可以通过查询上市企业披露的信息、企业领导者简历等方式，较为方便地搜集到企业高管（主要为企业 CEO、董事长或者总经理，也包括企业董事）是否与政府官员存在联系，或者是否在政府、机构单位就职，又或者是否是人大代表、政协委员等信息（Fisman 和 Wang，2013；贾明和张喆，2010；余明桂和潘红波，2008）。当然，也有部分学者纳入党员（党力 等，2015）、军队（雷光勇，李书锋和王秀娟，2009）等信息作为企业发生政治关联的衡量对象。同时，考虑到企业所拥有的政治关联对于企业的影响程度难以衡量，而采用这种方法可以有效避免这个问题。另外，本书也认为这种方式可以较为全面地反映出企业当前与政府、协会等机构单位之间的政治关系，进而了解企业当前与政府等机构单位的政治关联程度。

第三，赋值法。这种方法主要是在虚拟变量法的基础上进行了更为深层次的划分，它以企业高管在政府部门、协会等机构单位任职时的官员级别、人大代表或政协委员级别按照国、省、市、县四级进行赋值，依次从 5 开始降序，若企业无政治关联，则赋值为 1（蔡庆丰等，2017；朱益宏，周翔和张全成，2016）。由于本书的研究对象分布于全国各地，不同地区的省、市、县的政策又有所差异，由此导致这种衡量方式在获取资源方面存在偏误，本书也不作考虑。

第四，比例法。从本质上讲，比例法也是虚拟变量法的一种延伸，其主要思想为企业所有高管中拥有政治关联的人数占企业高管总数的比例（李新春和肖宵，2017）。这些学者主张，企业高管中政治关联人数越多，越有利于企业获得外部创新资源（邓建平和曾勇，2009；李梅和余天骄，2016；李新春和肖宵，2017），因此他们试图探索企业高管中政治关联人数的多少与企业创新活动之间的关系。但是这种衡量方式没有考虑某一高管可能拥有多种政治关系，也没有考虑政治关联强弱程度的不同使得即便是相同的比例，同比例下的政治关联也会给企业带来不同的影响。这些客观问题的存在，使得这种衡量方法的应用并不多见。另外，由于不同企业，尤其是那些未上市的企业，关于某一企业所有高管政治关联情况十分难以捕获，经常容易出现信息缺失，由此导致数据测算上的差异。总而言之，这种方法的应用较为少见，本书也不作考虑。

第五，股权法。此类计量方法在我国的政治关联相关研究中几乎没有出现过，在国外的研究中也鲜有出现，其主要表现为企业股权中国有股的占比（Adhikari 等，2006）。尽管，我国当前的政策鼓励国有企业进行混合所有制改革，并且大多数国有企业已经引入了其他投资者，使得原有的政府股份被分散，但是这种测量方式使得研究对象十分有限；并且考虑到我国企业性质，比如国有企业、私营企业、混合所有制企业等，单纯通过股权的比例来衡量企业政治关联难以覆盖所有企业，因此本书对于这一计量方法不做过多赘述，亦不采取这种方式。

表 2-1　　政治关联的测量方式

方式	主要内容	主要参考文献
问卷调查法	一般针对企业 CEO、总经理、董事长等高管发放问卷，并与访谈相结合，以提高信效度	（Peng 和 Luo，2000；曾萍 等，2016；简兆权 等，2014；张泳 等，2017）
虚拟变量法	企业高管（CEO、董事长或总经理）是否为前任或现任政府官员、人大代表、政协委员，若是，则政治关联赋值为 1，否则赋值为 0	（Fisman 和 Wang，2013；陈德球，肖泽忠和董志勇，2013；贾明和张喆，2010；余明桂和潘红波，2008）
	企业高管（CEO、董事长或总经理）是否与政府官员、行业协会等机构单位存在关联或私人联系，若存在联系，则政治关联赋值为 1，否则赋值为 0	（Faccio 等，2006；乐菲菲 等，2017；李诗田和邱伟年，2015；刘慧龙 等，2010）
赋值法	企业高管在政府部门、协会等机构单位任职时所处的官员级别、人大代表或政协委员级别按照国、省、市、县四级依次赋值为 5、4、3、2，若企业无政治关联，则赋值为 1，并取值最高者	（蔡庆丰 等，2017；邓晓飞，辛宇和滕飞，2016；贾明和张喆，2010；李传宪和干胜道，2013；梁莱歆和冯延超，2010；朱益宏 等，2016）

（续表）

方式	主要内容	主要参考文献
比例法	虚拟变量法的一种延伸，主要表现为企业高管中拥有政治关联的高管数占企业总高管数的比例	（邓建平和曾勇，2009；李梅和余天骄，2016；李新春和肖宵，2017）
股权法	企业股权中国有股的占比	（Adhikari 等，2006）

资料来源：本书根据相关文献整理。

本书采用了虚拟变量法这种主流的测量方式来度量本书中的政治关联，本书认为相对于其他方法，这种方法能够最为准确地反映出企业拥有的政治关联情况，而且可以确保数据的准确性。基于此，本书选取了 2008—2015 年所有在我国沪深上市的企业作为初始样本，同时按照如下标准筛选：①剔除当年退市或 ST 的企业，以及金融、房地产企业；②剔除样本期间内企业实际税率大于 1 或小于 0 的企业。高管背景样本通过手工整理涉及 13 601 个企业年度观测值，在剔除缺失财务数据后，最终样本涉及 12 711 个上市企业年度观测值。结合本书对政治关联的定义，即企业高管是否拥有政治关联，本书采取了如下测量方式：上市企业的董事长或总经理二者任选其一，以其是否现任或者曾任县级以上人民政府机构工作人员、县级以上人大代表或政协委员，只要企业董事长或总经理符合上述条件，则认定该企业具有政治关联，赋值为 1，反之则赋值为 0（乐菲菲 等，2017；李诗田和邱伟年，2015）。有关政治关联具体的测量情况将在后续的小节中做出详细的阐述。

2.2.4 小结

本小节简单描述了政治关联作为一种资源要素对企业产生的影响，并为本书选取了主流的政治关联测量方式。同时，在对政治关联带来的各种结果中发现当前学者比较关注政治关联与企业创新，尤其是技术创新之间的关系，但不同的研究都给出了不一致的结论，表明政治关联对于企业技术创新活动既有正向的促进作用，也有反向的抑制作用,也有少量研究认为政治关联对企业技术创新没有显著的影响。但这些研究大都缺乏对影响过程的探索,因而得出的结论可能存在一定的局限性,又或者这些研究并非适用于所有的企业,仅仅在某一个行业或者某一类企业中才有效。因而为了能够更加清晰地认识政治关联如何作用于企业技术创新,本书将在后续章节中详尽描述企业技术创新的相关影响因素,以及政治关联对企业技术创新的影响。

2.3 政府扶持相关文献回顾

如前所述,政府扶持的类型十分繁多,与政府扶持的定义相一致,当前主流的政府扶持可以分为政府补贴(Kleer, 2010;尚洪涛和黄晓硕,2018;陶厚永 等,2015;佟爱琴和陈蔚,2016)、税收优惠(Faccio 等,2006;李维安 等,2016;唐书林,肖振红和苑婧婷,2016),以及科技立项相关的扶持手段(曾萍 等,2016;王俊,2010;余菲菲和钱超,2017),伴以少数政府采购(艾冰和陈晓红,2008;贾明琪 等,2014;宋河发和张思重,2014)、网络建构(项国鹏和黄玮,2016)等扶持方式。这些扶持手段对企业产生的影响随着企业的实际需求而有所变化,考虑到企业当前的经济活动都会受到政府活动的影响,尤其是政府相关政策的影响,这些政策既能正向激励企业开展创新活动,比如研发税收减免(Castellacci 和 Lie, 2015),也会反向刺激企业进行技术创新,比如环保政策(Chan 等,2015)。但无论何种形式的政策,都是试图影响企业的创新活动,进而促进经济增长的表现(Castellacci 和 Lie, 2015)。鉴于政府不同种类的扶持手段与其定义基本一致,在此不对政府扶持手段进行赘述,因而本小节将重点阐述企业为何追求政府扶持以及企业所追求的政府扶持将会对企业从事技术创新活动带来哪些影响,此外本书还梳理了不同扶持手段的测量方式,并选取了最为恰当的测量方式。

2.3.1 政府扶持的定义

企业作为创新活动的主体,由于创新成果的“非独占性”使得市场在很大程度上存在失灵的可能，单凭市场对企业创新活动的激励难以起到长期的作用效果(王春晖和李平，2012)，由此需要政府的适度干预以弥补市场失灵带来的缺陷，这种政府参与下的企业创新活动体现了政府扶持的内涵(俞峰，王晓燕和钟昌标，2016)，也是政府无形之手的体现，这在一定程度上弥补了市场失灵的问题，同时也为企业生存环境的营造提供了有利的因素。政府通常明确了企业可创新的方向与范围，对于特定的领域、行业等，通常由政府所掌控，企业一般难以参与其中，但是对于大部分领域与行业来说，在不触及法律所明确限制的产业，企业均可触及。其中，政府扶持是政府依据特定的政治、经济方针，由国家财政安排专项资金向微观经济活动主体提供的一种无偿的转移支付，或直接减免企业赋税行为，这种行为涉及资金资助、研发补贴、税收优惠等(周亚虹 等，2015)。此外，政府扶持通过宏观调控、干预市场等直接手段对企业的生产活动产生影响，也可以通过税收优惠、政府补助、科技立项等间接扶持手段激励企业创新活动的开展，并推动其健康成长(陈维，吴世农和黄飘飘，2015)，以便帮助企业获得并维持持续性竞争优势，在市场中立足生存。政府对于企业生产活动及生产方向适当地干预既是对市场失灵或不稳定的有效调节，也是为企业更好的生存发展提供有益的支撑，最终促进企业在经济社会中平稳快速地发展。

由于政府扶持手段多样、扶持效果各不相同，关于政府扶持的相关文献较为散乱，并且当前研究对各种政府扶持手段缺乏一个较为全面的梳理，为了能够清晰地界定本书探讨的政府扶持手段，本书对当前政府扶持的相关种类及其概念进行了细致的梳理。此外，结合本书的研究问题，考虑到本书着重探索企业的创新活动，尤其是企业技术创新活动，因而本书在整理相关文献时充分纳入了这一因素。通过对已有研究的严密梳理发现，政府对于企业创新活动的支持主要包括政府补贴(夏力和李舒妤，2013)、税收优惠(唐书林 等，2016)、科技立项(曾萍 等，2016；余菲菲和钱超，2017)。这三种方式都是直接向企业提供技术创新投入所需的资金，支撑企业技术创新活动，尽管获取资金的方式有所差异，但究其本质而言，均为企业从政府处获得资金支持，用于支持企业技术创新所需付出的高额成本，以此加速企业技术创新进程。此外也有少数比较特殊的扶持方式，比如政府采购（贾明琪 等，2014）、网络建构（项国鹏和黄玮，2016）等。与从政府处获得资金有所不同，这些扶持方式主要为间接支持，通过“拉”来推动企业的技术创新。除此以外，也有少部分通过“推”来倒逼企业技术创新，例如，与环保相关的限制与要求，通常要求企业积极开展绿色技术创新，间接倒逼企业进行技术创新活动。就整体而言，这些不同的扶持手段对于企业创新活动的开展均有着不同的影响，并且每一种扶持手段在企业技术创新活动的不同阶段也呈现出不同的效应，已有不少研究试图探索企业技术创新活动开展过程中，这些创新资源对于企业创新活动的不同阶段的影响，并且发现较为有趣的现象。

尽管当前有关政府扶持存在诸多形式，但是本书在对以往文献梳理的过程中发现，目前在企业技术创新活动过程中的政府扶持主要围绕政府补贴与税收优惠进行，这些研究都在试图探索出不同的政府扶持手段与企业技术创新活动之间的动态关联（尚洪涛和黄晓硕，2018），由此形成了两类学者，一类主张政府扶持有益于企业技术创新；另一类认为政府扶持会抑制企业技术创新（江静，2011）。本书认为，产生“促进论”和“抑制论”两种差异的主要原因在于政府扶持手段的差异以及扶持的对象不同，并且考虑到这些研究都以政府角度揭开政府扶持的内在作用机制，鲜有从企业自身角度考察，因此本书从企业动机角度入手，探索政府扶持对于企业技术创新的影响。为了能够清晰地界定本书所考察的政府扶持手段，本书选取了政府补助与科技立项这两种扶持手段。政府补助主要强调政府对于企业技术创新费用的补贴，目的在于缓解企业技术创新所需承担的高额费用；科技立项主要强调对于高难度技术攻关的支持，通过将攻关难度高的项目转接给企业，并对企业提供相对应的支持，充分发挥政府资源优势的同时也发挥了企业人才方面的优势。本书选择这两项扶持手段的主要原因在于，企业谋求政府扶持的动机之一在于期望从政府处获得更多有益于企业自身发展的资源，包括资金与项目(吴剑峰和杨震宁，2014)，而政府补助和科技立项为企业获取资源与项目提供了有益的通道，因而从企业获取资源的角度来看，选取政府补助与科技立项是较为妥当的。在本书中，政府补贴指企业从政府处获得的补贴资金，其获取来源包括新产品开发补助与奖励、专利补助与奖励等(陈维 等，2015；吴文锋 等，2009)；科技立项指企业从政府部门获得的国家级、省市级科技项目(曾萍 等，2016；佘菲菲和钱超，2017)。

2.3.2 政府扶持对企业技术创新的影响

企业在特定的制度环境中生存和发展，在很大程度上凭借非市场机制来获取资源，如税收优惠、财政补贴、银行信贷、投资优惠、营利返还、出口退税等，因而政府扶持是企业获取资源的一项重要内容(周亚虹 等，2015)。结合本书的研究背景，我们发现政府扶持对企业技术创新的影响主要可以分为“促进论”与“抑制论”(江静，2011)，前者从“融资效应”和“成本效应”角度出发，强调政府扶持有益于企业的成长，可以促进企业的发展，有利于企业价值的提升。通常情况下，这类观点认为政府扶持起到了“降本提效”的作用，一方面降低了企业的成本支持，另一方面则为企业带来了更多的资金支持，两种因素都为企业更好地技术创新提供了强大的资金保障。而后者则从“挤出效应”和“资源配置扭曲”角度出发，主张政府扶持不利于企业的发展，会对企业生产经营活动产生抑制作用。鉴于此，为了能够清晰地理解政府扶持对企业创新活动的影响，本书从政府扶持对企业技术创新的积极影响与消极影响两个方面展开论述，并试图从一个更为综合的视角出发，论述这些观点背后的逻辑主张，厘清核心作用路径。

2.3.2.1 政府扶持对企业技术创新的积极影响

首先，企业从事研发活动既是企业基业长青的根本，也是我国经济稳步上升的关键。政府补贴作为一种认可信号，拓宽企业获取创新所需资源的渠道(Kleer, 2010)，进而帮助企业更加坚定地从事创新活动(杨洋 等，2015)。然而我国企业依旧面临着较强的融资约束(成力为，朱孟磊和李翘楚，2017），但政府对企业研发的资助可以有效缓解企业面临的这些约束，能够让企业将更多的资金投入企业研发活动中（Falk，2004），这一作用在从事技术创新的中小企业中尤为明显（陶厚永 等，2015）。企业从事创新活动，不仅需要大量的创新型人才，也需要大量的资金支撑，政府对企业的扶持可以为企业从事研发活动带来融资便利（王维 等，2014a），这对于那些依靠外部融资推动技术创新的企业来说，可以起到巨大的促进作用。一方面，当政府对某些产业、行业或者企业投入大量的资金支持时，这无疑给外部社会资本带来一个巨大的积极信号，可以有效吸引大量的社会资本投入相关企业中（Feldman和Kelley，2006；张杰 等，2015）。此外，政府的这一举措还有可能对企业外部债务融资起到正面的调节作用（邹彩芬 等，2013）。另一方面，政府扶持还传递出了企业创新的信号，这是因为政府往往会选择那些具有市场价值、发展前景的创新项目进行资助（Kleer，2010；伍健 等，2018），而企业在接受这一资助的过程中向外部传递出一个利好信号，这可以有效吸引银行等金融机构为其提供信贷服务（陶厚永 等，2015）。总而言之，政府对企业的扶持可以为企业带来充沛的资金，进而推动企业从事技术创新活动，并且资金的来源不仅仅来自政府本身，也来自资本市场、金融市场，如何有效聚集各类社会资本要素服务于企业技术创新活动是此类研究关注的重点。

其次，政府扶持可以有效降低企业研发投入的成本。政府扶持是一种非市场机制，可以用来解决市场失灵问题，它主要通过法律、财政税收、公共物品服务等手段来弥补市场机制中无法依靠企业自身加以解决的缺陷（王春晖和李平，2012）。企业从事研发创新活动所带来的创新成果往往可以为企业自身带来诸多益处，但是由于市场机制的不完善、知识产权保护意识的薄弱等问题使得企业创新成果容易被他人直接使用（Berardi，2007），进而增加了企业创新的成本，打击了企业继续从事技术创新的积极性（邓若冰和吴福象，2017），而这为政府干预企业技术创新的失灵行为提供了可能。一方面，政府会对从事技术创新的企业提供资金资助，这可以直接降低企业技术创新的成本（胡明勇和周寄中,2001),进而弥补企业创新成果收益和理想收益之间的差距。另一方面,与企业技术创新相关的税前扣除、加速折旧等税收优惠政策可以间接降低企业研发成本,从而激励企业加大研发投入(Guellec 和 Pottelsberghe, 2003),使得企业有更多的资金用于企业技术创新,并且这些税收政策可以起到较为持久的效果(Bloom, Griffith 和 Reenen, 2002)。此外,政府采购、公共研发等相关扶持政策可以对企业技术创新起到积极的引导作用,在降低企业研发成本的同时促使企业加大创新投入(伍健 等,2018),并且提高其创新能力与创新绩效(王春晖和李平,2012)。因而,政府扶持对企业技术创新活动起到积极的促进作用,有效盘活了各类社会资源与政府资源,服务于企业技术创新活动,减少了企业技术创新过程中所遇到的阻力,对企业技术创新活动起到了良好的支持与促进作用。

最后,也有学者指出,政府还有其他较为宏观的扶持政策(Flanagan 和 Uyarra, 2016; Jan, 2017),但这些扶持政策一般针对企业或整个行业所有的创新活动,而非单纯指向技术创新,当然,其中也包含了一些激励企业技术创新的其他手段。这些政策的出台往往是政府对于某一个特殊领域的尝试性开放,通过开放程度的提高促进企业技术创新,但与上述两种扶持不相一致之处在于,这一类扶持仅仅是放开了某种领域的可从事业务范围,但是企业涉入这一领域可能会遭遇高额的风险,同时也可以获得高额的回报。此外,也有学者发现,一些荣誉性质的奖励也可以促进企业技术创新的增强,例如,许玲玲(2017)发现,基于税收优惠的高新技术企业认定政策能够显著促进民营企业技术创新。最后,除了正向激励,政府往往还会出台一些规制措施,主要表现为环境规制(Chan 等,2015;王锋正和陈方圆,2018;余伟,陈强和陈华,2017),政府此类政策通常是通过高额罚款来变相地促进企业技术创新,但是对于企业完成这一"指标"却是没有明显的奖励,至多给予相应的认可、鼓励等。政府的这种变相扶持手段往往可以促使企业进行技术创新。总的来说,无论是正向促进还是反向鞭策,在大多数情况下,政府在企业技术创新过程中都是充当激励者的角色,能够帮助企业解决创新过程中遇到的一些难题，为加快推动企业技术创新进程做出了重要贡献。

2.3.2.2 政府扶持对企业技术创新的消极影响

首先，政府对于企业的扶持在刺激企业增加研发支出的同时，也有可能降低企业的研发投入，即所谓的挤出效应（江静，2011）。由于创新具有外部性、风险性和不确定性等特征（Romer，1986），市场难以发挥“看不见的手”这一功能，政府通过政策扶持以及随之而来的科技补助政策可以发挥“扶持之手”的作用（钱爱民，张晨宇和步丹璐，2015；许罡，朱卫东和孙慧倩，2014），以此降低企业进行创新的成本和风险。然而，政府的补贴计划一旦实行，企业有可能只会申请补贴计划内的研发项目，因为政府补贴可以有效降低企业研发投入，企业研发创新的边际成本大幅下降，因而这实际上挤出了企业的研发投入。企业为了获得补助而采取的行为通常表现为策略性行为，随之而来的创新也是一种策略性创新，这类创新通常只是表现为创新，而实际上只是企业掩盖为了获得补助而产生的假动作。此外，企业所从事的技术创新可能不属于政府补助的范围之内，企业为了获得这些补助而被迫展开了与企业现有产业、资源、技术不相关的技术创新活动，这种行为在很大程度上侵占了原有技术创新的效益，虽然最后企业也可能通过此类行为获得政府的补助，但是政府补助所带来的效益已经低于企业技术创新活动所产生的收益。

其次，政府扶持的消极作用还体现在对现有资源配置的扭曲，打破市场的正常运作和竞争机制。政府对某一行业、产业或者企业提供扶持可能会影响市场的正常竞争机制（Guellec 和 Pottelsberghe，2003）。此外，政府在选择补贴对象时往往会考虑企业曾经是否从事过相关或者类似的研究与研发项目（Bloom 等，2002），一般情况下，如果企业开展过类似的创新项目，则被视为具有相应的创新经历，能够更好地从事政府所期待看到的技术创新成果，因而会导致选择偏离效应，这也是研发资源配置扭曲的一大表现（江静，2011）。虽然政府对于资源的选择使得企业技术创新带有很强的目的性与导向性，但在大多数情况下，这些技术创新都是从服务国家战略的角度出发，以期突破国外企业的技术封锁。

政府的直接补贴不仅可以促进企业增加研发投入（王维 等，2014a），而且可以缓和融资约束对企业研发投入的负面影响（康志勇，2013），然而这种政府补贴是否真正能促进企业进行技术创新受到了其他学者的质疑。例如，政府补贴作为一种事前支持，由于信息的不对称性，可能存在道德风险；吴剑峰和杨震宁（2014）指出，政府补贴是否发挥其应有效益很大程度上取决于企业是否拥有完备的治理结构。尽管有学者表示政府补贴可以提高企业的专利产出（王维 等，2014a），但这种专利产出往往以实用新型和外观设计方面的专利居多，而非有巨大价值的发明专利（黎文靖和郑曼妮，2016），相较于前者，发明专利更能体现企业技术创新的成效（Hong 等，2015），并且多数情况下，企业拥有的发明专利越多，越能够说明企业具有强大的研发实力。因此，学者们更多关注的是税收减免政策对于企业创新活动的影响。研发税收激励是另一种较为常见的创新政策工具，主要表现为企业在从事研发活动时，政府减免研发税收，从而激励企业加大创新力度（Castellacci 和 Lie，2015）。由于这种激励政策是事后支持，这对于企业创新的整个过程都会产生影响（张继良和李琳琳，2014），包括创新的研发投入（水会莉 等，2015）、中介产出（张继良和李琳琳，2014）以及结果产出（黎文靖和郑曼妮，2016）。尽管当企业预期可以获得更多的税收优惠时，会增加非发明专利的产出数量，而不是发明专利的产出数量（黎文靖和郑曼妮，2016），但就总体而言，税收优惠所起到的效果要优于政府补贴（张继良和李琳琳，2014），并且目前政府对于企业技术创新的支撑也愈发注重事后支持，而非事前。

2.3.3 政府扶持的测量

现有研究对于政府扶持的测量方法多种多样，不同的学者对政府扶持的测量方法各有不同，目前主要围绕政府补助、税收优惠开展测量，这些测量随着研究情景的变化而变化，为了能够清晰地辨析这些不同测量方式的价值，本书对当前主要的政府扶持方式进行了详细梳理，如表 2-2 所示。从整体上看，这些方法包括了问卷法、总和法、比值法以及对数法。其中，相对于另外两种测量方式，使用问卷法与总和法的学者较少。问卷法主要通过问卷调查的形式获得政府扶持相关的数据，由于问卷的主观性较强，且对于政府扶持的实际情况容易存在偏误，这一类测量方法在实际研究中较为少见。总和法主要将企业从政府处获得的所有扶持进行加总求和，相对于小企业，大企业由于具有更为强劲的研发实力而往往可以获得更多的政府扶持，因此这种方法往往具有较强的内生性问题。总之，如前所述，问卷法可能受到问卷对象的主观影响，比较主观，而总和法使用的学者不多，并没有广泛受到学者的认同，因而在本书中也不予考虑。此外，尽管对数法可以有效地减少总和法的弊端，但是对数法只能看出企业获得的补助、资助等，不能看出企业自身的经营情况。在某种意义上，对数法弥补了总和法的不足，但究其本质依旧没有完全消除这种弊端，因此，本书对于这种方法也不予考虑。最后，比值法将政府扶持与企业成效进行有效结合，并且基于严密的计算过程，应用较为广泛，鉴于此，本书更倾向于比值法。

表 2-2　　政府扶持的测量方式

方式	主要方法	代表性文献
创新支持	问卷法：围绕税收优惠、政府补助等扶持方式以问卷形式进行	(曾萍 等,2016)
税收优惠	总和法：企业所享受的来自各级政府的税收优惠总额	(江静,2011)
	比值法：(当期所得税费用－递延所得税费用)/息税前利润；所得税率调整而得的所得税优惠数额/营业收入；所得税费用/息税前利润；递延所得税资产/利润总额	(黎文靖和郑曼妮,2016；李维安 等,2016；唐书林 等,2016；王遂昆和郝继伟,2014)
政府补贴	总和法：从政府处获得的贴息、奖励、资助、开发补贴、知识产权补贴等各类直接或间接的补贴金额总和	(王俊,2010；吴剑峰和杨震宁,2014；邢斐和董亚娇,2017)
	对数法：Ln(政府补贴金额)，政府补贴金额来源包括贴息、奖励、资助等各类直接或间接的政府补贴	(尚洪涛和黄晓硕,2018；伍健 等,2018；周明和吴翠青,2017)

（续表）

方式	主要方法	代表性文献
政府补贴	比值法：政府各类补贴/企业期末总资产；政府各类补贴/营业收入；政府各类补贴/企业净利润	（林洲钰，林汉川和邓兴华，2015；王维 等，2014a；夏力和李舒妤，2013）

资料来源：根据相关文献整理而得。

通过对已有关于比值法的文献的梳理，本书主要采用了以下三种更为细分的计算方式。其中，政府补助的数据均来源于手工整理搜集的2008—2015年上市企业年报中政府补助金额，具体而言，本书参照陈维等(2015)对政府扶持政策的测量方式，将政府补助设立为三个解释变量：一是下一年度的实际所得税率(Gs1)，二是下一年度的营业税率(Gs2)[①]，三是下一年度的政府补助(Gs3)，其中实际所得税率为当期所得税费用减去递延所得税费用之差除以应收税益，营业税率为营业税金除以营业收入，政府补助为政府补助金额除以营业收入。另外，鲜有学者对科技立项进行一个细致的测量，本书借鉴张振刚和薛捷(2004)对科技立项的划分，将科技立项分为企业从政府部门取得的科技项目，包括国家级、省级和市级科技项目，分别赋予不同量级3、2、1，用来衡量企业的科技资源获取水平，并且手工搜集2008—2015年上市企业年报；参考杜元伟(2011)对重大科研项目的定义，本书将我国"863"计划、"973"计划、国家科技基础条件平台建设、国家科技支撑计划、国家自然科学基金重大项目等获得了国家持续稳定财政支持并以提供公共科技产品为目的的国家科技主体计划，都归为国家立项，其余则按省级和市级项目自行搜索，分别赋值3、2、1的权重，加权求和后用以衡量企业的企业科技项目获取水平。基于此，本书明确了文中关于政府扶持的多种测量方式，期望通过不同数据的获取，能够交叉验证本书的研究主张，使得研究结果具有更强的解释力度与可信程度。

---

① 2012年，我国为加快财税体制改革，开始试行"营业税改增值税"（简称"营改增"）政策，并于2016年在全国各行业推行，因而自2016年起，我国不再征收营业税。由于本书使用2008至2015年期间的数据，考虑到2012年之前，并不存在增值税数据，并且2012至2016年期间，我国采取分行业、分地区逐步推行"营改增"政策，导致此类数据在不同截面上存在不同程度的缺失。因此，为了确保本书研究分析结果在整体上的连贯性、一致性以及稳健性，本书采取营业税而非增值税相关数据进行分析。

2.3.4 小结

通过上述分析与描述，本书发现政治关联通过影响企业内外部资源可以对企业创新活动产生显著影响，这些影响主要包括积极的促进作用以及消极的抑制作用，然而当前研究结论的不一致使得政治关联如何影响企业技术创新的黑箱依旧没有打开，并且研究视角的差异，使得这些研究主张均有较为严谨的论证逻辑。本书认为，当前几乎所有的研究都聚焦于小样本研究，并且往往聚焦在某一个行业中，因而本书认为这可能是一个限制因素，也是导致已有研究出现不一致的一大影响因素。此外，在对企业内外部资源的探索中，尽管已经有少数学者开始研究企业内外部资源的中介效应，但依旧无法完全厘清企业内外部资源在政治关联与企业技术创新之间的作用，因此本书试图从资源基础理论、资源诅咒理论和制度理论入手，基于一个整合的视角，深入分析政治关联、政府扶持、企业技术创新之间的内在机理过程，并且融入制度环境的调节效应，深入分析制度环境与政治关联、政府扶持、企业技术创新之间的关系。本书主要选取 2008—2015 年所有在我国沪深上市的企业作为初始样本，并进行大样本检验，试图打开政治关联影响企业技术创新的黑箱。

2.4 技术创新相关文献回顾

企业积极主动地寻求创新，主要目的在于获得竞争优势，尤其是持续性竞争优势(Kuhl 等，2016)，而技术创新往往是一项高风险、高投入和高失败率的创新活动，这些创新风险在某种程度上阻碍了企业的创新步伐与创新进程，降低了企业的创新意愿，尤其是技术创新的不确定性与复杂性加剧了技术创新的难度(刘岩 等，2014)，使得企业担忧对于技术创新活动的付出与所得不成正比。此外，企业往往难以在短期内获得技术创新成果，且技术创新效益的发挥通常也需要花费较长的时间成本，诸如此类的因素使得企业创新举步维艰。为了深入理解技术创新的形成过程，不同学者将技术创新划分为不同类型加以区分研究，以厘清企业技术创新不同行为形成的机理过程。对不同类型技术创新过程的研究，能够为企业合理配置已有资源，促进企业不同类型技术创新进程提供有效的理论指导。因此，本书在遵循以往研究对于企业技术创新影响的研究的类型划分，在对企业技术创新行为文献进行回顾的过程中，主要从组织资源视角、组织学习视角、组织创新流程视角三个方面归纳以往学者对于企业技术创新的类型划分，试图从中理解不同技术创新的形成机理，以便更好地认识企业技术创新活动。本小节首先对技术创新的定义进行明确界定，在此基础上对上述三种类型的技术创新、影响企业技术创新的重要因素，技术创新的测量等三个方面进行详尽的阐述。此外，本节还对企业技术创新的测量方式进行全方位的归纳，并选取最符合本书研究设计、研究主题的测量方式。

2.4.1 技术创新的定义

创新的概念最早由约瑟夫·熊彼特提出，它是指把一种从来没有过的关于生产要素的"新组合"引入生产体系。创新是一国经济增长的动力源泉，它能够提升国家整体的竞争能力，又可以促进国家经济的发展，因而创新是经济发展的强大动力和坚实基础(陈力田，2014)。对于创新的研究已经涵盖国家层面(Castellacci 和 Lie，2015)、行业层面(Brem，Nylund 和 Schuster，2016；许培源和章燕宝，2014)、企业层面(Hong，Kim 和 Cin，2015)，甚至个体层面(Shaffer，Chastagner 和 Umesh，2016)，还有从价值链视角出发，将技术创新过程划分为技术开发和技术转化两个方面(李阳 等，2014)，也有基于企业所从事的技术创新是否原始创新，将技术创新划分为模仿创新与消化吸收再创新(李强，2016)，这种创新更像是一种开放式创新(Greco，Grimaldi 和 Cricelli，2016；高照军 等，2018)，都是通过已有技术转化而来的。而本书主要探讨企业层面的创新。这主要是因为企业层面的创新活动既不像个体层面的创新活动那般微观，也不似国家、区域层面的创新活动那般宏观，可以较为全面而有效地反映出不同的创新活动，并且呈现出明显的阶段性特征。而且企业层面的创新既体现出了企业个体创新活动的开展过程，也反映出了区域、国家层面的创新活动，而且企业的长足发展是推动区域经济、国家经济快速发展的重要指标，因此对创新活动的研究界定在企业层面是较为合适的。

创新对于企业而言十分重要，创新是企业获得长期竞争优势的重要动力源泉(Greenhalgh 等，2005)，是企业立足于市场的关键性基石，已有诸多学者对于企业各种创新活动开展了大量的研究(Yu 和 Chen，2016)，比如产品创新(Guimarães 等，2016)、服务创新(Chan 等，2015)、技术创新(Hong 等，2015)、制度创新以及责任式创新(梅亮和陈劲，2015)等。这些不同的创新活动，归根结底都是企业为了获得长远的发展而开展的系列经营活动，并且伴随着不同活动的开展，企业也会从中获得不同程度的利益。此外，值得注意的是，企业开展的这些创新活动往往具有资金密集、风险高、外部资助者难以评估等特点(Ganter 和 Hecker，2013)，因而企业开展的这些创新活动都具有相类似的特性，也同时呈现出相近的问题。由于创新性活动对于企业资源的配置提出了更高的要求，企业通常将创新作为整体战略而推进。更进一步地，企业所有创新活动中又属技术创新难度最大、失败率最高，然而成功的技术创新也能够为企业带来卓越成果(刘岩 等，2014)，是促进企业发展的重要手段(袁建国 等，2015b)，甚至能够带动产业结构的转型(易信和刘凤良，2015)，因而研究企业技术创新行为也最具价值。基于此，本书主要聚焦于企业技术创新活动，试图从政治关联视角揭开企业技术创新的具体路径与过程，为企业从政治视角促进技术创新提供理论指导。

以往学者对于企业技术创新并没有给出十分统一的定义，本书在对企业技术创新的不同类型以及技术创新相关概念进行充分回顾后，总结了不同学者对技术创新的定义，结合本书的研究对象，将企业技术创新行为定义为企业为产生新技术、新流程、新产品等进行的一系列技术创新活动的总和(徐建中和曲小瑜,2015),包括创新投入与创新产出(权小锋和吴世农,2010)。其中,技术创新投入指企业为了完成这些技术创新活动所投入的研发资金(Wang 和 Lin, 2013;刘放 等,2016;张继良和李琳琳,2014;张晓黎和覃正,2013)。技术创新投入主要侧重于企业技术创新前期对于创新活动的关注程度,通常企业的技术创新投入越大,说明企业领导者对于技术创新越为重视。技术创新产出指企业完成这些创新活动后获得的一系列创新成果,并且主要以专利的形式呈现出来,包括发明专利、实用新型专利和外观专利(Li 等,2017;黎文靖和郑曼妮,2016;吴剑峰和杨震宁,2014;周煊,程立茹和王皓,2012)。本书之所以将企业技术创新活动分为创新投入与创新产出,既是因为技术创新投入与创新产出可以较为全面地反映出企业技术创新活动的全貌,反映企业技术创新活动的整个过程,同时也是因为其能够为政府和企业针对不同的创新环节作出不同程度的努力,以最小化技术创新难度降低企业技术创新成本,获得最大化技术创新成果与效益。鉴于此,本书认为企业技术创新活动应当包括技术创新投入与企业技术创新产出。随后,本书重点围绕技术创新投入与创新产出对相关类型、前因以及测量方式进行全方位的回顾,以期能够从理论层面加深对于企业技术创新活动的认识。

2.4.2 技术创新的类型

2.4.2.1 组织资源视角

早期学者对技术创新的探讨主要聚焦于技术创新是由何种因素驱动的,即技术推动还是需求拉动(Von Hippel, 1976)。技术推动主要为随着技术的不断迭代、变更与更新,技术呈现出自然而然的创新阶段,并且随着企业技术创新的趋势以及技术创新的需要而产生的技术创新活动。需求拉动主要为企业技术创新的最终目的是满足市场的需求,即服务于广大的消费者,从需求端反向促进企业技术创新,这种创新导向已经愈发成为当前企业技术创新的原动力。然而,随着资源基础观的逐渐应用,技术创新的研究者开始重点研究以企业技术资源为基础的技术创新(Benner 和 Tripsas, 2012; Hoskisson 等,1999)。此外,尽管有学者指出过分依赖顾客,期望以需求推动技术创新很难实现,还是有不少学者倾向于从需求拉动的视角解释企业的技术创新(Priem, Li 和 Carr, 2012),比如以市场为导向的产品创新(De Oliveira Brasil 等,2016)。由此产生了技术创新的两种常见的类型,即基于技术的创新与基于市场的创新(David, 2005; Silva, Styles 和 Lages, 2017)。此外,与这种类型划分较为相似的是将技术创新划分为产品创新与过程创新,这两种类型的创新,从本质上而言也是基于技术的创新及基于市场的创新(Baumann 和 Kritikos, 2016; Hong 等,2015; Li 等,2017; Tang 等,2018; Utterback 和 Abernathy, 1975; Zhang 等,2018)。

基于技术的创新往往带有浓厚的研发色彩,而基于市场的创新体现了较多的市场属性,因而我国学者(黎文靖和郑曼妮,2016)将企业技术创新划分为实质性创新与策略性创新,并且认为相比于后者,实质性创新能够对企业发展起到实质性的促进作用。实质性创新与技术驱动下的研发创新较为类似,它主要强调企业的技术创新活动对于企业效益的增加具有剧增的效果;策略性创新则通常表现为迎合某种不得不满足的需要而进行,它既可以是市场上某种需求的产生,促使企业不得不开发相关的内容,也可以是为了满足监督机构的创新要求,例如为了满足政府对于企业技术创新活动的指标性要求。就对企业的价值而言,实质性创新产生的效益通常高于策略性创新,这主要是因为实质性创新主要增强了技术创新的“质量”,而策略性创新只是增加了技术创新的“数量”,尽管也有学者(周煊 等,2012)用技术创新的“质量”与“数量”两个方面衡量企业技术创新的成效,但是“数量”的增加并不等同于“质量”的提升。此外,实质性创新主要是由企业内在的原动力驱动,而策略性创新主要由外部压力或要求导致,两者有着动力方面的显著差异。无论何种类型的创新,都是对企业资源的不同配置,相比于策略性创新,企业对于实质性创新的资源投入更高。当企业资源不够充分但又不得不满足外部需求时,企业通常会进行策略性创新而非实质性创新,因此组织资源视角为研究企业技术创新提供了有益的切入点。

2.4.2.2 组织学习视角

以往学者除了基于组织视角研究企业技术创新,还有学者从组织学习视角出发,将企业技术创新行为划分为探索式创新与利用式创新(Jansen, Van Den Bosch 和 Volberda, 2006),也即所谓的双元式创新。这一概念最初源于探索式学习与利用式学习,也称双元学习(March, 1991; Radner 和 Rothschild, 1975)。尽管探索式学习与利用式学习对企业新产品开发绩效有积极的影响(Kim 和 Atuahene-Gima, 2010),也对企业产品销售增长起到促进作用,但有趣的是探索式学习只会显著影响企业产品创新的强度,而利用式学习还会影响企业过程创新的强度(He 和 Wong, 2004)。其中潜在的原因在于,企业产品创新往往以市场为导向,企业不仅始终会关注竞争对手在同类产品上的新颖性、前沿性、前瞻性,并且会不断模仿竞争对手的优质创新,以弥补自身没有优势创新的弱势。然而企业过程创新通常涉及企业流程的变革,但是这种变革一般难以从其竞争对手中进行复制,因此企业只有不断地对现有的内容进行试错,不断地从失败中学习,以此对企业创新的过程产生影响。

虽然双元学习对于企业技术创新产生影响,并且已有不少学者基于双元学习的概念提出双元式创新。这些研究主要主张组织学习与组织创新是两个相辅相成、互相渗透的过程,很难从理论上对这两个概念进行剥离。此外,组织学习过程中往往伴随着创新行为的产生,并且组织学习是深入探索企业技术创新行为的重要方面(王凤彬,陈建勋和杨阳,2012),因而这种双元学习行为逐渐演变成了双元创新行为。随后,学者们开始探索这种双元创新的前因、影响因素的边界等,并且获得了诸多富有成效的成果(Jansen 等,2006;党兴华,魏龙和闫海,2016;李宁娟,高山行和舒成利,2018);也有不少学者注重挖掘这种双元式创新对于企业生产经营会产生何种后果,并发现了一系列富有价值的结果(He 和 Wong, 2004;李桦和彭思喜,2011;杨学儒 等,2011),

这些成果对于本书的顺利开展带来了理论上的启发与实践上的指导。总而言之，本书对这些研究成果表示认同，但是本书也认为，由于组织学习与组织创新十分接近，在实际操作与测量过程中，经常容易出现混淆的情况，因此，本书没有选择这种技术创新活动作为本书企业创新活动的研究对象，也没有过分论述这类技术创新活动，并且这种技术创新活动在很大程度上没有关注企业技术创新的全过程，容易忽视其中的关键要义，因此本书只在本小节中对其简单论述。

2.4.2.3　组织创新流程视角

本书主要关注企业技术创新的流程视角，即企业技术创新投入与产出。尽管有学者(Zhang 等，2018)指出，企业以技术为基础的过程创新、产品创新本质都是企业技术创新行为，但仍有学者(荀燕楠和董静，2014；黄庆华　等，2017；王维，郑巧慧和乔朋华，2014a；袁建国　等，2015b)从技术创新本身入手，将技术创新划分为创新投入与产出。以往较多学者都是从技术创新的投入或者产出中的一个方面来衡量企业技术创新。这些研究在某种程度上，由于实际操作中存在的局限性或不足，难以捕获到较为全面的数据，使得这些学者对于企业技术创新的测量只关注了其中一个方面，由此使得研究结果在某种程度上存在一定的偏差。但本书认为，企业从事技术创新，一方面需要企业加大对技术创新的投入，为技术创新的开展打下坚实的基础，比如企业增加研发资金(Bi, Huang 和 Wang, 2016)，政府减免研发税收(Castellacci 和 Lie, 2015)；另一方面需要对技术创新的产出进行评价，以衡量企业技术创新是否确有成效，比如企业申请发明专利等(Li 等，2017)，因而从企业技术创新的投入与创新产出两个方面衡量企业技术创新更为全面(袁建国　等，2015b)。为了能够更加清晰地理解企业技术创新的投入与产出是如何备受企业关注的，本书将详细论述企业技术创新投入与创新产出两个方面的内容，以此评估企业技术创新活动并为企业进一步从事技术创新提供指导。

1) 技术创新的投入

对技术创新投入方面的研究大都以研发(R&D)投入为研究对象

(Bi 等,2016；Castellacci 和 Lie，2015；Engelen 和 Brettel，2012；李向东 等,2011；刘放 等,2016；水会莉，韩庆兰和杨洁辉，2015；肖文和林高榜，2014；张晓黎和覃正，2013)，无论是增加企业研发人员，还是加大研发资金的投入，都是增加企业创新投入的表现，其目的都是获得可观的创新产出(李向东 等，2011)。企业所做的一系列的努力都是以盈利为目的，因此企业对于技术创新较高的投入，往往是其认为对于技术创新投入能够在某种程度上获得更高的回报。此外，已有研究表明，加大对企业研发部门所从事的技术创新的投入，能够有效对企业绩效产生积极影响(Engelen 和 Brettel，2012)，这种积极的效益既表现在企业技术创新绩效上(张晓黎和覃正，2013)，也体现在企业经营绩效上(李向东 等，2011)。更为重要的是，增加研发投入为企业创新活动开展创造资本条件，能够为企业持续性创新注入鲜活的动力(Ganter 和 Hecker，2013)。

一方面，企业对技术创新的投入越高，企业开展各项创新活动所需的元素便越为齐全，企业越能够便捷地调动已有资源支撑企业技术创新活动的开展；另一方面，企业对于创新的投入越高，越可以让企业研发人员看到企业对于技术创新的决心，从而增强对于企业技术创新成功的信心。此外，企业对于技术创新的投入越高，在技术创新过程中遇到阻力时，也更容易利用丰富的资源进行解决，从而大幅度提高技术创新成功的概率。因此，增加企业技术创新的投入对于企业技术创新而言可以持续输入不竭的动力，支撑企业持久地从事技术创新活动。此外，技术创新投入作为企业创新活动的一个重要组成部分，也有学者(Castellacci 和 Lie，2015)从国家层面探讨了政府对企业研发税收减免的创新政策能够推动企业的创新活动，尤其是中小企业的技术创新活动。由此可见，技术创新可以较为突出地反映企业技术创新活动，因而，本书将企业技术创新的投入作为评价企业技术创新的一个重要方面。

2) 技术创新的产出

技术创新最为直接的产出便是专利，其次是体现在企业绩效上

(Chan 等,2015; De Oliveira Brasil 等,2016; Hong 等,2015; 徐建中等,2018),尤其是技术创新绩效(Wang 和 Lin, 2013; 刘岩 等,2014; 潘清泉和唐刘钊,2015;张晓黎和覃正,2013)。这是因为,企业技术创新的成果往往直接应用于技术本身,并且可以直观地看出企业整体经营绩效的提升。此外,技术创新的成果还惠及财务绩效(Verwaal, 2017;贾军和张卓,2013;王凤彬 等,2012;周煊 等,2012)、市场绩效(王凤彬 等,2012)、出口绩效(Silva 等,2017)等方面。企业技术创新不仅仅是对企业所拥有的技术产生影响,这种技术创新的成果很容易带动企业其他方面的绩效水平的提升,具有较强的联动效应。不仅如此,也有学者发现企业技术创新能够加速产业结构转型,对于企业转型升级大有裨益。尽管部分学者(李桦和彭思喜,2011;周春梅,2017)认为企业技术创新并非一定有利于企业绩效的提升,技术创新还需要兼顾企业所拥有的资源,但是大多数技术创新的研究者认为,企业技术创新活动能够促进企业绩效的提升,有利于企业的发展。

此外,不少学者往往直接研究企业技术创新绩效而非技术创新本身(Wang 和 Lin,2013;潘清泉和唐刘钊,2015),这类研究主要考虑到企业技术创新成果难以衡量,而通过专利进行衡量往往具有一定的滞后性。即便如此,也有较多的学者(Jung, Wu 和 Chow, 2008; Wang 和 Lin, 2013;贾军和张卓,2013;潘清泉和唐刘钊,2015;张晓黎和覃正,2013)在衡量企业技术创新绩效时,其本质依旧是使用技术创新产生的专利进行衡量。并且在某种程度上,较多的学者认为,企业技术创新与技术创新绩效之间几乎可以等同。因此,尽管存在其他产出形式,比如新产品的开发(Wang 和 Lin, 2013;李向东 等,2011;杨洋,魏江和罗来军,2015)、新项目开发(肖文和林高榜,2014)、获得技术创新相关奖项(林润辉 等,2014),在中国情境下,主流的研究成果均表明,企业技术创新的产出主要表现为企业申请的专利(Li 等,2017)。鉴于此,本书也将专利用于衡量企业技术创新的产出,并将企业技术创新的产出作为衡量企业技术创新的另一个重要方面。总而言之,本书采用企业技术创新投入与创新产出来衡量企业技术创新。

2.4.2.4 小结

总的来说，不同学者从不同的角度来研究企业技术创新行为，都试图揭示企业技术创新行为产生的黑箱，而在中国情境下，越来越多的学者开始综合考虑企业技术创新投入与产出这两个方面来衡量企业技术创新，这些学者都认为考虑技术创新的投入与产出能够更为全面地评估企业创新的实际情况以及由此带来的创新绩效，同时从企业创新投入与创新产出两个方面衡量企业技术创新能更为真实有效反映出企业的创新活动。企业技术创新投入主要衡量了企业技术创新过程中的前期状态，而技术创新产出主要衡量了技术创新过程中的后期状态，两者合在一起较为全面地反映了企业技术创新的全过程。因此本书也将采纳技术创新的投入与创新产出作为企业技术创新的两个方面开展研究。

2.4.3 技术创新的前因

以往学者对企业技术创新影响因素的研究，大都可以归纳成组织内部因素与组织外部因素（Yu 和 Chen，2016），其中组织内部因素又包括组织特征，如组织规模、组织所有制结构等，以及个人因素，如企业家自我效能、冒险倾向等，这些因素大都围绕企业领导者展开；组织外部因素包括市场需求、行业结构等，这些因素主要涉及企业当前面临的错综复杂的市场环境，包括政治环境、社会环境、经济环境等。如前所述，诸多学者（Jung 等，2008；Wang 和 Lin，2013；贾军和张卓，2013；潘清泉和唐刘钊，2015；张晓黎和覃正，2013）也直接研究企业技术创新绩效，通过技术创新绩效的研究对企业技术创新提出相关对策与建议，因而本书将充分回顾以往对于企业技术创新前因的研究，并结合企业技术创新绩效前因的研究，将企业技术创新前因划分成内外两方面的因素。这一划分还考虑到了不同因素对于企业技术创新的影响不一致，并且企业应对这些影响因素所采取的措施也不尽一致，此外也是为了清晰地理解当前对于企业技术创新前因的研究现状，更是为了能够从中发现研究缺口，以期为企业技术创新更加顺利开展做出贡献，从而为本书更好地理解技术创新提供理论基础。随后，本书将对这两方面的影响因素展开详细的描述。

一方面，从企业内部影响因素角度来看，有两种较为常见的影响因素，一种是企业高层领导者对于企业技术创新的影响，另一种是企业本身对于技术创新的影响。就企业高层领导者而言，学者们大都聚焦于 CEO（黄庆华 等，2017）、董事（张维今，李凯和王淑梅，2018）、企业家（Yu 和 Chen，2016），也有少数学者（周春梅，2017）关注职业经理人的影响，探究企业高层领导者对于企业技术创新的影响。这些研究认为，企业高管作为企业行进的方向，在企业发展过程中起着“导航灯”的作用，这些高管决定了企业未来的发展，并且对于企业技术创新的相关决策有着直接的决定性作用。因此，这一类研究重点关注企业高管在企业技术创新过程中的作用。就企业本身而言，多数学者从企业自身所具备的知识（Yayavaram 和 Chen，2015）、能力（Li 等，2017）、技术资源（贾军和张卓，2013）角度探讨企业技术创新的成效，在这些影响因素中又以企业研发投入影响为主，包括研发资金与研发人员的投入对企业技术创新的影响（Baumann 和 Kritikos，2016；Engelen 和 Brettel，2012；Ganter 和 Hecker，2013；肖文和林高榜，2014；张晓黎和覃正，2013），此外，也有少数学者考虑了企业的创新网络（党兴华等，2016）以及企业之间的互相影响（Wang 和 Lin，2013）等。这一类研究主要关注企业所拥有的各类资源对于企业技术创新的影响，侧重于从组织资源角度分析资源的优劣、多少对于企业技术创新的影响。他们主张资源是企业技术创新不可缺少的也是极为重要的影响因素，企业缺乏创新所必需的资源将使企业技术创新难以维持与进行。这与本书所主张的观点较为接近。总而言之，在组织因素方面，以往学者主要探讨了企业自身知识、能力、技术资源以及认知与特征对企业技术创新的影响，这些研究为本书从领导者、资源角度理解企业技术创新提供了较为有益的视角与基础。

另一方面，从企业外部影响因素角度来看，企业主要面临两大类环境：其一是企业所面临的制度与金融环境对企业技术创新产生的影响,这种环境主要通过市场的变化作为一种隐含的影响因素引导着企业的技术创新活动;其二为企业所处的政治环境对企业技术创新产生的影响,这种政治环境作为企业面临的一种特殊环境,对企业创新活动有着直接的影响作用。企业所面临的环境不确定性促使企业要积极自我革新(袁建国,程晨和后青松,2015a),以便在动态变化的环境中得以生存。就企业所面临的市场环境而言,大都表现为与金融相关的因素(王维 等,2014a)以及与制度相关的因素(Li 等,2017)。例如,近些年监管单位对金融领域陆续出台了若干管制措施,使得企业技术创新的方向发生了改变,企业越发注重对于隐私、安全等方面的强化。这种金融制度影响企业技术创新方向就是外部环境影响企业技术创新的一个缩影。在对政治环境的影响因素研究中,以政府正向激励为主(肖文和林高榜,2014),辅之负向压力(水会莉 等,2015),进而引导着企业创新活动的方向。尤其在中国,企业日常活动、创新活动在很大程度上受制于政府的政策,并且企业的技术创新活动也通常带有明显的政策导向。此外,企业所面临的市场也会受到政府机构的影响,例如此前金融领域的管制措施也有政府的声音,诸如此类,企业在面临外部制度环境时,企业往往受到政府与市场的耦合影响(高照军 等,2018),这种双重影响对于企业生产经营活动带来的影响更为显著。总而言之,在企业技术创新的过程中,不仅要充分考虑企业内部因素对于企业创新的影响,还要考虑企业外部环境,诸如市场环境、制度环境对企业技术创新的影响。

2.4.4 技术创新的测量

以往对企业技术创新的测量方式较为丰富,既有主观性问卷调查,也有客观性数据检验,本书在上文对企业技术创新类型划分的基础上,对不同学者测量企业技术创新的方式进行了归纳,具体如表 2-3 所示。也有不少研究采用问卷调查方式进行测量,但是这种测量方式一直受到学者的质疑,主要是因为这种测量方式较为主观,难以准确反映出企业真实的技术创新水平,并且大多数情况下,这种测量方式容易高估企业技术创新水平。对于客观档案数据的测量方式,从表2-3中可以看出,测量方式主要包括销售收入、研发投入、专利产出、研发人员等可以客观捕获的数据。这些方式各有各自的优缺点,并且往往受限于研究者的执行能力、数据获取能力,此外也会考虑企业信息的披露程度。但无论采用何种测量方式,用这种档案类的数据来衡量企业技术创新,往往被认为是优于主观问卷的测量方式,因此这些测量方式都被广泛应用于当前有关企业技术创新的度量中。

表2-3　　　　技术创新的测量方式

变量	测量方式	代表性文献
技术创新	研发投入/销售收入	(孙婷,温军和秦建群,2011;许玲玲,2017;周春梅,2017)
	研发投入/能源消耗量	(王锋正和陈方圆,2018)
	问卷	(Verwaal, 2017;曾萍 等,2016;党兴华 等,2016;李桦和彭思喜,2011;李宁娟 等,2018;王娟茹和张渝,2018;徐建中 等,2018;杨学儒 等,2011)
	专利申请数	(Li 等,2017;苟燕楠和董静,2014;黄庆华 等,2017;王维 等,2014a;吴剑峰和杨震宁,2014;袁建国 等,2015a;袁建国 等,2015b;周煊 等,2012)
产品创新	企业获奖、新产品项目开发数等有效的创新努力或活动	(Ganter 和 Hecker, 2013; Jung 等,2008; 林润辉 等,2014; 肖文和林高榜, 2014)
	新产品产值/销售收入或者新产品销售收入	(李向东 等,2011;肖文和林高榜,2014)
	问卷	(Chan 等, 2015; Guimarães 等, 2016; Hong 等, 2015; Silva 等,2017)
过程创新	专利申请数	(肖文和林高榜,2014)
	问卷	(Hong 等,2015;Silva 等,2017)
技术创新绩效/能力	专利申请数	(Jung 等,2008;Wang 和 Lin, 2013;高照军 等,2018;贾军和张卓,2013;黎文靖和郑曼妮,2016;林润辉 等,2014;刘岩 等,2014;潘清泉和唐刘钊,2015;张晓黎和覃正,2013)
	问卷	(Kamasak, Yavuz 和 Altuntas, 2016;徐建中 等,2018)

（续表）

变量	测量方式	代表性文献
技术创新绩效/能力	新产品产值/总产值	（杨洋 等，2015）
	专利申请数/总资产	（罗明新 等，2013）
研发投入	研发支出/研发人员	（张维今 等，2018）
	研发支出/营业务收入	（Jung 等，2008；苟燕楠和董静，2014；康志勇，2013；刘放 等，2016；罗明新 等，2013；水会莉 等，2015）
	研发支出/总资产	（黄庆华 等，2017；刘放 等，2016；袁建国 等，2015b）
	研发支出的自然对数	（王维 等，2014a；袁建国 等，2015a）

资料来源：本书根据相关文献整理而得。

考虑到本书将企业技术创新定义为企业为产生新技术、新流程、新产品等进行的一系列技术创新活动的总和（徐建中和曲小瑜，2015），包括创新投入与创新产出。并且从表 2-3 中也可以看出，对于企业技术创新的主流测量方式为研发投入、专利产出以及问卷。与此同时，本书认为，由于问卷具有一定的主观性，并且企业被调查者往往会过高估计企业本身的技术创新行为，所以本书不予考虑。因而本书采取与本书技术创新定义一致的研发投入与专利产出来衡量企业技术创新行为。此外，对于销售收入、研发人员投入等方面的测量，本书认为这些测量方式具有一定的偏差。一方面，在销售收入方面，企业销售收入的增加与企业技术创新之间的关联程度难以确定，并且也无法确保企业销售收入的增加或改变是由企业技术创新带来的，因此本书认为这种方式并不妥当。另一方面，在研发人员投入方面，由于企业研发人员并非是一个稳定的个体，这种测量方式并没有考虑人员的流动对于企业技术创新的影响，也没有考虑人员的变更对于研发团队的影响，因此这种测量方式也存在一定的偏差。鉴于此，本书主要采用了当前主流的研发投入与专利产出来分别衡量企业技术创新投入与创新产出。

具体而言，对于企业研发投入的衡量，本书以研发支出占初期总资产的比重（黄庆华 等，2017；刘放 等，2016；袁建国 等，2015b）以及研发支出占营业收入的比重(Jung 等,2008;荀燕楠和董静,2014;康志勇,2013;刘放 等,2016;罗明新 等,2013;水会莉 等,2015)进行度量。本书所采纳的两种方式,具有较高的普适性及可信度。对于创新产出的测量,不同学者有不同的评价方式。有学者(肖文和林高榜,2014)用新产品产值与其销售收入之比衡量企业的创新产出,但其本质是通过新产品的销售收入进行衡量(李向东 等,2011);也有以企业开展的有效活动(Jung 等,2008)、新产品开发数(Ganter 和 Hecker, 2013)、获奖情况(林润辉 等,2014),以及其他测量方式(罗明新 等,2013)进行衡量,但主流的测量方式还是企业申请的专利数,并且专利这类客观数据相对而言也较容易获取。此外,诸如获奖、新产品等创新活动成果既难以度量,又难以捕获,极容易存在信息缺失或不完整的情况。因此,综合以上分析,本书对于企业专利产出的衡量,以发明专利、实用新型专利和外观设计专利总申请数加 1 的自然对数进行度量。

2.4.5 小结

目前,对于企业技术创新的研究已经日臻完善,但依旧没有厘清部分影响因素对企业技术创新的影响,比如政治关联。政治关联作为一种政治资本(程聪 等,2013),既与企业所拥有的社会资本相关,又与企业家构建的社会网络相关,正日益受到技术创新研究者的关注。然而现有对于政治关联的功效研究出现了截然不同的观点:一部分学者(康志勇,2013;罗明新 等,2013;袁建国 等,2015b)认为政治关联存在资源的诅咒效应,阻碍了企业的创新活动;而另一部分学者(Li 和 Zhang, 2007; Li, Poppo 和 Zhou, 2008; Peng 和 Luo, 2000)主张政治关联丰富了企业的社会资本,有利于提升企业的绩效。本书剖析政治关联在企业技术创新过程中所起的作用。总而言之,本小结对技术创新的类型、前因及其测量方式做出了较为全面的回顾,这些研究成果能够为本书更为深刻地认识企业技术创新提供强有力的理论基础。本书选取了主流的技术创新概念及其测量方式,并对选择过程进行详细的阐述。特别地,在本节中,本书没有阐述政治关联对于企业技术创新的影响，只是简单提及，因此为了能够更为清晰地认识政治关联对企业技术创新的影响，本书将在下一小节中单独阐述政治关联如何影响企业技术创新。

2.5 政治关联与企业技术创新的相关研究

为了能够清晰地了解政治关联对企业创新活动，尤其是企业技术创新的影响，本书将围绕企业技术创新的投入与产出两个方面，全方位描述政治关联与企业技术创新之间的影响，具体包括政治关联对企业技术创新的影响、政治关联对企业技术创新的路径研究，以及政治关联对企业技术创新的权变研究。其一，政治关联对企业技术创新过程的影响主要围绕积极与消极影响两个方面展开论述，这类研究既有学者主张政治关联能够积极影响企业技术创新，认为政治关联是企业技术创新的重要前因；也有学者认为政治关联不利于企业技术创新活动的开展，会对企业技术创新产生消极影响。其二，政治关联对企业技术创新的路径研究主要以识别当前不同学者对政治关联影响企业技术的内在机理研究为出发点进行回顾与梳理。目前有关路径、机制、机理之类的研究较为匮乏，本书尽可能全面地搜集并整理了有关政治关联影响企业技术创新路径的相关研究，并对这些研究进行深层次的剖析，以理解政治关联作用于企业技术创新的过程。其三，政治关联对企业技术创新的权变研究主要目的在于界定研究的边界范围。这类研究同样较为匮乏，本书通过对权变因素的归纳与整理，梳理出政治关联影响企业技术创新过程中存在的潜在权变因素，并在此基础上对这些权变因素、作用方式进行简单地论述与分析。下面，本书将详细论述以上三方面的研究内容，以期加深对政治关联与企业技术创新之间关系的理解。

2.5.1 政治关联对企业技术创新的影响

政治关联对企业技术创新的影响主要有两种：其一为将政治关联

视为企业获取外部创新资源的一种渠道,可以为企业技术创新带来各种创新资源,进而促进企业的技术创新活动。这一类观点主张政治关联是一种积极的资源,是一种有益于企业技术创新的优势资源。其二为将政治关联视为一种阻碍性资源,会对企业技术创新活动带来抑制作用。这一类观点与上述观点截然相反,支持这一观点的学者认为政治关联会过多消耗企业原本应用于其他生产活动的资源,使得企业整体的效益降低,并且并不利于企业技术创新。总而言之,这两种观点均有自身的论证逻辑与思路,鉴于此,为了能够清晰地回顾当前政治关联对企业技术创新活动的积极影响与消极影响,本书将对这一影响进行详细而全面的回顾。

2.5.1.1　政治关联对企业技术创新的积极影响

首先,政治关联是企业获取创新资源的一个关键通道。在不与外部环境进行交换的前提下,任何组织都不具备拥有维持组织生存和实现组织目标的所有资源(Pfeffer 和 Salancik, 2003)的条件,因而对于企业而言,从外部获取资源显得尤为重要。政治关联作为企业获取政治资源的重要来源(Boubakri 等,2008),深刻影响着企业的战略决策(袁建国 等,2015b)。以往研究表明,企业通过建立良好的政治关联,有利于其获得税收政策上的优惠、解决融资困难、入行资格,甚至是政府补助等优势资源(Adhikari 等,2006; Faccio 和 Lang, 2002)。

其次,政治关联可以直接或者间接为企业带来更多的研发资金。从企业享受政策优惠角度来看,政治关联会使企业得到更低的税率政策(Adhikari 等,2006),获取更多的政府补助(余明桂 等,2010)。从企业收获社会资本角度来看,拥有政治关联的企业可以为企业贷款融资时带来便利(吴文锋 等,2008),并且政治关联还有利于企业获取其他社会资本(金江 等,2016)。这种政府支持通常对于那些中小企业,尤其是小微企业有着较大的影响,他们往往构成企业生存的前期资金,对于企业有效缓解生存压力起到直接的支撑作用。无论哪种形式的研发资金,都为企业加大研发投入提供了重要的资金来源,从而对企业开展各类创新活动起到强有力的辅助支撑作用,不仅能够使企业在激烈的市场环境下保持竞争优势，得以生存，与此同时还能够为企业创造更多的价值。

最后，企业追求政治关联所获取的优质资源与各种研发资金为企业更好地成长起到了重要的促进作用，推动企业积极从事技术创新活动，进而有效提升了企业的整体价值（Faccio 等，2006；Fisman，2001），对企业经营绩效也有着正向的推动作用（罗党论和刘晓龙，2009；曲亮和任国良，2012）。由于我国当前正处于经济发展的上升阶段，对于经济的发展已经从原先的快速发展转向高质量发展，势必对企业提出了更高的要求，也加大了对企业技术创新的扶持力度。这对企业而言，既是机遇，也是挑战，企业如何借助政治关联以应对这种变化，值得已有研究者深思。与此同时，政治关联也会对企业创新行为产生显著的正向影响（简兆权 等，2014），尤其是对企业技术创新行为（王珍义 等，2011）和企业研发创新的效率（李传宪和干胜道，2013），有助于企业在激烈竞争的环境中更好地生存，这也是本书所关注的重点。总而言之，这一类的研究者主要从资源角度认为政治关联有益于企业的技术创新。

2.5.1.2　政治关联对企业技术创新的消极影响

尽管政治关联有助于企业获得更多的创新资源，并对企业技术创新起到正向的促进作用，但是这一积极效应受到了较多学者的质疑，并且这些学者认为政治关联对于企业创新活动的促进作用主要在制度环境良好时才会存在（曾萍 等，2016），因而有必要了解政治资源为企业带来的诅咒效应。有学者研究发现，企业一味地追求政治关联不仅不利于企业创新活动的展开，而且会给企业带来负面影响，诸如企业社会负担增加、成本上涨等问题（Faccio 和 Lang，2002；梁莱歆和冯延超，2010；游家兴 等，2010）。比如，政治关联会使得企业研发投入效率低下（Claessens 等，2008），进而降低企业对研发创新的投入，抑制企业的技术创新（罗明新 等，2013），因而这些学者都主张政治关联不利于企业技术创新的开展。

此外，研究者发现，拥有政治关联的企业的销售利润率、营收增长率和利润增长率都明显低于那些没有政治关联的企业(Boubakri 等,2008),并且其经营绩效也低于没有政治关联的企业(Fan 等,2007)。对于这一新奇的发现,这些学者认为,这是政治关联导致资源配置失衡所引发的绩效下降的表现,并且政治关联可能会直接降低企业的经营绩效(于蔚,2016),不利于企业经营绩效的提高。另外,也有学者对于政治关联能否对企业产生积极或消极的影响保持中立,认为政治关联可能并不会对企业基础创新(Luk 等,2008)、技术创新(夏力和李舒好,2013)、经营绩效(Fisman 等,2012)等方面产生影响。此类研究认为政治关联只是企业高管所拥有的一种“能力”,至于这种能力能否作用于企业技术创新仍有待验证,即便能够在理论上获得支持,政治关联与企业技术创新之间的关系可能较为遥远。

表 2-4　　政治关联对企业技术创新的相关影响

利弊	具体影响内容	代表性文献
积极影响	获得更低的税率、更高的政府补助	(Adhikari 等,2006;李传宪和干胜道,2013;余明桂等,2010)
	获得更多的融资与贷款资金、融资过程中的各种便利、其他社会资本	(Claessens 等,2008;金江等,2016;吴文锋等,2008;于蔚等,2012)
	提升企业价值、增加企业资产	(雷光勇等,2009)
	提升企业经营绩效	(罗党论和刘晓龙,2009;曲亮和任国良,2012)
	促进企业创新、提高企业创新效率	(简兆权等,2014;李传宪和干胜道,2013;王珍义等,2011)
消极影响	降低研发创新强度、阻碍企业技术创新(或无影响)	(Claessens 等,2008;Luk 等,2008;李传宪和干胜道,2013;罗明新等,2013;夏力和李舒好,2013)
	增加企业薪酬成本及社会负担	(梁莱歆和冯延超,2010;游家兴等,2010)
	降低企业绩效(或无影响)、降低营业额及利润增长率	(Boubakri 等,2008;Fisman 等,2012;游家兴等,2010;于蔚,2016)

资料来源:根据相关文献整理而得。

为了更加清晰直观地看出当前企业追求政治关联对企业技术创

新带来的各种利弊，本书对以往文献进行细致梳理，将政治关联对企业技术创新活动产生的影响进行分类归纳，具体如表 2-4 所示。总而言之，政治关联对企业技术创新的影响存在双面性，从资源基础理论视角来看，政治关联有益于企业技术创新；然而从资源诅咒理论视角来看，政治关联不利于企业技术创新。为此，本书将探讨政治关联对企业技术创新带来的双重影响，试图厘清这一双重影响的作用路径。通过以上分析，可以看出，基于不同的视角，政治关联可能会对企业技术创新产生不同的影响，并且对于企业而言，如何审视政治关联与企业技术创新之间的关系值得进一步商榷。下面，本书将对已有政治关联影响企业技术创新的作用路径进行全面梳理与分析，以此为本书作用机制的提出提供理论基础，并在此基础上提出本书所认为的政治关联影响企业技术创新的作用过程。

2.5.2 政治关联对企业技术创新的路径研究

本书在对政治关联与企业技术创新相关文献的回顾过程中发现，现有研究大多聚焦于边界条件的界定，仅有少数学者深入探索了政治关联影响企业技术创新的内在机理。可能的原因在于已有学者认为，政治关联直接影响企业技术创新活动，而非间接影响；另一种潜在的原因在于研究者难以从理论层面论证政治关联如何通过某一因素影响企业技术创新。然而，仍有不少学者基于某一特定的理论视角，通过理论推导论证了政治关联作用于企业技术创新的内在路径。一方面，政治关联作为企业资源的一种，能够对企业创新产生积极的作用。这类观点主要从企业资源与能力视角论证政治关联与企业技术创新之间的关系。比如简兆权等 (2014)以网络能力、知识整合能力和组织创新理论为基础，通过对高科技企业的调查研究发现，政治关联对组织创新具有显著的正向影响，这一关系被企业知识获取完全中介，并且企业知识整合能力在知识获取与组织创新之间起正向调节作用。

然而，政治关联也可能对企业创新产生抑制作用。这一类研究依旧是从企业资源角度论证，比如袁建国等(2015b)基于资源诅咒理论，通过 2003—2012 年所有上市的非国有企业的研究发现，政治关联会通过降低市场竞争、助长过度投资等影响企业创新，导致企业技术创新乏力、资源分散并产生挤出效应。此外，也有学者发现比较有趣的现象，乐菲菲等(2017)结合资源依赖理论、高阶理论，以及委托代理理论，通过 2012—2015 年所有创业板非金融保险类上市企业的研究发现，在控制企业部分特征的影响后，政治关联对企业研发投入具有消极作用，但是引入外部资源会对该消极作用起到遮掩效用，而高管技术决策偏好能够反向调节政治关联对研发投资的消极作用，并且外部资源的遮掩效用与技术决策的调节效用互不干涉。目前有关政治关联影响企业技术创新的研究较为匮乏，表 2-5 总结了当前政治关联影响企业技术创新的相关路径。这些研究也呼吁未来的研究应当重点关注政治关联影响企业技术创新的内在机理，因此，本书积极响应这一号召，试图从政府扶持角度，探索政治关联影响企业技术创新的内在逻辑。

表 2-5　已识别出的政治关联影响企业技术创新的相关路径

自变量	调节变量	中介变量	因变量	来源
政治关联	知识整合能力	知识获取	组织创新	(简兆权等，2014)
	技术决策偏好(技术背景、高管持股比、股权制衡)	外部资源(税收优惠、政府补助、融资约束)	研发投入(投入强度、投入规模、投入数量)	(乐菲菲等，2017)
		市场机制、过度投资	创新活动(研发投入、专利产出)、创新效率	(袁建国等，2015b)

资料来源：根据相关文献整理而得。

从已有政治关联影响企业技术创新的研究来看，本书发现政治关联可以通过影响企业内外部资源产生作用，进而影响企业技术创新的内在逻辑，即政治关联—企业内外部资源—企业技术创新的作用机制，并且这一作用机制受到企业自身因素的影响，也有可能受到企业外部环境的影响。基于这一逻辑，本书认为，企业政治关联可能有助于企业更好地从政府处获得资源，并将这种资源转换为企业技术创新所需的资源，从而对企业技术创新产生影响。在此基础上，本书还试图挖掘政治关联影响企业技术创新的权变因素，并重点考虑企业所面临的外部环境对于企业技术创新的影响。考虑到市场环境与法治化环境的不同，本书将这两种环境视为影响政治关联与企业技术创新之间的潜在的权变因素。为了能够明确政治关联影响企业技术创新的权变因素，本书将在下一小节中深入探讨政治关联影响企业技术创新的权变因素。

2.5.3 政治关联对企业技术创新的权变研究

如前所述，当前政治关联与企业技术创新之间的研究大都聚焦于权变因素的研究，而这权变因素中又以外部环境中各种要素居多。企业面临的外部环境又随着环境的性质而有所差异，包括金融环境、法治环境、市场环境、政治环境等，不同的环境对于企业的影响不尽相同。特别地，这些研究中也有多数研究将政治关联作为调节变量，认为政治关联可以有效放大企业已有资源对于企业技术创新的影响，本书也将这一类文献进行梳理与归纳，以从多个角度理解政治关联与企业技术创新之间的关系。具体而言，本书通过对以往文献的梳理，主要从市场化环境和法治化水平两个方面深入探索企业面临的不同外部环境如何影响企业政治关联与企业技术创新之间的关系，表 2-6 总结了当前有关政治关联影响企业技术创新的权变因素。随后本书将对这两个方面的权变作用进行细致的论述，以加深市场化环境和法治化水平对于政治关联与企业技术创新之间关系的调节效应。

表 2-6　　　　政治关联影响企业技术创新的权变因素

自变量	调节变量	因变量	来源
政治关联、反腐败	企业性质	企业创新(研发支出)	(党力 等,2015)
政治关联	地区市场化程度、经济发达程度	研发投资	(江雅雯 等,2012)

(续表)

自变量	调节变量	因变量	来源
政治关联	企业家人力资本、地区市场化程度	短期投机行为、长期技术创新	(朱益宏 等,2016)
政府补贴	政治关联	技术创新	(夏力和李舒好,2013)
政治不确定性	政治关联	投资支出	(徐业坤,钱先航和李维安,2013)
媒体治理作用	政治关联	研发投资	(杨风,2016)
政府科技补助	政治关联	企业创新投入	(余菲菲和钱超,2017)
研发国际化	社会资源(企业国有股权、政治关联)、制度环境	创新绩效	(李梅和余天骄,2016)

资料来源:根据相关文献整理而得。

首先,对于市场本身的研究上,大多数学者认为市场的变化对企业技术创新行为起到的往往是调节作用(刘放 等,2016;杨洋 等,2015),并且可以调节政治关联与技术创新之间的关系(江雅雯,黄燕和徐雯,2012)。这一类研究主要认为,政治关联作为企业内部的特殊资源,能够对企业技术创新带来影响,而以市场为代表的外部环境能够对这两者之间的关系产生促进或者抑制作用。当然也有学者认为这种环境在调节政治关联与企业技术创新之间关系的同时,也能够直接影响企业技术创新行为(王维 等,2014a)。这一类研究主张市场对于企业所有的生产活动或多或少都会产生影响,尤其是企业与外部紧密关联的创新活动。通常情况下,市场的变化是企业较为关注的要点,这是因为企业创新活动的展开往往围绕市场的现实需求,或者潜在需求进行,因而市场对于企业技术创新有着强烈的作用。总之,以市场化环境为代表的企业外部环境,对于企业技术创新存在某种直接的关系,并且结合以上分析,企业所面临的市场化环境可能可以调节政治关联与企业技术创新之间的关系。

其次,无论在市场化发展水平较高的地区还是市场化发展水平较低的地区,企业开展技术创新都需要较高的投入,大多数企业在推动企业技术创新时会考虑引入外部资金(苟燕楠和董静,2014),并且政治关联可以有效地为企业带入外部资金(吴文锋等,2008),从资源配置的角度来说,企业为获得更多政府补助资源,容易产生寻租行为,但这种行为在市场化水平较高的地区受到了弱化。反而,政治关联作为企业外部创新资源获取的重要通道,在市场化水平较高的地区,可以在为企业带来技术创新绩效的同时,也能够为企业获得外部市场环境起到正向的促进作用。因此,市场环境充当了外部创新环境的角色,对企业创新可以起到促进作用(王维等,2014a)。此外,宏观市场经济环境是企业得以生存的基础,市场化水平较高的地区,其在金融环境方面,可以较为丰富地衍生出不同的融资方式,比如股权融资(张一林等,2016)、金融机构投资(孙婷等,2011)、风险投资机构投资(苟燕楠和董静,2014)等,继而有利于科技资源补助的规范配置。因此,完善的金融制度作为市场化环境的重要组成部分,对于企业技术创新有着重要的影响,并且这种影响在市场化水平越高的地区越明显。

最后,健全的制度环境是发挥市场环境促进作用的重要前提(张一林等,2016),因而企业面临的制度环境是政治关联影响企业技术创新极为重要的权变因素。制度环境通常表示为一系列与政治、经济、文化、社会等密切相关的法律、法规等,这是一种社会长期发展过程中逐渐形成的被企业广泛接受的行为准则与规范,企业的各种行为都在符合制度环境的前提下运作。当前对于企业所面临的制度环境影响企业生产经营的研究较为丰富,并且也有诸多学者探索制度环境如何影响企业技术创新活动(李梅和余天骄,2016),但是当前的研究还无法得出完全一致的结论,制度环境如何影响企业技术创新活动的研究也日益受到国内外学者的关注。就制度环境本身而言,其对于企业生产活动有着十分强大的影响,它指导了企业合法经营的重要方向,企业所有的生产活动都受到这一约束与限制,并且一旦违背或者打破这种制度约束,就会受到严厉的惩罚。因此,对于大多数企业而言,都会严格将自身限制于所处的制度约束中,避免由于逾矩而造成不必要的损失，这一影响对于企业技术创新同样有效。

更进一步地，企业所面临的外部制度环境会促进企业积极变革（Li 等，2017），以适应当前的生存环境，但是企业本身就具有一套完整的内部机制，当企业的内部制度与外部制度之间的距离较大时，外部制度就会起到抑制作用，反而不利于企业进行创新（高照军 等，2018）。当企业发展到一定程度，其自身价值体系与整个社会价值体系产生冲突的时候，企业就必然面临着合法性问题（Dowling 和 Pfeffer，1975），如被法律约束甚至受到相关制裁（郑丹辉和李孔岳，2015）。从制度理论视角出发，企业在保持效率的同时去争取合法性有利于企业在市场中保持竞争优势（Dacin，Oliver 和 Roy，2007）。比如，拥有政治身份的民营企业家能够有效降低进入市场的壁垒（胡旭阳，2006）。因此，为了避免合法性问题，企业会持续地与外部制度环境进行互动沟通，包括承诺遵守社会规范及法律规定、主动承担社会责任等（王利平，高伟和张学勇，2010）。企业的制度资本是企业独特的竞争优势，合法性更是一种企业成长所必要的关键资源，作用甚至大于资本和人力资源（Zimmerman 和 Zeitz，2002）。在对企业政治行动的相关研究中，获取合法性是企业开展政治行为的动因之一（Getz，1997）。由此可见，企业获取合法性不仅是企业竞争优势的来源，更是竞争优势的重要构成因素之一（张泳 等，2017）。

此外，无论是对国有企业还是民营企业而言，那些稀缺性、关键性资源都掌握在政府手中（郑丹辉和李孔岳，2015），因而企业在考虑自身利益的同时，就必须考虑相关制度及合法性问题。

2.5.4 小结

本书进一步发现，无论企业面临何种类型的环境，都可以看到政府在其中所起的作用，因而企业在面临外部制度环境时，往往受到政府与市场的耦合影响（高照军 等，2018），尤其是对企业技术创新的影响。由此可见，市场对于企业技术创新会产生重要的影响，同时政府在企业技术创新过程中也具有重要的地位。此外，目前的研究还只能得出政府的正向激励（肖文和林高榜，2014）与反向压力（水会莉等，2015）能够推动企业技术创新，却无法据此揭开企业技术创新的机理过程。例如，政府在环境保护方面的约束，降低了企业生产活动对环境带来的影响，这种反向压力迫使企业进行环境保护相关的绿色技术创新。尽管，以往已有少数研究探索性地挖掘了多种技术创新发生过程（Guimarães 等，2016；Halbesleben 等，2003；程聪 等，2013；徐建中和曲小瑜，2015），但总体而言还是较为匮乏，尤其是与政府扶持和政治关联相联系的机理研究；并且目前也尚不清楚政府扶持在政治关联与企业技术创新之间所起的作用。与此同时，明晰政府在企业技术创新过程中的作用能够对企业进行技术创新以及政府为企业提供支持给出更好的政策建议。鉴于此，为了清晰地界定三者之间的关系，本书在下一章中单独讨论政府在企业技术创新过程中所起到的特殊作用。

2.6 本章小结

通过上述文献梳理，本书发现政治关联普遍存在于世界各国。现有研究尝试使用了多种方法计量政治关联，探讨了政治关联对企业创新活动，尤其是技术创新活动的影响，诸如企业技术创新行为、技术创新绩效、研发创新投入、研发创新产出等（Adhikari 等，2006；党力 等，2015；简兆权 等，2014；江雅雯 等，2012；乐菲菲 等，2017；李传宪和干胜道，2013；李诗田和邱伟年，2015；袁建国 等，2015b；赵晶和孟维烜，2016；朱益宏 等，2016），但是未能达成共识，尤其是某些研究结论出现了完全相反的结论（Chen 和 Li，2005；Claessens 等，2008；Fisman 等，2012；Luk 等，2008；罗明新 等，2013；夏力和李舒妤，2013）。同时也有部分研究从政府扶持角度出发，试图解释政治关联如何影响企业技术创新的内在机理（简兆权 等，2014；乐菲菲 等，2017；袁建国 等，2015b），并且结合了诸多组织理论，但是由于理论视角的单一，内在机理模式模糊，未能形成一个较为规范的体系框架。也有诸多学者积极挖掘政治关联影响企业技术创新的边界条件（党力 等，2015；江雅雯等，2012；朱益宏 等，2016），但同样不能很好地诠释政治关联如何影响企业技术创新。因此亟须对政治关联与企业技术创新之间的关系做出完整、细致、严谨的论证与分析，为企业管理提供更为准确的指导，同时丰富已有关于政治关联与企业技术创新之间的研究。基于此，本书认为未来的研究可以从以下四个方面进行。

第一，以往研究视角中较单一，大都聚焦于某一个研究视角，比如资源基础理论（傅利平和李永辉，2015；吴剑峰和杨震宁，2014）、资源诅咒理论（袁建国 等，2015b）、制度理论（陈岩 等，2015；张泳 等，2017）、交易成本理论（王砚羽 等，2016）、高阶理论（陈东，2015）等，也有部分学者综合使用了多个理论来解释政治关联如何影响企业技术创新（简兆权 等，2014；朱益宏 等，2016），但是这些研究大都只是引用了理论的概念，却没有很好地用于解释政治关联如何影响企业技术创新，理论的应用与模型的解释之间并没有十分地契合。因此，本书尝试整合资源基础理论、资源诅咒理论以及制度理论，用一个较为综合的视角分析政治关联如何影响企业技术创新的内在机理以及可能存在的权变效应，以此打破以往常规基于单一理论视角的局限性，丰富已有关于政治关联与企业技术创新之间的研究。本书对以往“政治关联——企业内外部资源——企业技术创新”的作用机制进行拓展，提出了“政治关联——创新资源获取——创新资源投入——创新产出”的理论分析框架，并且综合使用资源基础理论、资源诅咒理论以及制度理论对上述每一条作用路径进行细致的分析与推导，进而系统地解释政治关联如何作用于企业技术创新的微观机理。

第二，以往研究往往通过某一理论视角，探索企业政治关联如何通过知识获取（简兆权 等，2014）、市场运行机制与投资（袁建国 等，2015b）、外部资源（乐菲菲 等，2017）等企业内外部资源影响企业技术创新的机理过程，但是鲜有通过政府扶持影响企业技术创新行为的研究。政治关联作为企业获取外部政治资源的重要通道，对于企业外部资源的获取亦有十分重要的作用。其中企业追求政治关联的一大目的在于获取更多的政府扶持，这些政府扶持对于企业创新活动的开展具有十分重要的推动作用。尽管乐菲菲等(2017)试图通过政府补助与税收优惠探索政治关联如何影响企业研发投入,但是本书认为这种政府扶持没有充分考虑政府扶持手段的多样化,并且用研发投入代替企业技术创新开展研究不能较为全面地反映政治关联如何通过政府扶持影响企业技术创新,因而本书基于政府扶持的视角,综合考虑本书所提出的路径逻辑,试图验证企业创新资源的获取,诸如科技立项在政治关联作用于企业技术创新的内在机理,为了不失偏颇,也为了拓展已有的研究,依旧纳入了政府扶持的其他手段,比如政府补助,并且为了更加全面地反映政治关联通过政府扶持这种创新资源如何影响企业技术创新,将企业技术创新划分为创新投入与产出,因为已有研究表明创新投入与产出可以较为全面地反映企业技术创新行为(权小锋和吴世农,2010)。

第三,如前所述,以往大多数研究都积极考察了政治关联影响企业技术创新的情景效应,并且研究了政治关联与诸多内外部影响因素的交互效应,外部因素如政治不确定性(徐业坤 等,2013)、媒体治理作用(杨风,2016)、反腐败(党力 等,2015)、区域市场化及经济发达程度(江雅雯 等,2012;朱益宏 等,2016)、政府补贴(夏力和李舒妤,2013)等;内部因素如研发国际化(李梅和余天骄,2016)、企业家人力资本(朱益宏 等,2016)、技术决策偏好(乐菲菲 等,2017)等。少数学者认为制度环境会影响企业的创新活动(刘放 等,2016;张一林 等,2016),并且制度环境的演变会影响到政治关联作为资源渠道作用的发挥(邓建平和曾勇,2009;邓晓飞 等,2016;贾明和张喆,2010;雷光勇 等,2009;李诗田和邱伟年,2015;唐松和孙铮,2014;王砚羽 等,2014;魏下海,董志强和刘愿,2013)。由此可见,制度环境通常作为一种权变要素影响着政治关联对于企业的作用,因此,本书试图从制度理论视角出发,验证制度环境在政治关联影响企业技术创新路径中的调节作用,即“政治关联——企业技术创新”的路径受制度环境波动的影响。本书在验证了主效应与中介效应的基础上,进一步界定了本书的研究边界,探索了政治关联影响企业技术创新的情景效应,可以增强本书所提出理论模型的解释力和预测力，并且更有益于理解政治关联影响企业技术创新的内在机理。

第四，本书在梳理文献的时候发现，以往研究所采用的样本都有一定的局限性，大都聚焦于某一行业中的企业样本，例如高科技企业（陈岩 等，2015；简兆权 等，2014）、科技型中小企业（余菲菲和钱超，2017）、非金融保险类上市企业（乐菲菲 等，2017）、信息技术类企业（李梅和余天骄，2016；李诗田和邱伟年，2015）、制造业企业（李诗田和邱伟年，2015；赵晶和孟维烜，2016）等，或者是为了适应研究情景的需要剔除了某些行业后剩下的研究样本（党力 等，2015），也包括民营企业（李维安 等，2016；李新春和肖宵，2017；逯东，万丽梅和杨丹，2015；夏力和李舒好，2013；徐业坤 等，2013；朱益宏 等，2016）、非国有企业（袁建国 等，2015b），由此导致这些研究的样本对象均为部分企业样本，尽管也有少数学者采用了全行业的企业样本（江雅雯 等，2012；李传宪和干胜道，2013；杨风，2016），但是这些样本涉及的时间跨度较短，不能很好地反映企业长期发展过程中，政治关联对企业技术创新的影响，因而所有这些研究对象的选择都属于部分样本检验，所得到的结果虽然具有较强的信效度，但是却不能很好地将结论进行纵向与横向的拓展。为此本书选取了2008—2015年所有在我国沪深上市的企业作为初始样本，这既避免了时间跨度短造成的效果不明显等问题，也避免了偏样本的缺点，同时本书按照如下标准筛选：①剔除当年退市或ST的企业，即金融、房地产企业；②剔除样本期间内企业实际税率大于1或小于0的企业。并手工整理出拥有政治关联背景的样本企业，涉及13 601个企业年度观测值，在剔除缺失财务数据后，最终样本涉及12 711个上市企业年度观测值。

由此，本书打破了以往采用小样本数据或者部分样本数据的局限性，显著提升了研究的科学性和严谨性，研究的结果也更具可信度。因此本书对所提出理论模型的成功验证，包括直接效应、机理路径以及情景效应，均在一定程度上很好地支撑了已有的政治关联影响企业技术创新的理论阐释。期望本书的研究结果能够对企业管理者更好地获取以及应用政治关联起到良好的启示作用，同时能够丰富已有关于政治关联与企业技术创新之间的研究成果。总而言之，本书通过细致的文献回顾，认识到已有研究的不足之处，从研究间隙中发现值得研究的内容，并且据此以严谨的态度设计了可靠且可执行的研究方案，认真搜集并分析了从不同渠道获得的数据资料，以此来验证本书所提出的理论假设，以期从理论与实证两个方面验证本书的研究问题。

3 政治关联对企业技术创新绩效的影响

本章主要阐释了政治关联对于企业技术创新的直接影响，即政治关联如何影响企业技术创新投入与技术创新产出。本章首先论述了政治关联与企业技术创新关系的研究对于企业的意义与价值，其次基于资源基础理论以及资源诅咒理论从积极与消极两个方面论述了政治关联对于企业技术创新的积极影响与消极影响，具体包括企业政治关联消极影响企业技术创新投入，即政治关联不利于企业技术创新投入的增加；政治关联积极影响企业技术创新产出，即政治关联有助于企业技术创新产出的增加。最后本书通过大样本数据的获取检验了这一研究假设，并进一步进行稳健性的检验以巩固本书的研究发现。检验结果基本支持本书的研究假设，即政治关联有助于企业专利产出的增加，但是不利于企业研发投入的增加，企业应当以权变、辩证的思维来看待政治关联这一资源。

3.1 研究问题的提出

企业的战略对于企业的竞争优势和生存发展有着十分重要的影响（张建君和张志学，2005），尤其是当前我国的公司治理环境正面临着由行政型治理环境向经济型治理环境转型的过渡时期（李浩波，2015）。许多学者认为，由于法律机制的尚待健全和市场环境的较大波动，企业往往会将政治关联作为一种替代机制，从而在资源分配中发挥作用（Fisman，2001；潘红波 等，2008）。

Pfeffer 和 Salancik (2003)从资源依赖视角对组织的外部控制研

究中指出：在不与外部环境进行交换的前提下，不存在任何一个组织能拥有维持组织生存和实现组织目标所有资源。可见，资源的获取对于一个企业的生存和发展来说都是至关重要的，企业如果无法获得外部资源，为企业生产活动输入动力，那么企业的运作机制就会趋于瘫痪。由于资源的稀缺性，组织间对资源的争夺便显得更加激烈，这在企业创新过程中更为明显。企业从事突破式创新时，政府的支持显得尤为重要。由于企业对政府控制的许多关键资源存在着重要的依赖性（张建君和张志学，2005），这往往会促使企业主动或被动地与政府建立并保持良好的关系，进而获得自身创新所需的资源，或者减少创新路程中所遇到的阻碍。以往的研究指出，企业建立良好的政治关联，有利于其获得税收政策上的优惠、解决融资困难、入行资格、税收优惠甚至是政府补助等优势资源（Adhikari 等，2006；Faccio 和 Lang，2002），而无论何种形式的优势资源，都可以为企业创新活动的顺利开展起到重要的推动或者促进作用。

企业高管（在本书中为主要表现为董事长或总经理）的政治关联作为一种政治资源（曾萍 等，2016；李传宪和干胜道，2013；王维 等，2014b；王珍义 等，2011），本身没有太多的价值。资源基础理论指出，那些组织在日常运营活动过程中可以展现企业核心竞争力的任何事物都可以作为企业经营活动使用的资源（Wernerfelt，1984），这些资源既可以是有形的组织资产，又可以是无形资产（Caves，1980），而政治关联便作为一种无形资产可以直接或间接地影响企业的经营活动。同时，资源基础理论还指出，并非所有的资源对于企业而言都是有益的，要对企业生产活动，包括企业技术创新，产生有益的价值，必须是那些有价值的、稀有的、不可复制的资源才可以被视为企业的优势资源（Barney，1991）。已有研究表明，企业过分追求政治关联所带来的效益并非一直是正向的，也存在潜在的负面影响（Faccio 和 Lang，2002；梁莱歆和冯延超，2010；游家兴 等，2010），因此企业对于政治关联的应用应当尽可能避免负面效应的产生。

政治关联作为企业获取政治资源的重要来源（Boubakri 等，

2008)，深刻影响着企业的战略决策(袁建国 等，2015b)，但是由于企业高管在制定企业战略决策时，往往希望能够有效避免外部不确定性对企业造成的不利影响(陈德球，陈运森和董志勇，2016)，他们通常希望能够获得一种较为合理的预测，而企业积极追求政治关联就是一种规避外部不确定性的表现(徐业坤 等，2013)。企业高管在进行战略决策时常常会依据某种标准来制定高风险、高投入的战略决策，比如将同类企业的绩效水平作为社会期望的标准值(Cyert 和 March，1963)，然而当企业一旦达到这一标准时，企业又通常不愿意投入更多的精力去继续提高企业的绩效水平或者创新水平(Levinthal 和 March，1981)。企业追求政治关联就是一种提高企业绩效、达成企业战略目标的手段(李新春，叶文平和朱沆，2016)。但是当企业达到理想目标时，企业高管又缺少继续提高或维持当前现状的动力(Cyert 和 March，1963)，也缺乏充足的动力去探索新事物(Levinthal 和 March，1981)，由此产生了短期机会主义倾向(朱益宏 等，2016)。这种矛盾的倾向使得探索政治关联与企业技术创新之间关系变得十分有益且具有较强的实际意义，因此本章主要分析论证了政治关联对于企业技术创新这一特殊生产活动的影响，以加深对于政治关联作用企业生产活动的理解，尤其是对企业技术创新的理解。

3.2 理论分析与研究假设

3.2.1 政治关联与企业创新投入的关系

基于以上理解，本书首先考虑政治关联与企业技术创新投入之间的关系。企业高管作为一个“理性经济人”角色，往往倾向于规避风险(郑丹辉和李孔岳，2015)，这通常包括不愿意进行技术创新在内的风险较大的战略投入。尽管企业在满足自身利益的过程中倾向于追求政治关联，帮助企业建立有利于企业创新发展的竞争优势(Adhikari 等，2006；余明桂 等，2010)，企业通过政治关联获取的冗余资源会促使企业更多地投入高风险活动，包括高难度的研发创新，但是研发活动的高风险性、高不确定性致使企业即便通过政治关联获得了优势资源，也有可能懈怠于采取高风险的研发战略，而采取较为保守的做法，并且拥有极少的意愿推动组织创新与变革（Bolton，Monaghan 和 Houston，1993）。更进一步地，资源诅咒理论指出，一个地区的资源会影响该地区经济增长率、就业水平及寻租腐败等行为（Mehlum，Moene 和 Torvik，2006；Papyrakis 和 Gerlagh，2004），这种资源通常表现为一种资源溢出，即一个地区的资源过多，反而不利于该地区的经济发展。基于这一思想，本书认为对于企业而言，企业通过政治关联获得了更多的创新资源使得企业自身资源过多，从而减少了对于创新的投入，转而将创新所获得的资源移作他用或者不能充分使用所获得的创新资源，由此可以看出，企业通过政治关联获得的众多创新资源反而不利于企业创新投入的增加。也就是说，虽然企业通过政治关联获得了相当客观的资源，但是由于资源的转移效应，这些资源没有作用于企业技术创新，而移作他用，变相地将用于企业技术创新的资源用在其他地方，最终侵占了企业对于技术创新的投入资源。

此外企业追求的政治关联不利于企业创新资源的合理配置，反而扭曲企业创新资源要求的配置，侵占了企业对于技术创新应有的支持。资源配置的扭曲也体现了资源的诅咒效应，基于资源诅咒理论可以看出，企业过分追求政治关联使得企业投入了较多的精力用于维持与政府之间的纽带关系，而这种资源的投入削弱了企业本身的投入。因而政治关联作为一种社会资本，可能导致资源诅咒效应的发生，使得企业研发投入效率低下（Claessens 等，2008），进而降低了企业对研发创新的投入，抑制了企业的技术创新（罗明新 等，2013）。综上所述，本书提出以下假设。

假设 1. 政治关联不利于企业增加创新研发投入。

3.2.2 政治关联与企业创新产出的关系

在本书中，企业技术创新行为不仅包括创新研发投入，也包括创新产出，这种创新产出通常以专利进行衡量(袁建国 等，2015b)，包括发明专利、外观设计专利以及实用新型专利。这三种专利类似所蕴含的技术成分各不相同，并且不同的技术创新所需的难度也不尽相同。在企业专利申请的研究中，企业通常会有两种较为典型的表现：追求专利质量的实质性创新和追求专利数量的策略性创新(黎文靖和郑曼妮，2016)。实质性创新主要的输出结果为发明专利，这是一种技术含量最高的专利；而策略性创新主要的输出结果为外观设计专利和实用新型专利，相对于发明专利，这两种专利的技术含量较少，所需的技术创新难度也较低。其中，相对而言，实证性创新往往体现为自主创新，或者原始创新，这种创新往往难度系数高、风险大，但同时也可以带来颠覆性的影响；策略性创新则更多地表现的是一种迎合口吻，主要为企业为了完成政府的考核要求而做出的一种策略性行为。由于企业的技术创新通常会受到外部环境的影响，因而更加倾向于表现出一种策略性行为(Dosi，Llerena 和 Labini，2006；Hall 和 Harhoff，2012；Tong 等，2014)。由此可以看出，对于企业而言，企业通过政治关联获取政治资源，由此承诺的创新只是一种策略性表现，其本质目的并非实质性提高企业的技术创新竞争力，而是谋取更多的资源利益而迎合政府政策与监管(Tong 等，2014)。由此可知，即便企业采取实质性创新，企业依旧会增加各种专利的数量，它们往往会积极产出更多的创新成果来达到满足政治关联的条件，即寻租所需付出的必要的成本。因而相对于企业技术创新投入，企业建立的政治关联可能会促进企业产生更多的创新成果，即企业趋于从事策略性创新，而非实质性创新。

依据资源基础理论，企业高管政治关联作为一种特殊渠道，可以帮助企业获得更多的异质性资源，这些资源能够为企业带来足够的竞争优势。然而，我国学者对这一较为有趣的现象进行深入探索发现，政府推出的产业激励政策只是显著增加了实用新型专利和外观设计专利，但是却没有显著增加发明专利(黎文靖和郑曼妮，2016)；同样地，企业追求的政治关联，也会产生类似的效应，这是因为企业为了能够通过政治关联从政府处持续获得创新资源，会尽其所能满足政府提出的创新考核要求，但同时企业也会权衡利弊，选取那些低成本高产出的创新成果来达到这一要求。与此同时，相对于发明专利，实用新型专利和外观设计专利的成本较低(康志勇，2018；张杰 等，2015)，并且从企业交易成本角度来看，企业追求创新产出并非难事，因为这些创新并非原创或者自主性创新，更多的是一种引进消化创新，或者表层创新。因此在可以获得政府补助的情况下，企业作为“理性经济人”角色，通常会选择实用新型专利或外观发明专利而非发明专利，并且在同样的资源投入下，企业可以获得的专利数量往往是越多的。总而言之，拥有政治关联的企业，既有可能产出更多的非发明型专利(即实用新型专利或外观发明专利)，也有可能产出较多数量的发明型专利。综上所述，企业通过自身建立的政治关联，从而获取足够的政治资源，这有助于企业增加创新产出，为此本书提出以下假设。

假设 2. 政治关联的企业可以表现为较多的创新产出。

3.3 实证研究设计

3.3.1 数据来源与样本选取

3.3.1.1 政治关联数据与样本选取

政治关联主要表现为企业高管中是否曾经在政府单位、部门任职，或者是否曾是或是现任人大代表、官员、政协委员等。结合本书的文献综述，并且参考了 Fisman 和 Wang (2013)、贾明和张喆(2010)和余明桂等(2010)关于政治关联的测量方式，本书采用了虚拟变量法这种主流的测量方式，来度量本书中的政治关联。本书选取了 2008—2015 年所有在我国沪深上市的企业作为初始样本，同时按照如下标准筛选：①剔除当年退市或 ST 的企业，即金融、房地产企业；②剔除样本期间内企业实际税率大于 1 或小于 0 的企业。通过手工整理，高管背景样本涉及 13 601 个企业年度观测值，在剔除缺失财务数据后，最终样本涉及 12 711 个上市企业年度观测值。结合本书对政治关联的定义，本书采取了如下测量方式：使用CSMAR上市企业的高管人物特征数据库的高管履历，并同时使用万得数据库（WIND）、锐思数据库（RESSET）加以辅助，对于其中高管背景资料缺失或者披露不详的，则使用巨潮资讯的年度报告高管任职履历进行补充，从企业年报的高管信息一栏手工整理出企业是否具有政治关联的信息。企业政治关联为虚拟变量，用于衡量上市企业高管（董事长或总经理）是否为前任或现任政府官员、人大代表、政协委员等，因而将政治关联分解为官员型政治关联和代表型政治关联，如果企业高管曾在政府部门工作，则为官员型政治关联，取值为1，否则为0。同理，如果企业高管曾为人大代表或者政协委员，则为代表型政治关联，取值为1，否则为0（乐菲菲等，2017；李诗田和邱伟年，2015）。

3.1.1.2　技术创新数据与样本选取

如前所述，本书中的企业技术创新主要包括技术创新投入与技术创新产出。技术创新投入主要指企业的研发投入，本书采用比值法来衡量企业技术创新投入；技术创新产出主要指企业的专利产出，本书采用企业专利的数量来衡量企业技术创新产出。为此本书借鉴权小锋和吴世农（2010）关于企业创新行为的测度，采取与本书技术创新定义一致的研发投入与专利产出来衡量企业技术创新。对于企业研发投入的测量，本书以研发支出占初期总资产的比重（Adhikari和Agrawal，2016；黄庆华　等，2017；刘放　等，2016；潘越，戴亦一和李财喜，2009；袁建国　等，2015b）以及研发支出占营业收入的比重（Adhikari和Agrawal，2016；Jung等，2008；苟燕楠和董静，2014；康志勇，2013；刘放　等，2016；罗明新　等，2013；潘越　等，2009；水会莉　等，2015）为度量。对于企业创新产出的测量，本书主要以企业专利数据为度量，专利数据主要来源于国家知识产权局网站，本书手工收集并整理了2008—2015年的数据。本书认为采用多种方式全面地衡量企业技术创新能够较为完整地呈现企业真实的技术创新现状。

3.3.2　变量定义

综合以上分析，本书对企业政治关联、技术创新（包括技术创新投入与技术创新产出）及相关控制变量进行了明确的定义，并给出了本书研究情景中的测量方式，具体内容如表 3-1 所示。其中政治关联主要体现为上市企业的高管（主要包括董事长或总经理中的一个）是否现任或者曾任县级以上人民政府等机构、单位的工作人员，或者人大代表、政协委员，但凡符合其中之一条件的，则赋值为 1，反之为 0。企业技术创新的测量与之前所述一致，主要表现为企业技术创新的投入与技术创新产出，其中创新投入以企业的研发支出为测量指标，并通过比值法进行计算，而创新产出则以当前极为普遍的专利产出为衡量指标，并且囊括发明专利、实用新型专利以及外观设计专利。此外，本书具体控制了一系列潜在的影响因素，包括企业规模、资产负债率、资产收益率、企业性质、企业市值账面比、企业年限、资本密集度以及行业，所有的测量方式均来自已有研究文献中，并基于本书的研究情景进行了适当的修改以契合本书的研究场景。

表 3-1　　政治关联与企业技术创新的变量定义

<table>
<tr><th>变量类型</th><th>变量名称</th><th>变量符号</th><th>变量描述</th></tr>
<tr><td rowspan="4">被解释变量（Y）</td><td rowspan="2">创新投入：研发支出</td><td>Rdd</td><td>企业年度研发支出占期初总资产的比重</td></tr>
<tr><td>Rd_sale</td><td>企业年研发支出占期初营业收入的比重</td></tr>
<tr><td rowspan="2">创新产出：专利产出</td><td>$Patent1$</td><td>发明专利、实用新型专利和外观设计专利总申请数加 1 的自然对数</td></tr>
<tr><td>$Patent2$</td><td>用 3 种专利加权总数加 1 的自然对数表示，3 种专利的权重按照 3∶2∶1</td></tr>
<tr><td>解释变量（X）</td><td>政治关联</td><td>$Pili$</td><td>上市企业的董事长或者总经理二者任其一，是否现任或者曾任县级以上人民政府机构工作人员；
上市企业的董事长或者总经理二者任其一，是否现任或者曾任县级以上人大代表或者政协委员；
符合上述条件的，“1”表示政治关联；“0”表示不具备政治关联</td></tr>
<tr><td rowspan="2">控制变量（$Control$）</td><td>企业规模</td><td>$Size$</td><td>企业资产总额自然对数表示</td></tr>
<tr><td>资产负债率</td><td>Lev</td><td>期末负债面值/期末资产面值</td></tr>
</table>

（续表）

变量类型	变量名称	变量符号	变量描述
控制变量（*Control*）	资产收益率	*Roe*	净利润/期末资产面值
	企业性质	*Soe*	企业性质
	企业市值账面比	*Mb*	用企业期末市值与总资产的账面比重表示
	企业年限	*Age*	企业成立年限，用企业创立期到样本期的年限表示
	资本密集度	*Tang*	固定资产/主营业收入
	行业	*Industry*	控制行业因素
	年份	*Year*	控制年份因素

3.3.3 研究模型

政治关联与企业技术创新之间的关系如图 3-1 所示。此外，根据前文的理论分析，本书主要检验政治关联对企业技术创新的影响，并且企业技术创新主要包括企业对技术创新的投入与产出两个方面，即政治关联对企业技术创新的总效应，按照如下计算公式进行：

$$Y = C + \beta_{11} \times Pili + \beta_{12} \times Control + \mu_1 \qquad \text{（模型 1）}$$

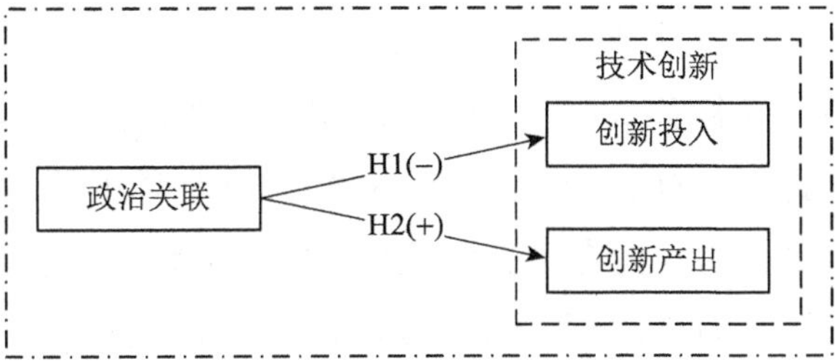

图 3-1　政治关联与企业技术创新之间的关系

其中，需要注意的是，本书此处的 Y 应该分开为 Y_1 与 Y_2，分别进行计算，其中 Y_1 表示企业技术创新投入（*Rdd*，*Rd_sale*）；Y_2 表示企业技术创新产出（*Patent*1，*Patent*2）。此外，模型(1)旨在检验政治关联与企业技术创新之间的关系，并将政治关联作为自变量，将企业技术创新投入和技术创新产出分别作为因变量进行分析。最后，本书还控制了企业规模、资产负债率、资产收益率等潜在的影响因素，相关变量如表 3-1 所述。

3.4 实证结果与分析

3.4.1 描述性统计分析

从表 3-2 中可以看出，在政治关联方面，企业政治关联的均值为 0.253，说明平均有 25.3%的企业有政治关联，可以认为大部分企业不具有政治关联；标准差为 0.435，说明不同企业之间差异不大，可以认为本书研究样本具有较好的代表性，不存在样本的选择偏误问题。在企业技术创新方面，技术创新投入 Rdd 均值为 0.018，说明企业的研发投入平均占比为 1.8%，就整体而言，这一比例较为适中；标准差为 0.027，说明企业之间差异不大；Rd_sale 均值为 0.033，标准差为 0.058，说明企业之间差异不大，进一步说明企业研发投入没有显著的差异；专利 Patent1 均值为 1.4，最大值为 8.8，标准差为 1.592，说明不同企业之间差异蛮大，这可能是不同企业对于技术创新的重视程度不相同，也有可能是企业研发实力的差异，导致企业技术创新产出之间有较大的差异；专利 Patent2 均值为 4.337，标准差为 7.3，说明不同企业之间差异比较大，同样地，这也反映出了企业对于技术创新关注程度上的差异。最后，其他有关企业规模、资产负债率、资产收益率、企业性质、企业市值账面比、企业年限、资本密集度以及行业等控制变量的相关描述性统计如表 3-2 所示，本节不做细述。

表 3-2　　政治关联与企业技术创新的描述性统计分析

变量	观测值	平均值	标准差	最小值	最大值
Pili	12 711	0.253	0.435	0	1.00
Rdd	12 711	0.018 4	0.026 6	0	0.458

(续表)

变量	观测值	平均值	标准差	最小值	最大值
Rd_sale	12 711	0.033 1	0.058 3	0	1.632
*Patent*1	12 711	1.486	1.592	0	8.753
*Patent*2	12 711	4.337	7.324	0	28.167
Soe	12 711	0.426	0.495	0	1.00
Age	12 711	8.326	6.166	0	25.00
Mb	12 711	2.106	1.928	0.090 9	33.38
Lev	12 711	0.423	0.211	0.007 08	0.995
Roe	12 711	0.071 6	0.205	−16.75	0.852
Size	12 711	21.95	1.275	19.05	28.51
Tang	12 711	0.252	0.181	7.45e−05	1.018

注：创新投入使用研发支出进行衡量，包括两种计算方式：分别对应 *Rdd* 和 *Rd_sale*。创新产出使用专利产出进行衡量，包括两种计算方式：分别对应 *Patent*1 和 *Patent*2，*Pili*＝政治关联，控制变量：*Soe*＝企业性质，*Age*＝企业年限，*Mb*＝企业市值账面比，*Lev*＝资产负债率，*Roe*＝净资产收益率，*Size*＝企业规模，*Tang*＝资本密集度，各变量操作定义见表 3-1。

3.4.2 假设检验

本书运用 Stata 14.2 软件对以上模型进行了混合截面数据多元回归分析。为了消除异常值的影响，本书在 1%的水平上对所有连续变量进行了 Winsorize 缩尾处理，本书对所有变量进行了数据标准化处理。本书首先检验了政治关联对企业技术创新的总效应，从表 3-3 中可以看到，企业高管政治关联对企业创新投入 Rdd 回归系数为−0.001，并在 1%的水平上显著；企业高管政治关联对企业创新投入 Rd_sale 的回归系数为−0.007，并在 1%水平上显著，说明高管的政治关联对企业创新投入有显著的抑制作用，由此支持了假设 1，即政治关联对于企业技术创新投入具有显著的消极影响，不利于企业技术创新投入的增加。

从表 3-3 中还可以看到，企业高管政治关联对企业创新产出 Patent1 回归系数为 0.027，回归系数在 10%水平上显著；高管政治关联对企业创新产出 Patent2 回归系数为 3.827，在 5%水平上显著。由此可以说明，企业政治关联对企业创新产出有显著的促进作用，从而支持了假设 2，即政治关联对于企业技术产出具有显著的积极影响，有助于企业技术创新产出的增加。由于企业受到专利成本相对较低等因素影响，企业专利产出显著增加，这种方式的模型设定得到与理论预期一致的结果。综合以上分析，本书发现政治关联对企业技术创新投入的影响与袁建国等(2015b)所发现的结论相一致，而政治关联对企业技术创新产出的影响与 Peng 和 Luo (2000)所发现的结论相呼应。为了进一步验证本章的研究结果，本书随后进行了稳健性检验，以充分说明政治关联对于企业技术创新投入的消极影响以及政治关联对于企业技术创新产出的积极影响。

表 3-3　　　政治关联对企业技术创新的回归分析

模型	(1)	(2)	(3)	(4)
变量	Rdd	Rd_sale	Patent1	Patent2
Pili	−0.001***	−0.007***	0.027*	3.827**
	(−3.37)	(−7.24)	(1.81)	(2.15)
Age	−0.004***	−0.010***	−0.383***	−1.680***
	(−13.99)	(−16.28)	(−21.44)	(−3.43)
Soe	−0.004***	−0.010***	−0.268***	−5.404**
	(−9.22)	(−12.14)	(−8.23)	(−2.53)
Mb	0.003***	0.007***	0.014*	1.054***
	(11.47)	(10.29)	(1.84)	(5.55)
Lev	−0.007***	−0.041***	−0.726***	−16.990***
	(−5.50)	(−11.44)	(−8.64)	(−4.09)
Roe	0.002	−0.008***	0.021	−0.368
	(1.07)	(−2.82)	(0.37)	(−0.28)
Size	0.001***	0.004***	0.299***	15.173***
	(5.05)	(8.16)	(17.16)	(7.53)

(续表)

模型	(1)	(2)	(3)	(4)
变量	Rdd	Rd_sale	Patent1	Patent2
Tang	−0.012***	−0.035***	−0.101	−6.705*
	(−13.48)	(−15.98)	(−1.33)	(−1.88)
Constant	0.003	−0.010	−3.957***	−312.502***
	(0.53)	(−0.90)	(−10.81)	(−7.34)
Year	已控制	已控制	已控制	已控制
Industry	已控制	已控制	已控制	已控制
Observations	12 711	12 711	12 711	12 711
R-squared	0.156	0.202	0.084	0.050

注 1：括号内为 *P* 值，*** 代表在 1%以内显著，** 代表在 5%以内显著，* 代表在 10%以内显著。

注 2：创新投入使用研发支出进行衡量，包括两种计算方式：分别对应 *Rdd* 和 *Rd_sale*。创新产出使用专利产出进行衡量，包括两种计算方式：分别对应 *Patent*1 和 *Patent*2，*Pili*＝政治关联，控制变量：*Soe*＝企业性质，*Age*＝企业年限，*Mb*＝企业市值账面比，*Lev*＝资产负债率，*Roe*＝净资产收益率，*Size*＝企业规模，*Tang*＝资本密集度，*Year*＝年份，*Industry*＝行业，各变量操作定义见表 3-1。

3.4.3 稳健性检验

考虑到研发支出作为一种创新投入仅仅反映出创新活动的一小部分，企业的人力资本开发、新技术引进、消化和吸收均没有反映在研发支出中（Smith，2006；鞠晓生，卢荻和虞义华，2013）。在多数情况下，企业对于技术创新的投入不仅仅是研发投入，还包括了人力资源的投入、无形资产的投入等。特别地，相比于研发支出，无形资产增量可能包含了更多的企业创新活动投入的信息，因此，本书将创新投入的测度变量更换为无形资产增量 InTangible，同时将创新产出的测度变量更换为单纯发明专利的数量 Patent3 进行测度。之所以只采用发明专利，是因为相比于实用新型专利和外观设计专利，发明专利的技术含量更高，更能够反映出企业技术创新产出的质量。在核心指标更换后，本书依旧按照上述严谨的计算分析过程分析了政治关联对企业技术创新投入（无形资产增量）以及技术创新产出（发明专利数量）的影响，分析的回归结果见表 3-4。从结果中可以看出，核心指标测度更换以后，回归结果与本书研究结论一致，即政治关联对于企业技术创新投入(无形资产增量)在 10%的显著水平中显著，并且表现为消极影响；同时政治关联对于企业技术创新产出(发明专利)在 1%的显著水平中显著，并且表现为积极影响，这一结论与上述研究结果相一致。

表 3-4　　　　稳健性检验：更换核心变量测度

模型	(1)创新投入	(2)创新产出
变量	无形资产增量(InTangible)	Patent3
Pili	−2.12e+06*	16.581***
	(−1.68)	(3.73)
Soe	1.64e+07***	4.956*
	(2.78)	(1.66)
Mb	−5.54e+06***	1.766***
	(−3.73)	(3.68)
Lev	6.33e+07***	−48.924***
	(3.73)	(−2.81)
Roe	1.59e+08***	293.578***
	(3.46)	(2.60)
Size	9.11e+05	33.146***
	(1.35)	(6.71)
Tang	−4.17e+07**	−32.607***
	(−2.35)	(−3.26)
Roa	−1.90e+07	−530.856***
	(−0.20)	(−2.95)
Year	已控制	已控制
Industry	已控制	已控制
Constant	−0.034***	0.108
	(−5.36)	(0.28)

（续表）

模型	(1)创新投入	(2)创新产出
变量	无形资产增量(InTangible)	Patent3
N	12 711	12 711
Adj. R-Square	0.06	0.12

注 1：括号内为 *P* 值，*** 代表在 1%以内显著，** 代表在 5%以内显著，* 代表在 10%以内显著。

注 2：*Pili*＝政治关联，控制变量：*Soe*＝企业性质，*Age*＝企业年限，*Mb*＝企业市值账面比，*Lev*＝资产负债率，*Roe*＝净资产收益率，*Roa*＝资产收益率，*Size*＝企业规模，*Tang*＝资本密集度，*Year*＝年份，*Industry*＝行业，各变量操作定义见表 3-1。

进一步分析可以看出，政治关联导致了企业技术创新投入减少，技术创新产出增多，有两种假说可以进行阐释：其一为政治关联能够显著提高技术创新效率，政治关联有创新激励作用。本书在稳健性检验中发现这一关系得到了成立，企业建立政治关联，也许能获得政府相应的补助或税收减免，然而补助没有专款专用，企业可能将其用于其他方面以得到更好的效果，也是实际发生的情况。对于企业而言，只要能够获得补助，并且可以达到政府的考评要求，这些所谓的资源就会被应用到其他领域，削弱企业技术创新的投入。这也是为什么企业获得了补助，但是企业实际技术创新的投入却没有增加的主要原因。

其二为技术创新被操纵了吗？本书发现政治关联导致了创新投入少、创新产出多，从表面上看，创新效率得到了提高，政治关联对技术创新绩效有激励效应，但这种激励效应的背后还存在着另一种替代性的解释，即企业拿到政府的扶持性补贴之后，管理层因受于地方政府考核指标压力，也许会存在故意多报创新专利申请数量的现象，以营造企业长期价值投资的良好表现。此外，这种多报往往含糊其辞，或者技术创新的质量并不高，由此导致了本书研究结果的出现。为了验证这种假说的存在性，本书在基本模型中不再用专利申请总数测度，转而改用寻租，通过对寻租的分析来验证企业技术创新是否存在操纵现象。如果存在创新操纵，那么政治关联会对这一指标产生显著的正向影响。为此，本书进一步对这一新的发现与假定进行事后的统计分析与检验。

具体而言，本书首先构建用每单位企业技术创新研发投入的专利申请数作为企业技术创新效率的综合指标，具体测度应用 LN(1+Patent1)/LN(1+Rdd)表示 effi1，用 LN(1+Patent2)/LN(1+Rdd)表示 effi2。如果这些专利都为实质性创新，那么政治关联会对这个指标产生显著的正向影响，即政治关联确实有效促进了企业实质性创新，数据分析的回归结果如表 3-5 所示。从表 3-5 中可以看出，在创新效率的回归模型中，Pili 回归系数都显著为负，并且在 10%和 5%下显著，这表明政治关联并没有导致创新效率的提高，相反却降低了创新效率，由此说明了创新操纵现象的存在。因此本书这一新的假定并不成立，进一步说明企业技术创新存在操纵现象。本书的目的在于发现问题，以便在给出政策建议时能够更好地规避一些负面影响的存在，从而最大化地提高产出效率。

表 3-5　　政治关联对企业创新效率回归结果

模型	(1)	(2)
变量	effi1	effi2
Pili	−7.076*	−10.886**
	(−1.87)	(−2.18)
Soe	20.677***	34.094***
	(3.59)	(4.18)
Mb	−2.548***	−3.679***
	(−4.30)	(−4.37)
Lev	58.953***	70.996**
	(3.10)	(2.47)
Roe	−127.678	−196.909
	(−0.93)	(−0.92)
Size	18.213***	31.492***
	(3.77)	(4.56)

（续表）

模型	(1)	(2)
变量	effi1	effi2
Roa	171.063	289.413
	(0.87)	(0.96)
Year	已控制	已控制
Industry	已控制	已控制
_cons	−365.583***	−637.892***
	(−3.52)	(−4.30)
N	12 711	12 711
R-Square	0.039	0.047

注 1：括号内为 *P* 值，*** 代表在 1%以内显著，** 代表在 5%以内显著，* 代表在 10%以内显著。

注 2：*Pili*＝政治关联，控制变量：*Soe*＝企业性质，*Age*＝企业年限，*Mb*＝企业市值账面比，*Lev*＝资产负债率，*Roe*＝净资产收益率，*Roa*＝资产收益率，*Size*＝企业规模，*Year*＝年份，*Industry*＝行业，各变量操作定义见表 3-1。

3.5 本章小结

综合以上分析可以发现，企业追求的政治关联不利于企业技术创新投入的增加，但是有利于企业创新产出的增加，本书在这里简单分析为何会出现这种有趣的现象。在通常情况下，企业往往以市场为导向进而部署企业的战略规划，以便获得长期竞争优势的同时能够动态跟随市场的变化调整自身的行为。

一方面，从政府处获得的创新资源，可能不完全用于企业研发活动，也有可能用于别的生产经营活动，因而政治关联可能不利于企业的研发投入。

另一方面，企业已经从政府那里获得创新资源，那么势必需要承担相应的责任，以完成政府规定的考核要求与监管需求，因而在这一现实要求与潜在压力的驱动下，企业为了从政府处获得持续性的创新资源，往往会以自身的创新成果为筹码，而专利作为最为直接的衡量指标便成为企业追逐的对象，这是因为除了发明专利具有较高的难度，实用新型专利和外观设计专利的实现对于企业而言相对容易，企业为了快速高效完成考核目标，往往会优先选择完成后者的专利要求，而非前者。我国的现实情况也与此相符，即政府在给予企业创新资源时（比如科技项目），往往会优先考虑那些有过相关经验的企业，因而企业为了能够持续获得创新资源，自然会增加创新成果以获取政府的信任。本书研究的目的在于通过挖掘现象背后的根源，服务于更好的决策，以提高企业效率以及为政府做决策提供更好的借鉴。鉴于此，本书认为政府对于企业技术创新的考察应当更加注重质量，而非数量，以提高企业技术创新的实质性贡献。

4　政府扶持与企业技术创新的关系

本章主要阐释了政府扶持对于企业技术创新的直接影响，即政府扶持如何影响企业技术创新投入与技术创新产出。本章首先论述了政府扶持与企业技术创新关系的研究对于企业的意义与价值，随后基于资源基础理论及资源诅咒理论从积极与消极两个方面论述了政府扶持对于企业技术创新的积极影响与消极影响，具体包括政府扶持消极影响企业技术创新投入，即政府对于企业的研发补助以及科技立项不利于企业技术创新投入的增加；政府扶持积极影响企业技术创新产出，即政府对于企业的研发补助以及科技立项有助于企业技术创新产出的增加。随后本书通过大样本数据的获取检验了这一研究假设，并进一步进行稳健性的检验以巩固本书的研究发现。检验结果基本支持本书的研究假设，即政府扶持有助于企业专利产出的增加，但是不利于企业研发投入的增加，企业应当以权变、辩证的思维来看待政府扶持对企业所带来的影响。

4.1　研究问题的提出

我国经济发展正处于转型升级的关键期，国家推出供给侧结构性改革政策以提升供给端质量，而提升质量的源泉在于企业自身的创新活动，并且企业的技术创新为企业获取竞争力、取得长足发展提供了重要的保障。然而，由于创新活动具有外部性、风险性和不确定性等特征(Romer, 1986)，市场难以发挥“看不见的手”这一功能，尽管企业作为利益的追求者，会根据市场需求的变化灵活调整自身行动，但是这一过程也会受到政府的影响，不仅如此，政府往往通过科技补助等政府扶持政策发挥“扶持之手”的作用（钱爱民 等，2015；王闽和侯晓红，2015；许罡 等，2014），以帮助企业降低创新的成本和风险，提升企业自主创新的意愿和动机，但是当前我国政府扶持对于企业技术创新活动的效应尚存在不清晰之处，既有学者认为政府扶持有益于企业技术创新活动，也有学者指出政府扶持存在消极影响。一方面，政府扶持可以有效降低企业技术创新所需付出的成本，降低企业技术创新过程中存在的障碍，提高企业技术创新的成功率；另一方面，政府对于市场的干预实际上扭曲了市场已有资源的配置，使得关键性技术创新的突破显得乏力，难以有效激发企业技术创新的动力，无法最大化发挥市场的真正潜力。

在国外的一些研究中，政府扶持通常被视为可以有效促进企业技术创新活动的一种手段（Baumann 和 Kritikos，2016；Castellacci 和 Lie，2015），我国也有着同样的发现（佘菲菲和钱超，2017；邹彩芬 等，2013），但是也有学者发现了这些积极效应的发挥需要在一定的范围内实施才得以成立（Asheim 等，2006；Bloom 等，2002；Christensen 等，2016；李宁娟 等，2018；王砚羽 等，2014），更有学者指出，那些单纯以资金支持为政府扶持的主要手段所能带来的效应比较有限（Bradley 等，2012），因为对于很多企业来说，企业并不缺乏有效的资金支持，而是缺乏关键性的创新型人才、与技术相互适应的关键性知识要素、生产要素等关键性资源，通常这些资源无法通过资金进行购买，需要企业自主研发、自主培养。鉴于此，为了能够更加清晰地认识政府扶持与企业技术创新之间的内在逻辑，本书通过上文的细致梳理，发现当前对于政府补助的效应还存在一定的研究缺口，并且鲜有研究者关注科技立项对于企业技术创新活动的影响（杜元伟，2011），因而，本书在研究过程中着重关注政府补助与科技立项对于企业技术创新的影响。既为了理顺已有研究关于政府补助与企业技术创新之间关系的争议，也为了探索政府科技立项对于企业技术创新的影响，从多个角度丰富政府扶持与企业技术创新之间的关系，为政府更好地发挥扶持作用以及企业更好地利用政府资源服务自身技术创新提供有益的指导作用。

更进一步地，我国的市场环境使得企业在发展过程与当地政府有着密切的联系，而且政府作为企业发展资源，尤其是创新资源的重要获取渠道（周亚虹 等，2015），对企业的技术创新活动有着十分重要的影响。政府对于企业的扶持不仅影响了大型企业的技术创新活动（陈玲和杨文辉，2016；尚洪涛和黄晓硕，2018；王俊，2010），对中小企业的技术创新活动有着更为显著的影响（陶厚永 等，2015；王维 等，2014a；余菲菲和钱超，2017）。考虑到政府扶持手段的多样化，对企业的影响各不相同，本书在文献综述部分已经对不同的扶持方式进行了简单的介绍，并且本书在梳理过程中发现，企业谋求政府扶持的动机之一在于期望从政府处获得更多有益于企业自身发展的资源，包括资金与项目（吴剑峰和杨震宁，2014），而政府补助和科技立项为企业获取资源与项目提供了有益的通道，因而从企业获取资源的角度来看，本书选取了政府补助与科技立项这两种扶持手段。随后，本书将分别描述政府补助与科技立项对企业技术创新投入与创新产出的影响，包括政府补助对于企业技术创新投入的消极影响以及技术创新产出的积极影响；科技立项对于企业技术创新投入的消极影响以及技术创新产出的积极影响。

4.2 理论分析与研究假设

本书中政府扶持主要包括政府补贴和科技立项，无论是哪一种资源，都是企业获取的优势资源。从资源基础理论视角来看，企业获取的异质性资源有益于企业从事高风险活动，例如技术创新。考虑到企业通过政治关联而获取的这些资源，往往需要应对政府带来的相关压力，因此，为了“迎合”政府“压力”，企业倾向于用更多的创新成果来满足政府的系列指标性要求。然而，从资源诅咒理论视角来看，企业获取这些优势资源，对于企业自身进行研发投入并非完全成正比，企业虽然会将这些资源用于研发投入，但有可能将这些资源用于其他生产活动，由此导致本应该用于创新研发的资源转向了其他用途。因此，基于资源基础理论与资源诅咒理论，本小节将着重探讨政府扶持与企业技术创新之间具体的作用形式，即政府补助与科技立项能够有效增加企业技术创新产出，但是对于企业技术创新的投入会起到抑制作用。

4.2.1 政府补助与企业创新投入的关系

有学者认为政府补助会给企业带来冗余资源，进而促使企业对风险行为的敏感度降低，从而加大创新投入，并且这些研究大都支持这样一种观点：政府补助对于企业创新活动具有正向的激励效果，可以有效增强企业技术创新(余菲菲和钱超，2017)，提升企业创新绩效(杨洋 等，2015)，并且主张政府补助不会对企业创新活动产生挤出效应。这些研究成果表明，政府补助表现为对企业技术创新活动所需的资金的支持，能够有效弥补企业技术创新高额投入所需付出的成本，有效缓解了企业的资金压力，能够让企业有充沛的资金开展技术创新。此外，这种补助对于企业技术创新通常都是有益的，并不会产生任何不利的影响。然而近些年，有学者开始意识到，政府补助是一把"双刃剑"，它在对企业创新活动带来益处的同时也会带来负面影响(陈玲和杨文辉，2016；江静，2011)，例如挤占企业技术创新投入的资金，变相地将用于企业技术创新的其他资源用于寻求政府补助，这种资源的扭曲使得政府补助对于企业技术创新的"好处"产生了微妙的变化，由此引起了学者们对于政府补助与企业创新活动的重新审视。

首先，政府往往倾向于补助那些风险小、收益高的项目，但是忽视了那些投资时间长、具有巨大市场价值的项目(尚洪涛和黄晓硕，2018)。一方面，由于政府本身也存在着绩效考核，政府官员也期望能够有所作为，而这种对于作为的期待就转换到了对于企业创新成果的要求上。另一方面，政府也往往倾向于补助那些大企业或者独角兽企业，这在某种程度上忽视了企业创新的个性化需求，因而造成了企业自主创新资源配置的扭曲(唐书林 等，2016)，进而抑制了企业对研发的投入。企业本身的差异性，使得不同的企业对于政府的诉求并不相同，但是这种诉求一般难以获得满足。

其次，政府补助存在动态效应，对企业研发投入的补贴存在区间性，即政府补助虽然可以激励企业增加研发，但是当政府补助达到一个临界值时，政府补助对于企业研发投入的影响便大幅下降（任海云和聂景春，2018），而且政府补助可能对企业研发投入不会产生影响（张杰 等，2015）。对于企业而言，企业获得补助势必会考虑如何达成政府的考核与监管，并且考虑到越来越多的政府扶持倾向于事后补助或税收返还，使得企业以往策略性的创新难以有效为继，迫使企业审慎考虑如何有效获得政府补助。这种政府与企业之间的互相磨合，无形之中带来了更多的损耗，使得政府与企业之间的关系变得异常微妙。

最后，不同种类的补贴方式对于企业研发模式也存在不同的效应（齐欣和王策，2015；王玮和陈丽华，2015），只有恰到好处且是实际对口的政府补贴才会对企业的研发产生有价值的影响。尽管政府的不同补贴方式可以提高企业研发投入的积极性（邓若冰和吴福象，2017），并且按照企业研发投入实施的补贴效果优于其他补贴方式（林承亮和许为民，2012），但是这些研发补贴只能有助于企业创新活动的初始阶段所需的固定成本，随着企业研发活动的深入，企业担心自己的研发成果会被竞争对手窃取，从而会产生抵触心理，降低企业的研发投入（陈玲和杨文辉，2016）。这种担忧主要表现为政府对于企业知识产权保护的薄弱，并且企业有相当大一部分的成本用于维持知识产权保护，这种潜在的支出抑制了企业继续从事高难度技术创新的意愿。因此，即便可以从政府处获得较为可观的政府补贴，但这种补贴仍旧不足以满足企业的实际需求。此外，更有学者直接指出，政府政策的直接干预、限制竞争和选择性扶持降低了相关产业的投入效率（Lee，1996；Powell，2005），尤其是技术创新效率（肖文和林高榜，2014），并且对企业的直接补贴容易降低企业的研发投入（江静，2011）。综上所述，本书提出以下假设。

假设 3a. 政府补助对企业创新投入有消极影响。

4.2.2 政府补助与企业创新产出的关系

企业从外部获取的资源通过系列重组后可以变为企业自身独有的资源以帮助企业更好地实现自身愿景、使命、战略和目标(Barney, 1991; Porter, 1981)。企业从外部获取的资源不仅包括外部竞争对手、同行合作伙伴等处的有益资源,也包括从政府处获得的有利条件,比如政府补助。资源的获取并没有严格的限制,但凡能够为企业所用的一切形式的要素,都可以成为企业生产活动中的一部分。政府补助作为一种外部资源可以被企业吸收使用,并可以用于提高企业创新能力(傅利平和李永辉,2015),推动企业积极从事技术创新,帮助企业更好地从事研发活动(吴剑峰和杨震宁,2014),进而提高企业的创新绩效(杨洋 等,2015)。无论是何种形式的创新,其本质都是政府要素在企业创新活动中的灵活应用,目的在于产出富有创造性的新事物或新成果。企业为了满足政府考核的需求,往往会增加创新成果产出来获取政府信任,因而政府补助潜在地提升了企业的创新产出。作为衡量企业创新成效的关键性评价要素之一,专利的数量标志着企业是否可以继续从政府中获得充足的补助,基于这一思想,这种潜在的内部想法促使企业为了能够持续稳定地获取资金要素,不断催促自身产生更多的创新成果。

通常企业会将获得的外部资源与资金投入企业的研发活动中,以降低自身的创新成本,减轻研发压力,并且在多数情况下,政府不同形式的补助都可以有效缓解企业研发资金输入带来的压力,这对于中小科技型企业尤为如此。政府为了激励企业产生更多的创新成果往往会以企业创新成果为评价指标,因而为了迎合政府考核而不至于失去政府的补助,企业会通过简单创新(安同良,周绍东和皮建才,2009),即增加企业实用新型专利和外观设计专利,而非发明专利(黎文靖和郑曼妮,2016),或者片面地追求企业创新的数量,忽视企业创新的质量(Hall 和 Harhoff, 2012),以此来继续获得政府的补贴。相较于前者,后者对于企业技术创新提出了更高的要求与更高的标准,并且企业通常难以在短期内出成效，往往需要企业持续不间断地输入资源要素，包括研发资金。综上所述，本书提出以下假设。

假设 3b. 政府补助对企业创新产出有积极影响。

4.2.3 科技立项与企业创新投入的关系

目前对于政府扶持与企业技术创新之间的关系大都围绕政府补助、税收优惠等扶持手段展开讨论，较少涉及科技立项这一扶持手段的影响（余菲菲和钱超，2017），并且对于科技立项的研究大都以其项目补贴、奖励作为替代开展研究，比如科技项目奖励（陶厚永 等，2015）、科技项目补贴（尚洪涛和黄晓硕，2018；余菲菲和钱超，2017）、技术改造项目补贴（佟爱琴和陈蔚，2016）、专项科技计划补贴（王俊，2010）。这些科技立项与企业创新活动之间的关系本质上来讲还是政府补助与企业创新活动之间的影响，没有很好地体现科技立项本身的内涵。科技立项往往是政府为了攻关某些难度系数大，对国家发展具有巨大影响力的“卡脖子”型技术，这一类技术的突破往往可以产生非凡的效应。但是仅凭政府一己之力难以产生有效的作为，因此政府通常会广泛集聚社会各界力量联合突破，由此产生了一系列国家级、省部级等科技项目。通常情况下，政府对于这一类项目的资助资金多、评选要求极高，能够获得该类资助的企业通常具有极为深厚的研发实力。

此外，有关创新活动的科技项目一般属于政策引导类计划，该类项目旨在增强企业的自主创新能力，推动企业成为技术创新主体，推进科技成果的应用示范和产业化发展，并促进产学研结合，比如星火计划、火炬计划、863 计划等。本书认为不同程度的科技立项项目对于企业创新活动会有不同的影响。就科技项目本身而言，有国家级、省级、市级之分（张振刚和薛捷，2004），不同级别项目的获取难易程度各不相同，企业科技资源获取水平越高，企业可用资源也越丰富，由此可能存在资源的挤出效应。资源诅咒理论表明，资源集聚过于庞大时，资源就会出现溢出效应，原本应当用于某种生产活动的资源要素被转移挪作他用。类似地，当企业用于技术创新的资源过于庞大时，原本用于企业技术创新的资源要素就会出现溢出效应，由此导致企业虽然获得了较多的科技立项补助，但是企业会更多地使用外部资源去增强企业的研发投入，而自身则会减少对于创新研发的投入。由此在整体上降低了企业对于技术创新的投入。综上所述，本书提出以下假设。

假设 4a：政府项目科技立项对企业创新投入有消极影响。

4.2.4 科技立项与企业创新产出的关系

与企业所受政府补助相一致，当企业获得更高级别的科技项目时，为了能够迎合政府对于企业创新成果的考核，企业不得不增加创新的数量。那些从政府处获得更多资源项目的企业往往倾向于提高企业专利产出的数量，而没有保障专利的质量（黎文靖和郑曼妮，2016），这也反映出有些地区企业专利产出数量迅猛上升，但是其实质性的实力没有显著提升的原因（Tong 等，2014）。尽管这种创新成果没有带来太多的经济效益，在同等效益下，企业通常选取那些产出速度快、成本低的实用新型专利、外观专利等（熊维勤，2011）。实用新型专利和外观设计专利既满足了企业对于产出考核的要求，又满足了政府绩效考核的标准，而企业在技术创新投入方面的压力也有所缓和，因此以牺牲发明专利为代价产生更多实用新型专利和外观设计专利，这在整体上使得专利数量呈现上升趋势。

企业获得不同程度的科技项目时，也会得到政府不同程度的资金支持，由于项目呈现阶段性特征，企业并非一次性获得政府的全部资助，而是分阶段通过项目当前进行的程度、得到的创新成果来获得下一阶段政府的资助（张继良和李琳琳，2014），而发明专利往往由于难度系数高、难以突破等特点，使得企业更愿意将资源使用在难度不高的实用新型专利和外观设计专利上，试图以丰富的创新成果数量来进一步获取政府的资助与奖励（Hall 和 Harhoff，2012），同时政府的科技项目级别越高，对于企业完成的要求便越高，由此导致企业创新产出越多。这种技术创新的漏洞使得企业技术创新成果数量较多，但是就实质性技术水平而言，难以有效提升。因此，那些技术难度大、要求高的关键技术要素一般掌握在大型企业、独角兽企业中，而在一般性的企业中较难留存。总之，企业从政府处获得的科技项目对于企业技术创新产出会起到积极的促进作用，使得企业专利的数量，尤其是实用新型专利和外观设计专利急剧上升，但就整体而言，科技立项能够有效增加企业的技术创新产出。综上所述，本书提出以下假设：

假设 4b：政府项目科技立项对企业创新产出有积极影响。

4.3 研究设计

4.3.1 数据来源与样本选取

4.3.1.1 政府扶持数据与样本选取

政府补助的数据均来自手工整理搜集的 2008—2015 年上市企业年报中政府补助金额，本书参照陈维等(2015)对政府扶持政策的测量方式，将政府补助设立为三个解释变量：一是下一年度的实际所得税率(Gs1)，二是下一年度的营业税率(Gs2)，三是下一年度的政府补助(Gs3)，其中实际所得税率为当期所得税费用减去递延所得税费用之差除以应收税益，营业税率为营业税金除以营业收入，政府补助为政府补助金额除以营业收入。此处值得注意的是，考虑到近些年较多的学者将 Gs2 作为政府补助的检验方式(李维安 等，2016；陶厚永 等，2015；武咸云 等，2017；郑延冰，2016)，因而本书在此处将 Gs2 作为政府补助的测量方式，并且将 Gs1 和 Gs3 作为稳健性检验的指标。另外，鲜有学者对科技立项进行一个细致的测量，本书借鉴张振刚和薛捷(2004)对科技立项的划分，将科技立项分为企业从政府部门取得的科技项目，包括国家级、省级和市级科技项目，分别赋予不同量级 3、2、1，用来衡量企业的科技资源获取水平，并且手工搜集 2008—2015 年上市企业年报，参考杜元伟(2011)对重大科研项目的定义，本书将我国 863 计划、973 计划、国家科技基础条件平台建设、国家科技支撑计划、国家自然科学基金重大项目、国家 01 重大专项计划、国家 02 重大专项计划等获得了国家持续稳定财政支持并以提供公共科技产品为目的的国家科技主体计划，都归为国家立项，其余则按照省级和市级项目自行通过相关省级部委、省级单位的官方网站进行搜索并整理，分别赋值3、2、1的权重，加权求和后用以衡量企业的企业科技项目获取水平。

4.3.1.2　技术创新数据与样本选取

如前所述，本书中的企业技术创新主要包括技术创新投入与技术创新产出。技术创新投入主要指企业的研发投入，本书采用比值法来衡量企业技术创新投入；技术创新产出主要指企业的专利产出，本书采用企业专利的数量来衡量企业技术创新产出。本书借鉴权小锋和吴世农(2010)关于企业创新行为的测度，采取与本书技术创新定义一致的研发投入与专利产出来衡量企业技术创新。对于企业研发投入的测量，本书以研发支出占初期总资产的比重(Adhikari 和 Agrawal，2016；黄庆华等，2017；刘放　等，2016；潘越　等，2009；袁建国　等，2015b)以及研发支出占营业收入的比重(Adhikari 和 Agrawal，2016；Jung 等，2008；苟燕楠和董静，2014；康志勇，2013；刘放　等，2016；罗明新　等，2013；潘越　等，2009；水会莉　等，2015)为度量。对于企业创新产出的测量，本书主要以企业专利数据为度量，专利数据主要来源于国家知识产权局网站，本书手工收集并整理了2008—2015年的数据，并且在搜集完成之后，进行了校对以确保数据搜集的完整性与准确性。本书认为采用多种方式全面地衡量企业技术创新能够较为完整地呈现企业真实的技术创新现状。

4.3.2　变量定义

综合以上分析，本书还控制了可能的影响因素，政府扶持、技术创新及相关控制变量的定义如表4-1所示。其中，技术创新与第3章研究保持一致，依旧使用企业创新投入与创新产出进行衡量。其中，创新投入以企业的研发支出为测量指标，并通过比值法进行计算，而创新产出则以当前极为普遍的专利产出为衡量指标，并且囊括发明专利、实用新型专利以及外观设计专利。对于政府扶持，主要从科技立项与政府补助两个方面进行衡量，科技立项主要以企业从政府部门获得的科技项目为主，并依据项目的级别，包括国家级、省级、市级进行区分赋值（张振刚和薛捷，2004）；政府补助与之前选择的相一致，采用企业下一年度的实际所得税率（Gs1）、下一年度的营业税率（Gs2）以及下一年度的政府补助（Gs3）。其余相关的控制变量，包括企业规模、资产负债率、资产收益率、企业性质、企业市值账面比、企业年限、资本密集度以及行业，所有的测量方式均来自已有研究文献中，并基于本书的研究情景进行了适当的修改以契合本书的研究场景。

表 4-1　　政府扶持与企业技术创新的变量定义

变量类型	变量名称	变量符号	变量描述
被解释变量（Y）	创新投入：研发支出	*Rdd*	企业年度研发支出占期初总资产的比重
		Rd_sale	企业年研发支出占期初营业收入的比重
	创新产出：专利产出	*Patent*1	发明专利、实用新型专利和外观设计专利总申请数加 1 的自然对数
		*Patent*2	用 3 种专利加权总数加 1 的自然对数表示，3 种专利的权重按照 3∶2∶1
解释变量（M）	政府扶持：科技立项	*Lx*	企业从政府部门获取的立项，包括国家、省级和市级科技立项，分别赋予 3、2、1 权重后求和
	政府扶持：政府补助	*Gs*1	下一年度的实际所得税率
		*Gs*2	下一年度的营业税率，营业税金及附加除以营业收入
		*Gs*3	下一年度的政府补助
控制变量（Control）	企业规模	*Size*	企业资产总额自然对数表示
	资产负债率	*Lev*	期末负债面值/期末资产面值
	资产收益率	*Roe*	净利润/期末资产面值
	企业市值账面比	*Mb*	用企业期末市值与总资产的账面比重表示
	企业年限	*Age*	企业成立年限用企业创立期到样本期的年限表示
	企业性质	*Soe*	企业性质
	资本密集度	*Tang*	固定资产/主营业收入
	行业	*Industry*	控制行业因素
	年份	*Year*	控制年份因素

4.3.3 研究模型

政府扶持与企业技术创新之间的关系如图 4-1 所示。此外，根据前文理论的分析，本书主要检验政府扶持对企业技术创新的影响，包括政府补助和科技立项分别对企业技术创新投入和技术创新产出的影响。其中，政府补助积极影响企业技术创新产出，消极影响企业技术创新投入；科技立项积极影响企业技术创新产出，消极影响企业技术创新投入，具体的计算方式如下所示：

$$Y = C + \beta_{31} \times M + \beta_{32} \times Control + u_3 \qquad \text{(模型 3)}$$

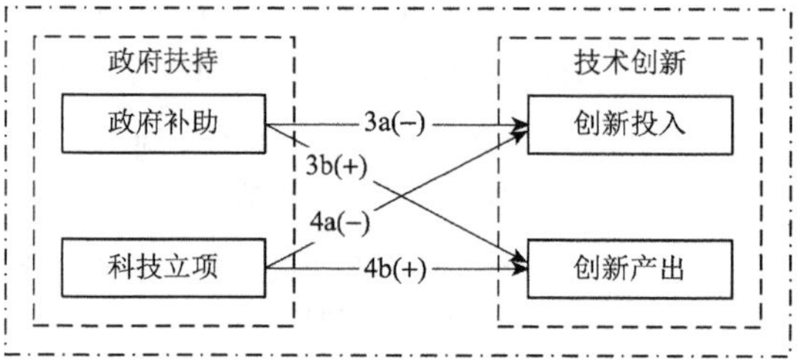

图 4-1 政府扶持与企业技术创新的关系

此外，需要注意的是，本书此处的 Y 依旧应该分开为 Y_1 与 Y_2 进行计算，其中 Y_1 表示创新投入（Rdd，Rd_sale）；Y_2 表示创新产出（Patent1，Patent2）；M 表示政府扶持，包括科技立项（Lx）和政府补助（此处仅 Gs2）；模型（3）旨在检验政府扶持与企业技术创新之间的关系，并将政府扶持作为自变量，创新投入和创新产出分别作为因变量。最后，本书还控制了企业规模、资产负债率、资产收益率、企业性质、企业市值账面比、企业年限、资本密集度，以及行业等潜在的影响因素。

4.4 实证结果与分析

4.4.1 描述性统计分析

从表 4-2 中可以看出，政府扶持包括政府补助和科技立项两个方面，其一为政府补助方面，企业 Gs1 均值为 0.441，标准差为 0.21，说明企业之间下一年度的实际所得税率差异不大，可以认为这些企业之间的税收比率几乎一致；企业 Gs2 均值为 0.016，标准差为 0.028，说明企业之间下一年度的营业税率差异不大，可以说明企业之间的营业税率几乎一致；企业 Gs3 均值为 0.014，标准差为 0.032，说明企业之间下一年度的政府补助差异不大，说明企业获得政府补助的力度差距不大。其二为科技立项方面，企业科技立项 Lx 均值为 0.715 6，标准差为 1.773 1，说明企业之间的科技立项存在一定的差异，这可能是因为企业规模、科研实力等方面的差异导致企业之间在获取科技立项方面的实力有所差距。此外，在企业技术创新方面，一为企业技术创新投入方面，创新投入 Rdd 均值为 0.018，说明企业的研发投入平均占比为 1.8%，标准差为 0.027，说明企业之间差异不大，可以看出这些企业的技术创新研发投入比较接近；研发支出 Rd_sale 均值为 0.033，标准差为 0.058，说明企业研发投入与营业额比值的差异不大；二为企业创新产出方面，专利 Patent1 均值为 1.4，最大值为 8.8，标准差为 1.592，说明不同企业之间差异蛮大，企业专利的数量既受到企业规模的影响，也受到企业自身科研实力的影响，专利数量的差距通常随着企业规模与实力的增加而增加，因此在专利数量的计算中，企业之间的专利数量差异总是显得比较大的；专利 Patent2 均值为 4.337，标准差为 7.3，说明不同企业之间差异比较大，这也进一步说明企业专利数量成果方面具有较为明显的差异。其他有关企业规模、资产负债率、资产收益率、企业性质、企业市值账面比、企业年限、资本密集度，以及行业等控制变量的相关描述性统计如表 4-2 所示。

表 4-2　　政府扶持与企业技术创新的描述性统计分析

变量	观测值	平均值	标准差	最小值	最大值
*Gs*1	12 711	0.441	0.21	0	0.704
*Gs*2	12 711	0.016 0	0.027 8	0	0.608
*Gs*3	12 711	0.013 6	0.032 0	0	1.241

（续表）

变量	观测值	平均值	标准差	最小值	最大值
Lx	12 711	0.715 6	1.773 1	0	32.67
Rdd	12 711	0.018 4	0.026 6	0	0.458
Rd_sale	12 711	0.033 1	0.058 3	0	1.632
*Patent*1	12 711	1.486	1.592	0	8.753
*Patent*2	12 711	4.337	7.324	0	28.167
Soe	12 711	0.426	0.495	0	1.00
Age	12 711	8.326	6.166	0	25.00
Mb	12 711	2.106	1.928	0.090 9	33.38
Lev	12 711	0.423	0.211	0.007 08	0.995
Roe	12 711	0.071 6	0.205	−16.75	0.852
Size	12 711	21.95	1.275	19.05	28.51
Tang	12 711	0.252	0.181	7.45e−05	1.018

注：政府扶持使用科技立项和政府补助进行衡量，其中 *Lx*＝科技立项，政府补助使用三种计算方式，分别对应 *Gs*1、*Gs*2 和 *Gs*3；创新投入使用研发支出进行衡量，包括两种计算方式：分别对应 *Rdd* 和 *Rd_sale*；创新产出使用专利产出进行衡量，包括两种计算方式：分别对应 *Patent*1 和 *Patent*2；控制变量：*Soe*＝企业性质，*Age*＝企业年限，*Mb*＝企业市值账面比，*Lev*＝资产负债率，*Roe*＝净资产收益率，*Size*＝企业规模，*Tang*＝资本密集度。各变量操作定义见表 4-1。

4.4.2 假设检验

本书运用 Stata 14.2 软件对以上几个模型进行了混合截面数据多元回归分析。为了消除异常值的影响，本书在 1%的水平上对所有连续变量进行了 Winsorize 缩尾处理，并对所有变量进行了数据标准化处理，以消除数据单位不一致所带来的数据计算偏误问题，随后本书对上述数据分别进行回归分析的计算，以分析政府扶持（包括政府补助与科技立项）对于企业技术创新（包括技术创新投入与技术创新产出）的影响。

第一，关于政府补助与企业技术创新之间的关系：表 4-3 表明政府补助 Gs2 对企业技术创新中创新投入产生显著负向影响（$\beta_{31}=-0.143$，$P<0.01$；$\beta_{31}=-0.170$，$P<0.01$），从而验证了假设 3a；即

政府补助对于企业技术创新投入会产生显著的负面影响，由此说明企业对于政府补助确实存在挤出效应，并且也有可能存在资源的侵占现象。此外，表 4-3 还表明政府补助 Gs2 对企业技术创新绩效中创新产出 Patent1 产生显著正向促进作用($\beta_{31}=12.881$, $P<0.01$)，说明政府补助有利于创新产出，因而支持了假设 3b(虽然在模型 4 中，政府补助对于企业创新产出没有显著影响，这可能是因为 Patent2 的计算方式差异导致 Patent2 的均值较大，由此使得企业之间的差异过大导致，但就整体而言，不难发现政府补助正向影响企业技术创新投入)，因此本书认为，政府补助对企业创新产出有积极正向影响。总之，政府补助对于企业技术创新投入有显著的负向影响，而对于企业技术创新产出具有显著的正向影响。

表 4-3　　　政府补助(Gs2)对企业技术创新的回归分析

模型	(1)	(2)	(3)	(4)
变量	Rdd	Rd_sale	Patent1	Patent2
Gs2	−0.143***	−0.170***	12.881***	89.064*
	(−19.37)	(−12.14)	(17.38)	(1.73)
Soe	−0.001	−0.004***	−0.137***	−9.132***
	(−1.41)	(−4.58)	(−3.70)	(−2.94)
Age	−0.001***	−0.001***	−0.054***	−0.222
	(−17.96)	(−14.87)	(−17.51)	(−1.25)
Mb	0.003***	0.006***	−0.008	2.023***
	(8.60)	(7.71)	(−0.87)	(4.40)
Lev	−0.009***	−0.041***	−0.411***	−18.380***
	(−4.89)	(−9.39)	(−4.21)	(−3.50)
Roe	0.009***	−0.006	0.520***	−1.044
	(3.88)	(−1.34)	(4.23)	(−0.21)
Size	0.000	0.002***	0.288***	19.899***
	(1.28)	(3.19)	(12.85)	(6.81)

（续表）

模型	(1)	(2)	(3)	(4)
变量	Rdd	Rd_sale	Patent1	Patent2
Tang	−0.025***	−0.048***	−0.626***	−10.586
	(−19.52)	(−17.47)	(−6.56)	(−1.63)
Constant	0.008	0.003	−4.080***	−406.563***
	(1.33)	(0.20)	(−8.79)	(−6.71)
Year	已控制	已控制	已控制	已控制
Industry	已控制	已控制	已控制	已控制
Observations	12 711	12 711	12 711	12 711
R-squared	0.249	0.229	0.128	0.057

注1：括号内为 *P* 值，*** 代表在1%以内显著，** 代表在5%以内显著，* 代表在10%以内显著。

注2：*Gs*2＝政府补助。创新投入使用研发支出进行衡量，包括两种计算方式：分别对应 *Rdd* 和 *Rd_sale*。创新产出使用专利产出进行衡量，包括两种计算方式：分别对应 *Patent*1 和 *Patent*2。控制变量：*Soe*＝企业性质，*Age*＝企业年限，*Mb*＝企业市值账面比，*Lev*＝资产负债率，*Roe*＝净资产收益率，*Size*＝企业规模，*Tang*＝资本密集度，*Year*＝年份，*Industry*＝行业。各变量操作定义见表4-1。

第二，关于科技立项与企业技术创新的关系：表4-4表明，科技立项对技术创新中创新投入产生显著负向影响（$\beta_{31}=-0.000$，$P<0.01$；$\beta_{31}=-0.001$，$p<0.01$），因此可以认为政府科技立项会对企业技术创新投入产生显著的负面影响；而科技立项对技术创新中创新产出产生显著正向影响（$\beta_{31}=0.04$，$P<0.01$；$\beta_{31}=0.915$，$p<0.01$），由此可以认为政府科技立项对于企业技术创新产出具有显著的正向影响，支持了假设4a和4b，至此可以认为政府扶持对于企业技术创新投入具有消极影响，但是对于企业技术创新产出具有积极影响。总之，与政府补助所发挥的作用基本一致，科技立项积极影响企业技术创新产出，但是对企业技术创新投入会产生不利的影响。为了能够使本书所得出的结论具有较高的说服力，本书更进一步地对政府扶持与企业技术创新之间的关系做了稳健性检验。

表 4-4　　科技立项(Lx)对企业技术创新的回归分析

模型	(1)	(2)	(3)	(4)
变量	Rdd	Rd_sale	Patent1	Patent2
Lx	−0.000***	−0.001***	0.040***	0.915***
	(−4.16)	(−3.70)	(4.75)	(3.42)
Soe	−0.001	−0.004***	−0.132***	−9.220***
	(−1.27)	(−4.41)	(−3.43)	(−2.96)
Age	−0.001***	−0.002***	−0.064***	−0.284*
	(−20.68)	(−16.83)	(−21.40)	(−1.87)
Mb	0.003***	0.006***	−0.009	1.997***
	(8.61)	(7.72)	(−1.01)	(4.35)
Lev	−0.009***	−0.041***	−0.424***	−18.359***
	(−4.97)	(−9.45)	(−4.39)	(−3.53)
Roe	0.009***	−0.007	0.446***	−1.566
	(3.63)	(−1.53)	(3.79)	(−0.31)
Size	−0.000	0.001**	0.244***	19.705***
	(−0.44)	(2.18)	(11.22)	(6.66)
Tang	−0.020***	−0.042***	−0.186**	−8.409*
	(−16.25)	(−15.71)	(−2.06)	(−1.68)
Constant	0.016**	0.011	−3.397***	−403.204***
	(2.56)	(0.90)	(−7.54)	(−6.60)
Year	已控制	已控制	已控制	已控制
Industry	已控制	已控制	已控制	已控制
Observations	12 711	12 711	12 711	12 711
R-squared	0.236	0.226	0.096	0.057

注 1：括号内为 *P* 值，*** 代表在 1%以内显著，** 代表在 5%以内显著，* 代表在 10%以内显著。

注 2：*Lx*＝科技立项。创新投入使用研发支出进行衡量，包括两种计算方式：分别对应 *Rdd* 和 *Rd_sale*。创新产出使用专利产出进行衡量，包括两种计算方式：分别对应 *Patent*1 和 *Patent*2。控制变量：*Soe*＝企业性质，*Age*＝企业年限，*Mb*＝企业市值账面比，*Lev*＝资产负债率，*Roe*＝净资产收益率，*Size*＝企业规模，*Tang*＝资本密集度，*Year*＝年份，*Industry*＝行业。各变量操作定义见表 4-1。

4.4.3 稳健性检验

本书对政府扶持与企业技术创新之间的关系做了如下稳健性检验，如表4-5所示。政府补助的计算方式由Gs2（下一年度的营业税率、营业税金及附加除以营业收入）更换为Gs1（下一年度的实际所得税率），从中可以看出政府补助Gs1对企业技术创新中创新产出Patent1产生显著正向促进作用（$\beta_{31}=0.004, P<0.05$），由此说明政府补助有利于创新产出，支持了假设3b，进而说明政府补助对企业创新产出有积极正向影响。但是这一结果并没有支持假设3a，也就是政府补助对于企业技术创新投入没有显著的影响。其中可能的原因在于，对于大多数企业而言，这些企业的实际所得税率并没有显著的差异，这在描述性统计分析中可以看出，因此此时的政府补助对于企业技术创新投入没有显著的影响。就整体情况而言，政府补助能够对与企业技术创新产出产生积极的影响，而对企业技术创新投入产生消极的影响。

表4-5　　政府补助(Gs1)对企业技术创新的影响

模型	(1)	(2)	(3)	(4)
变量	Rdd	Rd_sale	Patent1	Patent2
Gs1	0.000	0.000	0.004**	0.050
	(0.55)	(0.65)	(2.27)	(1.39)
Soe	−0.001	−0.004***	−0.136***	−9.131***
	(−1.37)	(−4.52)	(−3.55)	(−2.94)
Age	−0.001***	−0.002***	−0.064***	−0.272*
	(−20.72)	(−16.87)	(−21.60)	(−1.80)
Mb	0.003***	0.006***	−0.010	2.015***
	(8.58)	(7.70)	(−1.08)	(4.36)
Lev	−0.009***	−0.041***	−0.424***	−18.465***
	(−4.95)	(−9.43)	(−4.38)	(−3.54)

（续表）

模型	(1)	(2)	(3)	(4)
变量	Rdd	Rd_sale	Patent1	Patent2
Roe	0.009***	−0.007	0.444***	−1.361
	(3.66)	(−1.54)	(3.84)	(−0.27)
Size	−0.000	0.001**	0.245***	19.697***
	(−0.42)	(2.21)	(11.28)	(6.66)
Tang	−0.020***	−0.042***	−0.183**	−8.492*
	(−16.18)	(−15.65)	(−2.01)	(−1.69)
Constant	0.016**	0.012	−3.397***	−403.393***
	(2.57)	(0.91)	(−7.55)	(−6.59)
Year	已控制	已控制	已控制	已控制
Industry	已控制	已控制	已控制	已控制
Observations	12 711	12 711	12 711	12 711
R-squared	0.235	0.225	0.094	0.056

注 1：括号内为 *P* 值，*** 代表在 1%以内显著，** 代表在 5%以内显著，* 代表在 10%以内显著。

注 2：*Gs*1＝政府补助：分别对应 *Rdd* 和 *Rd_sale*；创新产出使用专利产出进行衡量，包括两种计算方式：分别对应 *Patent*1 和 *Patent*2；控制变量：*Soe*＝企业性质，*Age*＝企业年限，*Mb*＝企业市值账面比，*Lev*＝资产负债率，*Roe*＝净资产收益率，*Size*＝企业规模，*Tang*＝资本密集度，*Year*＝年份，*Industry*＝行业。各变量操作定义见表 4-1。

为了更进一步地验证政府补助的稳健程度，本书将 Gs2（下一年度的营业税率、营业税金及附加除以营业收入）进一步更换为 Gs3（下一年度的政府补助），来验证政府补助对于企业技术创新投入与产出的影响。表 4-6 说明了政府补助 Gs3 对企业技术创新中创新投入产生显著负向影响（$\beta_{31}=-0.128$，$p<0.01$；$\beta_{31}=-0.474$，$p<0.01$），从而支持了假设 3a。这一结果与本书最初的验证结果相一致，由此进一步说明政府补助对于企业技术创新投入会起到显著的消极影响。政府补助对创新产出产生了显著正向影响（$\beta_{31}=2.325$，$P<0.01$；$\beta_{31}=76.35$，$P<0.01$），从而支持了假设 3b。这一结果与上述稳健性的检验结果以及本书最初的验证结果均保持一致，可以说明政府补助对于

企业技术创新产出确实会产生积极的影响。综上所述,可以说明政府补助确实会对企业技术创新投入产生消极影响,会对企业技术创新产出产生积极影响。综合表 4-5 和表 4-6 的结果来看,政府补助对于企业创新投入会产生负面影响,而对于企业创新产出具有正向的促进作用,因此,此结果与之前的实证结果相一致,由此说明本书结果具有一定程度的稳健性。

表 4-6　　政府补助(Gs3)对企业技术创新的影响

模型	(1)	(2)	(3)	(4)
变量	Rdd	Rd_sale	Patent1	Patent2
Gs3	−0.128***	−0.474***	2.325***	76.350***
	(−5.72)	(−7.34)	(3.56)	(3.56)
Soe	−0.001*	−0.005***	−0.141***	−9.284***
	(−1.84)	(−5.58)	(−3.67)	(−2.97)
Age	−0.001***	−0.001***	−0.064***	−0.257*
	(−20.22)	(−15.91)	(−21.41)	(−1.68)
Mb	0.003***	0.006***	−0.012	1.941***
	(8.53)	(7.39)	(−1.34)	(4.23)
Lev	−0.007***	−0.035***	−0.391***	−17.452***
	(−4.13)	(−8.45)	(−4.04)	(−3.31)
Roe	0.010***	−0.003	0.459***	−0.779
	(3.70)	(−0.81)	(3.84)	(−0.16)
Size	−0.000	0.002***	0.247***	19.764***
	(−0.01)	(3.05)	(11.35)	(6.67)
Tang	−0.020***	−0.044***	−0.191**	−8.781*
	(−16.14)	(−15.72)	(−2.10)	(−1.74)
Constant	0.011*	−0.005	−3.474***	−406.007***
	(1.81)	(−0.40)	(−7.70)	(−6.61)
Year	已控制	已控制	已控制	已控制
Industry	已控制	已控制	已控制	已控制

（续表）

模型	(1)	(2)	(3)	(4)
变量	Rdd	Rd_sale	Patent1	Patent2
Observations	12 711	12 711	12 711	12 711
R-squared	0.251	0.270	0.095	0.057

注 1：括号内为 *P* 值，*** 代表在 1%以内显著，** 代表在 5%以内显著，* 代表在 10%以内显著。

注 2：*Gs*3＝政府补助。创新投入使用研发支出进行衡量，包括两种计算方式：分别对应 *Rdd* 和 *Rd_sale*。创新产出使用专利产出进行衡量，包括两种计算方式：分别对应 *Patent*1 和 *Patent*2。控制变量：*Soe*＝企业性质，*Age*＝企业年限，*Mb*＝企业市值账面比，*Lev*＝资产负债率，*Roe*＝净资产收益率，*Size*＝企业规模，*Tang*＝资本密集度，*Year*＝年份，*Industry*＝行业。各变量操作定义见表 4-1。

4.5 本章小结

综合以上分析，可以得出如下结论，政府扶持对于企业创新投入具有消极影响，但是对于企业创新产出有积极影响。具体表现为政府对于企业的研发补助可以促进企业的专利的产出，却不利于企业增加研发投入；政府通过科技项目立项可以促进企业增加专利产出，但是会抑制企业对于研发投入的增加。其中值得注意的是，企业专利产出的增加主要表现为实用新型专利以及外观设计专利，而非发明专利的增加。从经济价值角度来看，这种创新产出并不会带来强有力的竞争优势，只是单纯的"数量型"成果，这验证了本书对于政府扶持(科技立项与政府补助)与企业技术创新(创新投入与创新产出)之间的积极与消极影响的假设及推理。但是在企业长远发展过程中，政府扶持又是不可或缺的，因而需要一种切实有效的扶持手段加以替代。对于政府而言，在企业创新绩效的考核方面，不仅仅应该只关注企业技术创新产出的数量，更应该注重企业技术创新产出的质量。对于企业而言，应该追求高难度技术的突破，而不是只停留在技术创新的表层。

政府对企业提供扶持本质上是为了增强企业的创新能力，激励企业加大对于企业技术创新活动的投入力度与产出效益，但当前的实证结果显示却事与愿违，因此有必要深入分析政府扶持对于企业技术创新更为深层次的影响因素。尽管在政府扶持的作用下，企业的创新成果有所增加，但是这种创新成果的增加无益于企业综合实力的强盛，与国外诸多企业相比，仍有较大的差距，因此如何激励企业产出更多有价值的成果，从事实质性创新，缩小与国外企业之间的差距值得深思。此外，更为值得关注的是，在政府的参与下，企业研发投入反而有所减少，尽管本书在前面的分析过程中给出了几点较为可能的影响思路，但未来的研究应当继续深入分析并验证这些影响因素是否真实存在，以及是否存在其他影响因素，只有真正把握了关键性的影响要素，才能够让政府扶持发挥最大的效用。主流的研究都表明政府扶持可以缓和市场弊端，纠正市场失灵，让企业在正确的轨道上行进，有助于企业研发能力的提升与增强等，却忽视了政府扶持潜在的弊端，因此如何平和政府扶持与企业技术创新之间的关系需要未来更多的研究加以探讨。下面，本书对相关具体的作用路径进行深入分析，以厘清不同因素在企业技术创新投入与产出过程之中的影响。

5 政治关联影响企业技术创新的路径分析

本章主要阐释了政治关联对于企业技术创新的影响路径，即政治关联如何影响企业技术创新投入与技术创新产出机理过程，并且引入政府扶持(包括政府扶持和科技立项)作为潜在的中介变量。本章首先论述了政治关联与企业技术创新作用机制的研究对于企业的意义与价值，随后分析了政治关联与政府扶持之间的关系，基于资源基础理论，本章认为政治关联不仅有助于企业获得政府补助，也有助于企业获得科技立项。更进一步地，本章认为政府扶持中介了政治关联对于企业技术创新投入与技术创新产出的影响。最后本章通过大样本数据的获取检验了这一研究假设，并进一步进行稳健性的检验以巩固本章的研究发现。检验结果基本支持本章的研究假设，即政治关联有助于企业获得政府补助与科技立项，并且政府补助与科技立项能有效中介政治关联、企业技术创新投入和技术创新产出之间的关系。

5.1 研究问题的提出

近些年，政治与商业进行关联是否有助于提升企业的价值受到了诸多学者的关注(Boubakri 等，2012)，他们积极地从不同的研究视角加以剖析，试图揭开这种政治关联如何提升企业价值的内在机理(Sun 等，2015)，但现有研究还无法完全厘清内在具体的影响，这是因为现有政治关联对企业生产经营活动所起的作用既有积极影响，也有消极影响(Goldman 等，2009)。在本书中，政治关联作为企业获得外部创新资源的重要通道，能够为企业生产获得输入有益的资源，从表面上看会对企业创新活动产生积极的影响，这是因为企业政治关联为企业创新活动带来了创新所需的一些资源要素（蔡庆丰 等，2017；徐建中 等，2018；赵坚，2008）；但深层次地分析发现，政治关联所带来的可能还有负面影响，比如由于资源溢出所带的诅咒效应（佘明桂，范蕊和钟慧洁，2016；袁建国 等，2015b；朱益宏 等，2016），又或企业追求寻租活动而付出的寻租成本（乐菲菲 等，2017；唐书林 等，2016；佟爱琴和陈蔚，2016）。因此对于政治关联与企业技术创新投入与产出内在影响机制的研究显得尤为重要，作用路径的探索能够为企业更好地利用政治关联、为企业技术创新投入与产出输入动力提供有效的理论指导。

通常情况下，分析政治关联影响企业创新活动所产生的不同效果往往会考虑外部环境（党力 等，2015；江雅雯 等，2012），或者企业自身内部资源要素，比如资本、能力、知识、技术等相关创新要素的调节作用（朱益宏 等，2016）。因此本书同样会考虑这些外部环境或者企业自身内部要素的调节作用，但是本章更加关注政治关联影响企业技术创新（包括技术创新投入与技术创新产出）的内在机理，尤其是政治关联影响企业技术创新的内在过程。在本章中，本书认为政治关联作为一种创新资源的获取渠道，有益于企业从外部环境中获得更多的创新资源，比如研发补助、税收优惠、科技项目等。因此可以认为政治关联作为企业获得政治资源的重要通道，对于企业获取政府扶持具有十分重要的作用（Boubakri 等，2008；曾萍 等，2016）。企业具有的政治关联越多，能够关联到的政府资源就会越多，就越有可能获得更多的政府补助与科技立项，也有可能获得更多其他方面的政府扶持，进而有助于企业技术创新活动的顺利开展。

更进一步地，由于地方政府对于当地的经济发展有举足轻重的影响，政府通过行政审批、土地征用等方式直接或间接掌握了众多稀有资源（徐业坤 等，2013；周黎安，2007；周黎安和陶婧，2009），而企业可以通过与政府建立政治关联，从政府处获得更多的政策优惠、补助、奖励以及其他政府创新支持（佘明桂 等，2016；佘明桂 等，2010；佘明桂和潘红波，2008），进而支持企业的技术创新活动，因而这成为企业竞相追逐的关键创新要素。但是对于具体的获取途径方面的研究，即政治关联作用于企业某一具体的生产活动(例如本书的技术创新投入与技术创新产出)的相关研究较为匮乏。此外，企业与政府建立的政治关联也可以为企业研发活动带来更多的外部资金(Dinç，2005；Sapienza，2004)，比如那些拥有政治关联的企业可以给外部投资者一个利好信号，让这些投资者认为企业拥有较为优势的项目，或者足以产生良好经济效益的项目等，因而会吸引外部投资者积极投资，政治关联间接为企业带来了外部研发资金的支持，而这又进一步增强了企业从事技术创新的动力。总之，研究政治关联作用于企业技术创新投入和产出的具体作用路径，能够帮助企业更好地利用政治关联所带来的各类政治资源；审慎看待政治关联对于企业技术创新的影响，能够更为全面地认识到应当如何把握政治关联的“双刃剑”效应。

5.2 理论分析与研究假设

5.2.1 政治关联与政府补助的关系

政治关联作为企业资源获取渠道，可以提高企业的价值(Fisman，2001)，也可以为企业带来税收减免。比如，在企业税收负担较重的省份，拥有政治关联的企业可以比不具有政治关联的企业获得更低的适用税率和实际所得税，这间接让企业获得了政府的补助(吴文锋 等，2009)，这种税收的返还使得企业有更多的资金用于技术创新活动。又如拥有政治关联的企业往往比那些不具有政治关联的企业更容易获得外部投资者的关注，进而获得更多的创新资本(尚洪涛和黄晓硕，2018；伍健 等，2018)，这也间接帮助企业缓和了企业研发所需的资本投入，而企业拥有这些资源可以更好地从事创新活动，有机会产出更多的创新成果，政府在考核企业创新成效时往往以创新成果为评价指标，当企业获得富有成效的成果时，政府往往更加倾向于持续对企业进行扶持，以激励企业持续深入地从事研发创新活动(Dinç，2005；邝国良，王霞霞和龚玉策，2007；齐欣和王策，2015）。因此，本书认为政治关联作为一种利好的信号，能够为企业获得更多的政治资源、社会资源提供有效的保障，有助于企业获得更多的政府补助，而这些资源的获取能够在很大程度上缓解企业技术创新所需付出的资金压力以及资本压力，同时也能够为企业吸引更多社会上的资本，为企业技术创新注入更多活跃的社会资本。

拥有政治关联的企业不仅可以获得政府的直接补助或者享受政治关联带来的间接补助，还可以在企业经营状况不佳、面临困境时，更容易获得政府的救济（Faccio 等，2006）。例如，在 2020 年，政府出台了系列的降息、降准、再贴现、再贷款等税收优惠政策，那些受疫情影响严重的企业，往往都可以获得这些补贴。此外，还有学者发现，拥有政治关联的企业比那些不具有政治关联的企业有更多的机会获得政府采购的订单（曾萍 等，2016），进而让企业拥有更多的资金可用于企业创新活动，也可以视为企业的政治关联为企业获得更多的政府补助提供了先发优势。总之，无论企业通过何种类型的政治关系获取政府相关的补助，都属于企业的政治关联所起的作用，基于企业高管政治关联为企业获得了一批可观的资金补贴。综上所述，本书提出以下假设。

假设 5a. 政治关联对获得政府补助具有积极影响。

5.2.2 政治关联与科技立项的关系

信息上的不对称，使得那些拥有政治关联的企业，在获得政府项目上占据了领先优势，可以具有更大的优势与机会获得政府的科技项目，进而获得政府在这一方面的补助与支持。有政治关联的企业可以在获取科技项目具有较多的优势。

此外，政府发布各种科技项目计划可以吸引诸多企业竞相追逐，有益于盘活社会资源。在那些重大科技项目上，比如 973 计划、863 计划、国家科技支撑计划等（杜元伟，2011），由于信息的不对称，使得政府在认定并资助相关项目时十分谨慎，并往往会经过严格的审查（柳剑平，郑绪涛和喻美辞，2005；于蔚 等，2012），而那些具有政治关联的企业，往往因为掌握的信息更加全面而准备得更加充分，使得政府在综合评估之后，更愿意将科技项目给予这些企业。总而言之，拥有政治关联的企业，在获得政府科技项目时更具有获取优势。综上所述，本书提出以下假设。

假设5b. 政治关联对获得政府科技项目立项具有积极影响。

5.2.3 政治关联、政府扶持、企业技术创新三者的关系

企业高管寻求政治关联是为了从政府处获得更多的创新资源，而企业高管通常能够决定企业未来的战略布局，尤其是企业技术创新的方向。政治关联作为企业获取政治资源的重要来源（Boubakri 等，2008），深刻影响着企业的战略决策（袁建国 等，2015b），因此，企业高管为了实现企业的战略目标（比如创新），往往会通过自身的外部网络获得创新资源（罗明新 等，2013），这种外部创新网络的达高性便是一种政治关联的表现。考虑到每一位企业高管在做出战略决策时对企业技术创新的重视程度不同，由此导致创新资源分配的比重也不尽相同，最终使得企业产生的创新绩效也不相同（王维 等，2014b）。通常而言，企业对于技术创新的投入越高，企业的技术创新成效也会越高。例如华为企业对于研发创新的投入资金每年都占据总收入的10%以上，强有力的资金支持使得华为技术创新在业界首屈一指。此外，资源的分配过程中所使用的管理手段与战略选择势必会涉及高管自身的外部创新网络，因此如果企业高管倾向于强化企业的技术创新，那么这些高管便会使用这些创新网络来获得相关创新资源以支持企业的创新活动。简言之，在对政府的一系列公关活动中，企业与政府建立的政治关系能够有效帮助企业降低信息的不对称性，进而帮助企业更有效地获取政府的各类扶持，从而对企业技术创新活动输入有效的资本支持。

政治关联作为创新网络的一种表现形式，可以帮助企业获得更多的研发资金与政府支持。政府扶持是企业解决研发资金的一个重要渠道（Faccio 等，2006；吴文锋 等，2009），在政治资源和企业技术创新之间起到桥梁的作用。企业要增强自身创新能力、加大研发投入的过

程需要高管的战略把控与协调，而没有充沛的研发资金支持难以有效维持企业持久的创新活动(罗明新 等,2013)。由此可以看出政府扶持在政治关联与企业技术创新之间起到一种微妙的作用，并且现有研究发现，面向企业的创新资源，比如创新活动所需的资金，在社会资本与企业技术创新之间起到连接作用(Kaasa, 2009)，因此企业获得的政府研发补助在这一过程中起到了价值传递作用。因此，当企业拥有政治关联时，往往可以更好地从政府处获得扶持与支持，从而有助于企业技术创新活动的开展。此外，政府扶持减少了企业的现金流出，增强了企业募集资金的能力(李维安 等,2016)，增加了企业对于技术创新的支出，从而提高企业技术创新绩效。政府扶持能够在企业政治关联与企业技术创新之间起到良好的桥梁作用。综上所述，本书提出以下假设。

假设 6. 政府扶持在政治关联与企业技术创新绩效之间起到中介作用。

5.3 实证研究设计

5.3.1 数据来源与样本选取

5.3.1.1 政治关联数据与样本选取

结合文献综述，本书参考了 Fisman 和 Wang (2013)、贾明和张喆(2010)和余明桂等 (2010)等关于政治关联的测量方式，采用了虚拟变量法这种主流的测量方式来度量本书中的政治关联。本书选取了 2008—2015 年所有在我国沪深上市的企业作为初始样本，同时按照如下标准筛选：①剔除当年退市或 ST 的企业，即金融、房地产企业；②剔除样本期间内企业实际税率大于 1 或小于 0 的企业。高管背景样本通过手工整理涉及 13 601 个企业年度观测值，在剔除缺失财务数据后，最终样本涉及 12 711 个上市企业年度观测值。结合本书对政治关联的定义，本书采取了如下测量方式：使用 CSMAR 上市企业的高管人物特征数据库的高管履历，同时使用万得数据库(WIND)、锐思数据库(RESSET)加以辅助，对于其中高管背景资料缺失或者披露不详的，则使用巨潮资讯的年度报告高管任职履历进行补充，从企业年报的高管信息一栏手工整理了企业是否具有政治关联的信息。企业政治关联为虚拟变量，用于衡量上市企业高管（董事长或总经理）是否为前任或现任政府官员、人大代表、政协委员等，因而将政治关联分解为官员型政治关联和代表型政治关联，如果企业高管曾在政府部门工作，则为官员型政治关联，取值为1，否则为0。同理，如果企业高管曾为人大代表或者政协委员，则为代表型政治关联，取值为1，否则为0(乐菲菲 等，2017；李诗田和邱伟年，2015)。

5.3.1.2 政府扶持数据与样本选取

政府补助的数据均来自手工整理搜集的2008—2015年上市企业年报中政府补助金额，本书参照陈维等(2015)对政府扶持政策的测量方式，将政府补助设立为三个解释变量：一是下一年度的实际所得税率(Gs1)，二是下一年度的营业税率(Gs2)，三是下一年度的政府补助(Gs3)，其中实际所得税率为当期所得税费用减去递延所得税费用之差除以应税收益，营业税率为营业税金除以营业收入，政府补助为政府补助金额除以营业收入。同样地，在本书中Gs2作为政府补助的主要测量方式，而Gs1与Gs3作为稳健性检验过程中政府补助的替换变量使用。另外，鲜有学者对科技立项进行过一个细致的测量，本书借鉴张振刚和薛捷(2004)对科技立项的划分，将科技立项分为企业从政府部门取得的科技项目，包括国家级、省级和市级科技项目，分别赋予不同量级(3、2、1)，用来衡量企业的科技资源获取水平，并且手工搜集2008—2015年上市企业年报，参考杜元伟(2011)对重大科研项目的定义，本书将我国863计划、973计划、国家科技基础条件平台建设、国家科技支撑计划、国家自然科学基金重大项目等获得了国家持续稳定财政支持并以提供公共科技产品为目的的国家科技主体计划，都归为国家立项，其余则按照省级和市级项目自行搜索，分别赋值3、2、1的权重，加权求和后用以衡量企业的企业科技项目获取水平。

5.3.1.3 技术创新数据与样本选取

如前所述，本书中的企业技术创新主要包括技术创新投入与技术创新产出。技术创新投入主要指企业的研发投入，本书采用比值法来衡量企业技术创新投入；技术创新产出主要指企业的专利产出，本书采用企业专利的数量来衡量企业技术创新产出。本书借鉴权小锋和吴世农（2010）关于企业创新行为的测度，采取与本书技术创新定义一致的研发投入与专利产出来衡量企业技术创新。对于企业研发投入的测量，本书以研发支出占初期总资产的比重（Adhikari 和 Agrawal, 2016；黄庆华 等，2017；刘放 等，2016；潘越 等，2009；袁建国 等，2015b）以及研发支出占营业收入的比重（Adhikari 和 Agrawal, 2016；Jung 等，2008；苟燕楠和董静，2014；康志勇，2013；刘放 等，2016；罗明新 等，2013；潘越 等，2009；水会莉 等，2015）为度量。对于企业创新产出的测量，主要以企业专利数据为度量，专利数据主要来源于国家知识产权局网站，本书对其进行手工收集并整理了 2008—2015 年的数据。并且在搜集完成之后，进行了校对以确保数据搜集的完整性与准确性。本书认为采用多种方式全面地衡量企业技术创新能够较为完整地呈现企业真实的技术创新现状。

5.3.2 变量定义

综上所述，其余所有相关的控制变量，包括企业规模、资产负债率、资产收益率、企业性质、企业市值账面比、企业年限、资本密集度以及行业，所有的测量方式均来自已有研究文献中，并基于本书的研究情景进行了适当的修改以契合本书的研究场景，相关定义及描述内容具体如表 5-1 所示。由于上述研究已经对此进行了细述，在此不做赘述。

表 5-1　　政治关联、政府扶持与企业技术创新的变量定义

变量类型	变量名称	变量符号	变量描述
被解释变量(*Y*)	创新投入：研发支出	*Rdd*	企业年度研发支出占期初总资产的比重
		Rd_sale	企业年研发支出占期初营业收入的比重
	创新产出：专利产出	*Patent*1	发明专利、实用新型专利和外观设计专利总申请数加 1 的自然对数
		*Patent*2	用 3 种专利加权总数加 1 的自然对数表示，3 种专利的权重按照 3∶2∶1

(续表)

变量类型	变量名称	变量符号	变量描述
中介变量（M）	政府扶持：科技立项	Lx	企业从政府部门获取的立项，包括国家、省级和市级科技立项，分别赋予3、2、1权重后求和
	政府扶持：政府补助	$Gs1$	下一年度的实际所得税率
		$Gs2$	下一年度的营业税率，营业税金及附加除以营业收入
		$Gs3$	下一年度的政府补助
解释变量（X）	政治关联	$Pili$	上市企业的董事长或者总经理二者任其一，是否现任或者曾任县级以上人民政府机构工作人员 上市企业的董事长或者总经理二者任其一，是否现任或者曾任县级以上人大代表或者政协委员 符合上述条件的，"1"表示政治关联；"0"表示不具备政治关联
控制变量（$Control$）	企业规模	$Size$	企业资产总额自然对数表示
	资产负债率	Lev	期末负债面值/期末资产面值
	资产收益率	Roe	净利润/期末资产面值
	企业市值账面比	Mb	用企业期末市值与总资产的账面比重表示
	企业年限	Age	企业成立年限。用企业创立期到样本期的年限表示
	企业性质	Soe	企业性质
	资本密集度	$Tang$	固定资产/主营业收入
	行业	$Industry$	控制行业因素
	年份	$Year$	控制年份因素

5.3.3 研究模型

政治关联、政府扶持（包括政府补助与科技立项）与企业技术创新（包括企业技术创新投入与技术创新产出）之间的关系图如图5-1所示。此外，根据前文理论分析，本章将检验政治扶持的中介效应，即政治关联通过政府补助与科技立项影响企业技术创新投入与技术创新产出的中介效应，并按照如下计算公式进行计算，其中（模型2）用于计算政治关联与政府扶持之间的关系，(模型 4)用于检验政府扶持的中介效应：

$$M = C + \beta_{21} \times Pili + \beta_{22} \times Control + \mu_2 \quad \text{(模型 2)}$$

$$Y = C + \beta_{41} \times Pili + \beta_{42} \times M + \beta_{43} \times Control + \mu_4 \quad \text{(模型 4)}$$

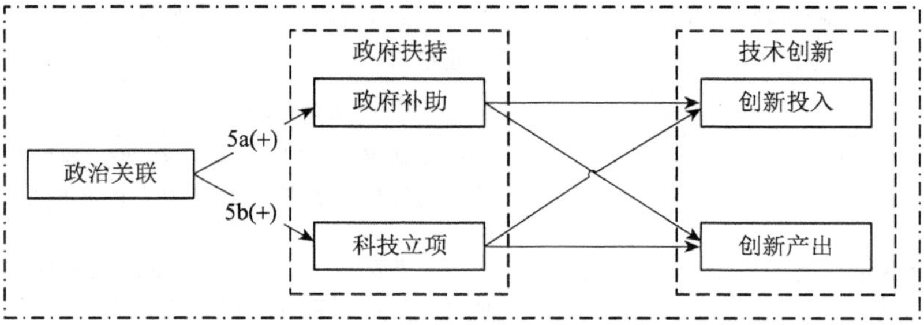

图 5-1　政治关联影响企业技术创新的路径

在检验中介效应时，本书利用温忠麟等（2004)在 Sobel（1982)基础上构造的中介效应检验程序，能够在达到较高统计功效基础上控制第一类和第二类错误概率，检验程序如图 5-2 所示。另外，中介效应由 $\beta_{21} \times \beta_{42}$ 来衡量，与标准正态分布有所不同，在 5%显著水平上 Sobel 检验统计量的临界值为 0.97 左右(MacKinnon 等，2002)。

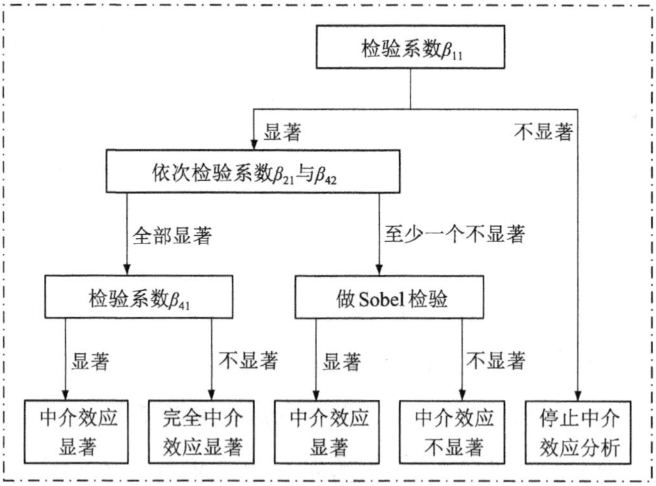

图 5-2　中介效应检验

此外,需要注意的是,本书此处的 Y 还是应该分开为 Y_1 与 Y_2 进行计算,其中 Y_1 表示创新投入(Rdd, RD SALE);Y_2 表示创新产出(Patent1, Patent2);M 表示政府扶持,包括科技立项(Lx)和政府补助(此处为 Gs2,Gs1 与 Gs3 作为稳健性检验用于替换 Gs2)。此外,模型(2)旨在检验政治关联与政府扶持之间的关系,式(4)用于检验政府扶持的中介效应,并将政治关联作为自变量,政府扶持作为中介变量,创新投入和创新产出分别作为因变量。最后,本书还控制了企业规模、资产负债率、资产收益率等潜在的影响因素。

5.4 实证结果与分析

5.4.1 描述性统计分析

从表 5-2 中可以看出,在企业政治关联方面,政治关联的均值为 0.253,说明平均有 25.3%的企业有政治关联,可以看出所有上市企业中,拥有政治关联的企业数量占据所有企业数量的 1/4,具有较高的比例;政治关联的标准差为 0.435,说明不同企业之间差异不大,因此这些具有政治关联的企业之间的差异性不是很大。政府扶持包括政府补助和科技立项两个方面,其一为政府补助方面,企业 Gs1 均值为 0.441,标准差为 0.21,说明企业之间下一年度的实际所得税率差异不大,因此企业可以从政府处获得的税收优惠程度基本保持一致;企业 Gs2 均值为 0.016,标准差为 0.028,说明企业之间下一年度的营业税率差异不大,因此企业之间的关于营业税的优惠程度也基本保持一致;企业 Gs3 均值为 0.014,标准差为 0.032,说明企业之间下一年度的政府补助差异不大,进一步说明,企业在政府补助方面均没有明显的差异。其二为科技立项方面,企业科技立项均值为 0.715 6,标准差为 1.773 1,说明企业之间的科技立项存在一定的差异,可以说明不同的企业在获得政府科技立项方面存在较多的差距,其中可能的原因在于企业本身的实力之间的差距使得企业对于政府科技项目的可及性存在一定的差距。在企业技术创新方面，创新投入 Rdd 均值为 0.018，说明企业的研发投入平均占比为 1.8%，与此前所举华为的例子相比，大部分企业的技术创新投入还是比较低的，并且技术创新投入的标准差为 0.027，也进一步验证了企业之间差异不大，对于技术创新投入的力度均保持较小的一致性水平。Rd_sale 的均值为 0.033，标准差为 0.058，说明企业之间差异不大，这也进一步说明了企业的研发投入较为薄弱。在技术创新产出方面，企业技术创新专利 Patent1 均值为 1.4，最大值为 8.8，标准差为 1.592，说明不同企业之间差异蛮大，并且可以进一步看出，企业差距越大，这些专利数量的差距就会越高；而技术创新产出专利 Patent2 均值为 4.337，标准差为 7.3，也说明不同企业之间差异比较大。总之在技术创新产出方面，企业之间的差距较大，而在技术创新投入方面，这些企业技术创新的投入具有较高的一致性。

表 5-2　　政治关联、政府扶持与企业技术创新的描述性统计分析

变量	观测值	平均值	标准差	最小值	最大值
Pili	12 711	0.253	0.435	0	1
*Gs*1	12 711	0.441	0.21	0	0.704
*Gs*2	12 711	0.016 0	0.027 8	0	0.608
*Gs*3	12 711	0.013 6	0.032 0	0	1.241
Lx	12 711	0.715 6	1.773 1	0	32.67
Rdd	12 711	0.018 4	0.026 6	0	0.458
Rd_sale	12 711	0.033 1	0.058 3	0	1.632
*Patent*1	12 711	1.486	1.592	0	8.753
*Patent*2	12 711	4.337	7.324	0	28.167
Soe	12 711	0.426	0.495	0	1
Age	12 711	8.326	6.166	0	25
Mb	12 711	2.106	1.928	0.090 9	33.38
Lev	12 711	0.423	0.211	0.007 08	0.995

（续表）

变量	观测值	平均值	标准差	最小值	最大值
Roe	12 711	0.071 6	0.205	−16.75	0.852
Size	12 711	21.95	1.275	19.05	28.51
Tang	12 711	0.252	0.181	7.45e−05	1.018

注：政府扶持使用科技立项和政府补助进行衡量，其中 *Lx*＝科技立项，政府补助使用三种计算方式，分别对应 *Gs*1、*Gs*2 和 *Gs*3；创新投入使用研发支出进行衡量，包括两种计算方式：分别对应 *Rdd* 和 *Rd_sale*；创新产出使用专利产出进行衡量，包括两种计算方式：分别对应 *Patent*1 和 *Patent*2；因变量：*Pili*＝政治关联，控制变量：*Soe*＝企业性质，*Age*＝企业年限，*Mb*＝企业市值账面比，*Lev*＝资产负债率，*Roe*＝净资产收益率，*Size*＝企业规模，*Tang*＝资本密集度。各变量操作定义见表 5-1。

5.4.2 相关性分析

本书运用 Stata 14.2 软件对以上几个模型进行了混合截面数据多元回归分析。为了消除异常值的影响，本书在 1%的水平上对所有连续变量进行了 Winsorize 缩尾处理，并对所有变量进行了数据标准化处理。政治关联会影响政府扶持，而政府扶持又是企业创新的重要来源之一。基于此，本书进一步分析政治关联影响企业创新行为的内在机理，即政治关联是否通过政府扶持影响企业技术创新。

表 5-3 显示了企业高管政治关联与政府扶持的关系，其结果表明：政治关联对政府补助 Gs2 回归系数为 0.002，且在 1%水平上显著，由此说明了政治关联越多，企业获得的政府补助越多。企业获得政治关联的目的之一就是获得相应的政治资源，包括信息资源等，因而企业拥有越多的政治关联，也就有越多机会获得政府补助，因此支持了假设 5a。此外，表 5-3 显示了政治关联对政府科技项目立项 Lx 回归系数为 0.079，且在 10%水平上显著，说明越有政治关联的企业，其获得政府项目立项越多，因此可以说明企业建立政治关联以期在必要的时候获得更多的利益，进而验证了假设 5b。总之可以看出，企业政治关联与政府扶持（包括政府补助与科技立项）之间有着显著的相关关系。

表 5-3　　　　政治关联对政府扶持的回归分析

模型	(2)	(4)
变量	Gs2	Lx
Pili	0.002***	0.079*
	(3.19)	(1.76)
Age	0.006***	−0.015***
	(16.25)	(−3.59)
Soe	0.003***	−0.118**
	(4.37)	(−2.34)
Mb	−0.000	−0.016
	(−1.54)	(−1.37)
Lev	0.004**	0.101
	(2.33)	(0.81)
Roe	0.004*	−0.153
	(1.84)	(−1.09)
Size	0.002***	0.015
	(7.00)	(0.81)
Tang	−0.039***	0.098
	(−23.40)	(0.95)
Constant	−0.034***	0.108
	(−5.36)	(0.28)
Year	已控制	已控制
Industry	已控制	已控制
Observations	12 711	12 711
R-squared	0.117	0.079

注 1：括号内为 *P* 值，*** 代表在 1%以内显著，** 代表在 5%以内显著，* 代表在 10%以内显著。

注 2：*Lx*＝科技立项，*Gs*2＝政府补助。创新投入使用研发支出进行衡量，包括两种计算方式：分别对应 *Rdd* 和 *Rd_sale*。*Pili*＝政治关联，控制变量：*Soe*＝企业性质，*Age*＝企业年限，*Mb*＝企业市值账面比，*Lev*＝资产负债率，*Roe*＝净资产收益率，*Size*＝企业规模，*Tang*＝资本密集度，*Year*＝年份，*Industry*＝行业。各变量操作定义见表 5-1。

5.4.3 假设检验

在上述变量之间的关系均显著的前提下，为了进一步研究政府补助的中介作用，本书根据 Baron 和 Kenny(1986)检验中介效应的方法进行了多层次回归分析。表 5-4 在政治关联对企业技术创新回归分析的基础上，加入了政府补助 Gs2 进行回归。本书综合发现，政府补助(Gs2)在政治关联与创新投入中起到部分中介的作用[综合表 5-3 模型(2)和表 5-4 模型 1 与模型(2)可得]；同时政府补助(Gs2)在政治关联与创新产出中起到显著中介效应，由此说明，政府补助在政治关联与企业技术创新之间起到了中介作用，初步支持了假设 6。即可以认为，政府扶持(包括政府补助与科技立项)能够有效中介政治关联与企业技术创新(包括技术创新投入与技术创新产出)之间的关系。基于此，本书初步认为政治关联对于企业技术创新的影响可以通过政府扶持加以发挥。

表 5-4　政治关联通过政府补助(Gs2)影响企业技术创新的中介效应

模型	(1)	(2)	(3)	(4)
变量	Rd_sale	Rdd	Patent1	Patent2
Gs2	−0.214***	−0.161***	13.470***	1.42*
	(−14.27)	(−20.13)	(18.28)	(1.77)
Pili	−0.008***	−0.002***	2.291*	5.965***
	(−8.00)	(−3.84)	(1.73)	(2.80)
Soe	−0.010***	−0.003***	−0.192***	−5.999**
	(−10.10)	(−5.42)	(−5.19)	(−2.26)
Age	−0.001***	−0.000711***	−0.050***	−0.208
	(−9.28*e*−05)	(−4.65*e*−05)	(−16.67)	(−14.96)
Mb	0.007***	0.003***	−0.014*	0.943***
	(8.41)	(9.43)	(−1.75)	(4.27)
Lev	−0.050***	−0.014***	−0.585***	−18.610***
	(−12.5)	(−7.00)	(−5.97)	(−3.29)

（续表）

模型	(1)	(2)	(3)	(4)
变量	Rd_sale	Rdd	Patent1	Patent2
Roe	−0.013**	0.007***	0.428***	1.377
	(−2.17)	(3.50)	(4.16)	(0.33)
Size	0.005***	0.002***	0.313***	17.320***
	(9.12)	(7.63)	(14.90)	(6.77)
Tang	−0.053***	−0.027***	−0.693***	−10.370*
	(−17.67)	(−27.00)	(−7.22)	(−1.70)
Constant	−0.025**	0.001	−4.203***	−357.500***
	(−1.92)	(0.17)	(−9.60)	(−6.63)
Year	已控制	已控制	已控制	已控制
Industry	已控制	已控制	已控制	已控制
Observations	12 711	12 711	12 711	12 711
R-squared	0.208	0.208	0.120	0.053
中介效应	显著	显著	显著	显著
中介效应/总效应	32.2%	6.1%	84.7%	1.98%

注 1：括号内为 *P* 值，*** 代表在 1%以内显著，** 代表在 5%以内显著，* 代表在 10%以内显著。

注 2：*Gs*2＝政府补助，*Pili*＝政治关联。创新投入使用研发支出进行衡量，包括两种计算方式：分别对应 *Rdd* 和 *Rd_sale*。创新产出使用专利产出进行衡量，包括两种计算方式：分别对应 *Patent*1 和 *Patent*2，控制变量：*Soe*＝企业性质，*Age*＝企业年限，*Mb*＝企业市值账面比，*Lev*＝资产负债率，*Roe*＝净资产收益率，*Size*＝企业规模，*Tang*＝资本密集度，*Year*＝年份，*Industry*＝行业。各变量操作定义见表 5-1。

更进一步地，在表 5-5 中，本书发现政治关联通过政府项目立项(Lx)影响企业技术创新的中介效应显著，具体表现为：政治关联对企业创新投入的正向影响显著，并且科技立项对企业创新投入的正向影响显著[表 5-5 中模型(1)与模型(2)]，并结合表 5-3 模型(4)，说明科技立项在政治关联与企业创新投入之间起到部分中介的作用。同时，结合表 5-3 模型(4)和表 5-5 模型(3)、模型(4)，说明科技立项在政治关联与企业创新产出之间起到部分中介的作用。总之，科技立项在政治关联与企业创新产出之间起到中介作用，这又进一步支持了假设 6。综合两次检验，本书认为政府扶持（包括政府补助与科技立项）在政治关联与企业技术创新绩效（包括创新投入与创新产出）之间起到中介作用，从而支持假设 6。综合以上分析可以认为，尽管这种中介效应并非完全的中介作用，但是在某种程度上可以分担部分政治关联对企业技术创新的影响，因此企业在实际应用政治关联所带来的系列好处时，要充分考虑政府扶持在其中的影响。

表 5-5　　政治关联通过科技立项影响企业技术创新的中介效应

模型	(1)	(2)	(3)	(4)
变量	Rd_sale	Rdd	Patent1	Patent2
Pili	−0.008***	−0.002***	2.141*	5.875***
	(−8.00)	(−3.80)	(1.76)	(2.74)
Lx	0.002***	0.000 876***	0.057***	0.863***
	(7.10)	(7.42)	(6.33)	(3.10)
Soe	−0.010***	−0.003***	−0.193***	−6.331**
	(−10.00)	(−5.30)	(−5.08)	(−2.31)
Age	−0.001***	−0.000 831***	−0.060***	−0.233**
	(−9.01*e*−05)	(−4.62*e*−05)	(−19.93)	(−2.10)
Mb	0.007***	0.003***	−0.012	0.949***
	(8.42)	(9.43)	(−1.50)	(4.35)
Lev	−0.050***	−0.014***	−0.616***	−18.970***
	(−12.5)	(−7.00)	(−6.35)	(−3.40)
Roe	−0.014**	0.006***	0.335***	0.600
	(−2.33)	(3.00)	(3.42)	(3.993)
Size	0.004***	0.001***	0.271***	17.320***
	(7.27)	(3.76)	(13.55)	(6.61)
Tang	−0.046***	−0.022***	−0.233**	−9.003*
	(−15.33)	(−22.00)	(−2.56)	(−1.91)

（续表）

模型	(1)	(2)	(3)	(4)
变量	Rd_sale	Rdd	Patent1	Patent2
Constant	−0.014	0.009	−3.562***	−356.900***
	(−1.08)	(1.50)	(−8.38)	(−6.50)
Year	已控制	已控制	已控制	已控制
Industry	已控制	已控制	已控制	已控制
Observations	12 711	12 711	12 711	12 711
R-squared	0.205	0.193	0.086	0.053
中介效应	显著	显著	显著	显著
中介效应/总效应	6.92%	7.2%	16.5%	1.7%

注1：括号内为 *P* 值，*** 代表在1%以内显著，** 代表在5%以内显著，* 代表在10%以内显著。

注2：*Lx*＝科技立项，*Pili*＝政治关联。创新投入使用研发支出进行衡量，包括两种计算方式：分别对应 *Rdd* 和 *Rd_sale*。创新产出使用专利产出进行衡量，包括两种计算方式：分别对应 *Patent*1 和 *Patent*2，控制变量：*Soe*＝企业性质，*Age*＝企业年限，*Mb*＝企业市值账面比，*Lev*＝资产负债率，*Roe*＝净资产收益率，*Size*＝企业规模，*Tang*＝资本密集度，*Year*＝年份，*Industry*＝行业。各变量操作定义见表5-1。

综合来看，基于中介效应的计量检验清晰地揭示出，企业政治关联影响企业技术创新绩效过程中存在着"政治关联—政府扶持—技术创新"环节，以政府补助（Gs2）和政府科技项目立项为中介变量的中介效应显著，表明政府补助及科技立项对于政治关联企业影响其创新投入和创新产出的传导机制发挥着重要的作用。总之，本书初步得出政治关联影响政府扶持（包括政府补助与科技立项），进而影响企业技术创新（包括技术创新投入与技术创新产出）的作用路径。为了进一步验证本书的研究结果的可靠程度，本书进一步对上述研究成果进行了稳健性的检验，具体检验分析及检验结果将在下一小节中进行详细阐述。

5.4.4　稳健性检验

参照陈维等（2015）对于政府扶持的测量，本书进一步将 Gs1（下一年实际所得税率，分子为当期所得税费用减去递延所得税费用，分母为经调整的应税收益，即税前会计收益＋除坏账准备外的 7 项减值准备当年变化额－投资收益＋受到的现金股利＋收到的现金债券利息）和 Gs3（下一年政府补助，政府补助除以营业收入）作为政府补助的稳健性检验。基于模型（1），在此前检验分析的基础上，参照中介效应检验步骤，本书做了如下回归，从表 5-6 的结果中可以看出，由于 a 或 b 的系数检验存在不显著的现象，这一检验结果需要进一步做 Sobel 检验加以分析。

表 5-6　　　　政治关联对政府扶持回归分析

模型	(1)	(2)
变量	Gs1	Gs3
Pili	0.062	0.001
	(0.20)	(0.68)
Age	−0.141	−0.001***
	(−0.84)	(−3.49)
Soe	0.482	0.001**
	(1.20)	(2.52)
Mb	−0.187	0.001***
	(−1.18)	(2.97)
Lev	0.302	−0.009***
	(0.53)	(−4.22)
Roe	−0.073	−0.011
	(−0.13)	(−1.40)
Size	−0.096	−0.001**
	(−1.23)	(−2.29)
Tang	−0.089	0.005**
	(−0.43)	(2.24)
Constant	2.892	0.029***
	(1.57)	(5.14)

（续表）

模型	(1)	(2)
变量	Gs1	Gs3
Year	已控制	已控制
Industry	已控制	已控制
Observations	12 711	12 711
R-squared	0.001	0.024

注 1：括号内为 *P* 值，*** 代表在 1%以内显著，** 代表在 5%以内显著，* 代表在 10%以内显著。

注 2：*Pili*＝政治关联，*Gs*1 和 *Gs*3 为政府补助。控制变量：*Soe*＝企业性质，*Age*＝企业年限，*Mb*＝企业市值账面比，*Lev*＝资产负债率，*Roe*＝净资产收益率，*Size*＝企业规模，*Tang*＝资本密集度，*Year*＝年份，*Industry*＝行业。各变量操作定义见表 5-1。

按照中介效应检验步骤，本书进一步做了 Sobel 检验，如表 5-7 和表 5-8 所示。其中，表 5-7 在政治关联对技术创新绩效回归基础上，加入了政府补助 Gs1 进行回归。从表 5-7 中可以发现，进一步通过 Sobel 检验，政府补助 Gs1 在政治关联对创新投入（Rdd）和创新产出（Patent2）影响过程中中介效应显著。因此可以看出，政府补助在政治关联与企业技术创新之间起到中介作用，即政治关联可以通过政府扶持影响企业技术创新投入与技术创新产出。随后本书进一步更换了 Gs1 的计算指标，将其更换为 Gs3，并按照上述检验流程与方式，再次分析了政府补助在政治关联与企业技术创新投入与产出之间的关系。

表 5-7　政治关联通过政府补助（Gs1）影响企业技术创新的中介效应

模型	(1)	(2)	(3)	(4)
变量	Rd_sale	Rdd	Patent1	Patent2
*Gs*1	3.16E−05	1.46E−05	0.004*	0.044
	(7.01E−05)	(3.13E−05)	(2.00)	(0.44)
Pili	−0.008***	−0.002***	0.040	5.932***
	(−8.00)	(−3.43)	(1.11)	(3.21)
Soe	−0.010***	−0.003***	−0.212***	−6.057***
	(−10.00)	(−4.97)	(−5.73)	(−3.16)

（续表）

模型	(1)	(2)	(3)	(4)
变量	Rd_sale	Rdd	Patent1	Patent2
Age	−0.001***	−0.000 828***	−0.059***	−0.236
	(−8.93)	(−4.99E−05)	(−19.67)	(−1.49)
Mb	0.007***	0.003***	−0.012	0.948**
	(20.90)	(20.00)	(−1.33)	(1.99)
Lev	−0.051***	−0.014***	−0.634***	−18.770***
	(−12.75)	(−7.00)	(−6.47)	(−3.72)
Roe	−0.015***	0.005***	0.311***	−1.094
	(−3.75)	(2.50)	(2.73)	(−5.888)
Size	0.004***	0.001 15***	0.278***	17.230***
	(7.08)	(4.55)	(17.38)	(21.53)
Tang	−0.046***	−0.022***	−0.229**	−9.067*
	(−15.33)	(−22.00)	(−2.52)	(−1.94)
Constant	−0.016	0.008	−3.637***	−355.900***
	(−1.33)	(1.60)	(−11.12)	(−21.15)
Year	已控制	已控制	已控制	已控制
Industry	已控制	已控制	已控制	已控制
Observations	12 711	12 711	12 711	12 711
R-squared	0.201	0.189	0.081	0.053
Sobel 检验	Z=0.91 |z|<0.97	Z=−2.487 |z|>0.97	Z=0.41 |z|<0.97	Z=−2.02 |z|>0.97
中介效应	不显著	显著	不显著	显著
中介效应/总效应		62.3%		

注 1：括号内为 *P* 值，*** 代表在 1%以内显著，** 代表在 5%以内显著，* 代表在 10%以内显著。

注 2：*Gs*1=政府补助，*Pili*=政治关联。创新投入使用研发支出进行衡量，包括两种计算方式：分别对应 *Rdd* 和 *Rd_sale*。创新产出使用专利产出进行衡量，包括两种计算方式：分别对应 *Patent*1 和 *Patent*2。控制变量：*Soe*=企业性质，*Age*=企业年限，*Mb*=企业市值账面比，*Lev*=资产负债率，*Roe*=净资产收益率，*Size*=企业规模，*Tang*=资本密集度，*Year*=年份，*Industry*=行业。各变量操作定义见表 5-1。

从表 5-8 的检验结果中可以看出，结合 Sobel 检验的分析结果，本书发现政府补助 Gs3 在政治关联对创新投入（Rdd）和创新产出（Patent2）影响过程中中介效应显著，因此可以看出政府补助在政治关联与企业技术创新投入与技术创新产出之间起到中介作用。综合以上分析，可以认为政府扶持在政治关联与企业技术创新之间起到中介作用，由此支持了本书的假设 6。因此，本书认为政府补助能够在政治关联与企业技术创新投入与技术创新产出之间起到中介作用，即政治关联可以通过政府扶持间接对企业技术创新投入与技术创新产出起到影响。

表 5-8　政治关联通过政府补助（Gs3）影响企业技术创新的中介效应

模型	(1)	(2)	(3)	(4)
变量	Rd_sale	Rdd	Patent1	Patent2
Gs3	0.485***	0.134***	2.643***	79.550***
	(25.53)	(14.89)	(4.81)	(2.81)
Pili	−0.007***	−0.001 97***	0.045	6.091***
	(−7.00)	(−3.42)	(1.25)	(2.29)
Soe	−0.011***	−0.004***	−0.215***	−6.159***
	(−11.00)	(−6.69)	(−5.81)	(−3.22)
Age	−0.001***	−0.000 804***	−0.059***	−0.221
	(−9.26)	(−4.93E−05)	(−19.67)	(−1.39)
Mb	0.007***	0.003***	−0.014	0.884*
	(21.47)	(20.27)	(−1.56)	(1.86)
Lev	−0.043***	−0.012***	−0.592***	−17.550***
	(−14.33)	(−6.00)	(−6.04)	(−3.47)
Roe	−0.011***	0.006***	0.330***	1.731
	(−2.75)	(3.00)	(2.89)	(0.29)
Size	0.004***	0.001***	0.279***	17.280***
	(7.29)	(4.00)	(17.4)	(21.60)

（续表）

模型	(1)	(2)	(3)	(4)
变量	Rd_sale	Rdd	Patent1	Patent2
Tang	−0.047***	−0.022***	−0.237***	−9.311**
	(−15.67)	(−22.00)	(−2.60)	(−1.98)
Constant	−0.033***	0.003	−3.725***	−358.700***
	(−2.75)	(0.60)	(−11.39)	(−21.29)
Year	已控制	已控制	已控制	已控制
Industry	已控制	已控制	已控制	已控制
Observations	12 711	12 711	12 711	12 711
R-squared	0.201	0.189	0.081	0.053
Sobel 检验	Z=0.42 |z|<0.97	Z=−2.91 |z|>0.97	Z=0.41 |z|<0.97	Z=−2.87 |z|>0.97
中介效应	不显著	显著	不显著	显著
中介效应/总效应		6.9%		0.1%

注 1：括号内为 *P* 值，*** 代表在 1%以内显著，** 代表在 5%以内显著，* 代表在 10%以内显著。

注 2：*Gs*3=政府补助，*Pili*=政治关联。创新投入使用研发支出进行衡量，包括两种计算方式：分别对应 *Rdd* 和 *Rd_sale*。创新产出使用专利产出进行衡量，包括两种计算方式：分别对应 *Patent*1 和 *Patent*2。控制变量：*Soe*=企业性质，*Age*=企业年限，*Mb*=企业市值账面比，*Lev*=资产负债率，*Roe*=净资产收益率，*Size*=企业规模，*Tang*=资本密集度，*Year*=年份，*Industry*=行业。各变量操作定义见表 5-1。

5.5 基于高科技行业样本的中介检验

与其他行业不同，高科技企业是指那些持续进行研究开发与技术成果转化，形成企业核心自主知识产权，并以此为基础开展经营活动，在中国境内注册一年以上的居民企业，其通常是知识密集、技术密集的经济实体。而高科技行业普遍面临更为激烈的竞争环境，企业为了能够在这些竞争环境中得以生存、脱颖而出，往往会从事技术创新活动。不仅如此，高科技企业之间的技术创新现象同比其他行业/产业更为显著，这一类企业的技术创新或许更为凸显。本书基于高科技的定义和特点，严格筛选了样本，单独将本次样本中的高科技行业作为独立样本，进一步验证政治关联、政府补助和企业技术创新之间的关系。期望以高科技企业为研究对象，检验高科技企业的政治关联是否会通过政府补助影响企业技术创新。

5.5.1 数据来源及样本筛选

本书以沪深两市 A 股 2008—2015 年 7 984 家高科技行业上市公司为初选样本经过匹配之后得出 4 940 个年度观测值。结合上述内容，以及本书最初整理的有关企业技术创新相关的测量方式，本书从创新的不同视角将企业研发投入、无形资产与专利作为替代指标衡量企业创新与投入与产出。根据权小锋和吴世农（2010）对于企业技术创新的考察，本书从创新投入与产出的角度来共同考察企业的技术创新绩效，创新投入以企业年度研发支出占期初总资产的比重(Rdd)和企业年研发支出占期初营业收入的比重(Rd_sale)的指标来衡量以及创新产出以发明专利、实用新型专利和外观设计专利总申请数加 1 的自然对数(Patent1)和用 3 种专利加权总数加 1 的自然对数表示，3 种专利的权重按照 3∶2∶1 指标来衡量。

本书之所以没有单独用专利来考察企业技术创新，主要是因为它存在一些缺点：①中国企业通常采取先模仿再创新的“逆向工程”进行创新。②企业创新水平难以通过专利体现。③当前知识产权保护制度不完善，将核心创新成果申请专利会带来极大的技术泄露风险。④企业专利申请多为外观设计与实用新型专利，发明专利的数量过少，难以真实反映企业自主创新水平。因此，本书从创新投入和创新产出两个维度来考察企业的技术创新。此外，考虑到会计准则规定自 2007 年起上市公司对研究与开发费用的费用化与资本化部分分开披露，本书选择 2008—2015 年作为样本年度区间。

本书所用财务数据来源于 CSMAR 数据库，并按照如下程序筛选样本：①剔除相关数据缺失的样本；②对所有连续变量进行 1%水平上的缩尾处理以消除极端值的影响；③检验中使用随机效应规避数据潜在的异方差问题；④对于不确定的数据，通过公司年报、RESSET 交叉核对，确保数据的真实可靠。最后得到 2008—2015 年 4 940 个观测样本。综合以上分析，本书认为本书的数据采集过程较为严谨，能够最大程度上反映出高科技企业的技术创新水平，由此捕获的研究成果也具有较高的可信度。

5.5.2 描述性统计分析

表 5-9 报告了所有变量的描述性统计特征，其中所有连续变量均在 1%的水平上进行了缩尾处理。Rdd 是对企业研发强度的衡量，其均值与中位数分别是 0.03 和 0.023 4，表明 2008—2015 年所有高科技行业的企业研发投入占营业收入的均值为 3%，而不同企业之间存在一定差异，可以认为这些高科技企业的技术创新投入之间存在较大的差距，并且从规模来看，不同规模的高科技企业的技术创新投入之间存在较大的差距。Pili 表示企业是否有政治关联，其均值为 0.27，其标准差是 0.44，说明不同企业之间存在一定差异，也可以看出这些高科技企业的政治关联并不具有一致性，这为本书进一步分析政治关联影响政府补助进而影响企业技术创新提供了潜在的可能性。

表 5-9 高科技行业政治关联、政府扶持与企业技术创新的描述性统计分析

变量	观测值	平均值	标准差	最小值	中间值	最大值
Pili	4 940	0.27	0.44	0	0	1
*Gs*1	4 940	0.39	5.61	−21.304 8	0.215 824 2	387.709 9
*Gs*2	4 940	0.01	0.01	−0.008 901 7	0.006 481 2	0.132 297 1
*Gs*3	4 940	0.02	0.03	0	0.008 499 4	0.730 714 4
Lx	4 940	0.72	1.77	0	0	32.666 67
Rdd	4 940	0.03	0.03	0	0.023 353 2	0.458 261 2
Rd_sale	4 940	0.06	0.08	0	0.0 399 345	1.631 709

（续表）

变量	观测值	平均值	标准差	最小值	中间值	最大值
*Patent*1	4 940	2.16	1.46	0	2.197 225	8.200 014
*Patent*2	4 940	10.81	47.46	0	3.166 667	1 369.167
Lev	4 940	0.36	0.20	0.011 054	0.338 834	0.952 604
Roe	4 940	0.08	0.10	−3.242 018	0.074 205	0.852363
Size	4 940	21.53	0.99	19.230 61	21.401 57	26.960 87
Tang	4 940	0.23	0.14	0.0012077	0.2 042 487	0.8309051
Mb	4 940	2.55	2.10	0.112 823	1.979 888	31.423 17

注：*Pili*＝政治关联。政府扶持使用科技立项和政府补助进行衡量，其中 *Lx*＝科技立项，政府补助使用三种计算方式，分别对应 *Gs*1、*Gs*2 和 *Gs*3。创新投入使用研发支出进行衡量，包括两种计算方式：分别对应 *Rdd* 和 *Rd_sale*。创新产出使用专利产出进行衡量，包括两种计算方式：分别对应 *Patent*1 和 *Patent*2。控制变量：*Mb*＝企业市值账面比，*Lev*＝资产负债率，*Roe*＝净资产收益率，*Size*＝企业规模，*Tang*＝资本密集度。各变量操作定义见表 5-1。

5.5.3 假设检验

本书依旧采用 Baron 和 Kenny(1986)检验中介效应的方法进行多层次回归分析。首先，从表 5-10 中可以看出高科技行业下的企业政治关联与企业创新投入与产出之间的关系均为显著相关，并且表现为政治关联负向影响企业的创新投入，正向影响企业的创新产出。由此可以看出，在高科技行业中，政治关联也对企业技术创新投入产生显著的负面影响，而对企业技术创新产出显著的积极影响，这一分析结果与之前的分析结果保持一致。

表 5-10　高科技企业政治关联对企业技术创新的回归分析

模型	(1)	(2)	(3)	(4)
变量	Rdd	Rd_sale	Patent1	Patent2
Pili	−0.001*	−0.008***	0.095**	7.669***
	(−1.81)	(−4.26)	(2.05)	(3.39)
Mb	0.003***	0.008***	−0.065***	−0.094
	(8.05)	(7.62)	(−5.85)	(−0.59)

（续表）

模型	(1)	(2)	(3)	(4)
变量	Rdd	Rd_sale	Patent1	Patent2
Lev	−0.019***	−0.076***	−0.460***	−8.760***
	(−6.30)	(−9.86)	(−3.33)	(−2.79)
Roe	0.013***	−0.045**	1.365***	26.755**
	(2.87)	(−2.35)	(4.40)	(2.35)
Size	0.002***	0.007***	0.407***	13.202***
	(3.01)	(5.03)	(14.24)	(5.89)
Tang	−0.041***	−0.090***	−0.527***	−18.647***
	(−14.59)	(−13.63)	(−3.47)	(−3.75)
Soe	−0.001	−0.008***	0.050	6.570***
	(−1.26)	(−4.94)	(0.97)	(4.29)
Year	已控制	已控制	已控制	已控制
_cons	−0.006	−0.059**	−6.304***	−271.807***
	(−0.43)	(−2.03)	(−10.60)	(−5.72)
N	4 940	4 940	4 940	4 940
Adj. R-Square	0.14	0.17	0.09	0.09

注 1：括号内为 *P* 值，*** 代表在 1%以内显著，** 代表在 5%以内显著，* 代表在 10%以内显著。

注 2：*Pili*＝政治关联。创新投入使用研发支出进行衡量，包括两种计算方式：分别对应 *Rdd* 和 *Rd_sale*。创新产出使用专利产出进行衡量，包括两种计算方式：分别对应 *Patent*1 和 *Patent*2。控制变量：*Soe*＝企业性质，*Mb*＝企业市值账面比，*Lev*＝资产负债率，*Roe*＝净资产收益率，*Size*＝企业规模，*Tang*＝资本密集度，*Year*＝年份。各变量操作定义见表 5-1。

其次，从表 5-11 中可以看出，这些高科技企业的政治关联与政府扶持之间存在显著的关系，说明政治关联越高的高科技企业可以获得越低的实际所得税率、政府补助，可以获得更高的营业税率。这也说明，在高科技行业中得到的分析结果与之前总样本的分析结果较为一致，即不管是全样本检验分析，还是在高科技行业样本中，政治关联都会对政府补助产生积极影响。

表 5-11　　高科技企业政治关联对政府扶持的回归分析

模型	(1)	(2)	(3)
变量	Gs1	Gs2	Gs3
Pili	0.106*	0.000 1*	0.001*
	(1.66)	(1.75)	(1.79)
Mb	0.024	0.000***	0.001***
	(1.56)	(6.14)	(3.83)
Lev	1.754	−0.001	−0.019***
	(1.26)	(−1.16)	(−6.07)
Roe	−1.183*	0.001	−0.020***
	(−1.86)	(1.09)	(−2.61)
Size	−0.026	0.001***	0.000
	(−0.40)	(5.05)	(0.12)
Tang	−0.291**	−0.009***	−0.018***
	(−2.22)	(−9.40)	(−5.56)
Soe	−0.182	−0.000	0.001
	(−0.63)	(−0.65)	(1.27)
Year	已控制	已控制	已控制
_cons	0.510	−0.009**	0.026***
	(0.45)	(−2.56)	(2.59)
N	4 940	4 940	4 940
Adj.R-Square	0.00	0.04	0.04

注 1：括号内为 *P* 值，*** 代表在 1%以内显著，** 代表在 5%以内显著，* 代表在 10%以内显著。

注 2：*Pili*＝政治关联，*Gs*1、*Gs*2 和 *Gs*3 为政府补助。控制变量：*Soe*＝企业性质，*Mb*＝企业市值账面比，*Lev*＝资产负债率，*Roe*＝净资产收益率，*Size*＝企业规模，*Tang*＝资本密集度，*Year*＝年份。各变量操作定义见表 5-1。

在对高科技企业样本中政府扶持(Gs1)与技术创新的关系分析中可以发现，这些高科技企业的政府补助与企业研发投入(即实际所得税率)存在显著的负向相关关系，而与企业创新产出存在显著的正向相关关系，具体如表 5-12 所示。因此可以看出，与所有样本的检验结果相一致，在高科技行业中，企业从政府处获得的政府补助对企业技术创新投入产生显著的消极影响，而对企业技术创新产出产生显著的积极影响。

表 5-12　　高科技企业政府扶持(Gs1)对企业技术创新的回归分析

模型	(1)	(2)	(3)	(4)
变量	Rdd	Rd_sale	Patent1	Patent2
*Gs*1	−0.000 1**	−0.000 1*	0.004**	0.017*
	(−2.52)	(−1.65)	(2.34)	(1.73)
Mb	0.003***	0.008***	−0.065***	−0.130
	(8.06)	(7.67)	(−5.88)	(−0.81)
Lev	−0.019***	−0.078***	−0.435***	−7.279**
	(−6.34)	(−9.86)	(−3.16)	(−2.49)
Roe	0.013***	−0.046**	1.381***	28.483**
	(2.81)	(−2.40)	(4.44)	(2.42)
Size	0.002***	0.007***	0.407***	13.207***
	(3.01)	(5.01)	(14.22)	(5.86)
Tang	−0.041***	−0.092***	−0.506***	−16.897***
	(−14.45)	(−13.61)	(−3.35)	(−3.65)
Soe	−0.001	−0.007***	0.036	5.481***
	(−1.07)	(−4.37)	(0.71)	(4.25)
Year	已控制	已控制	已控制	已控制
_cons	−0.006	−0.060**	−6.286***	−270.509***
	(−0.44)	(−2.07)	(−10.56)	(−5.70)
N	4 940	4 940	4 940	4 940
Adj.R-Square	0.14	0.17	0.09	0.08

注 1：括号内为 *P* 值，*** 代表在 1%以内显著，** 代表在 5%以内显著，* 代表在 10%以内显著。

注 2：*Gs*1＝政府补助。创新投入使用研发支出进行衡量，包括两种计算方式：分别对应 *Rdd* 和 *Rd_sale*。创新产出使用专利产出进行衡量，包括两种计算方式：分别对应 *Patent*1 和 *Patent*2。控制变量：*Soe*＝企业性质，*Mb*＝企业市值账面比，*Lev*＝资产负债率，*Roe*＝净资产收益率，*Size*＝企业规模，*Tang*＝资本密集度，*Year*＝年份。各变量操作定义见表 5-1。

同样地，在表 5-13 中可以看出，高科技企业获得的政府补助(Gs2)与企业研发投入存在显著的负向相关关系，而与企业创新产出存在显著的正向相关关系。这进一步验证了上述研究结果。因此，在高科技企业中，企业获得的政府补助与企业技术创新投入之间存在显著的负面影响，而与企业技术创新产出之间存在显著的积极影响，这一分析结果与上述分析结果基本保持一致。

表 5-13　　高科技企业政府扶持(Gs2)对企业技术创新的回归分析

模型	(1)	(2)	(3)	(4)
变量	Rdd	Rd_sale	Patent1	Patent2
Gs2	−0.031*	−0.572***	19.997***	199.018***
	(−1.75)	(−3.11)	(8.05)	(3.04)
Mb	0.003***	0.008***	−0.057***	−0.054
	(8.09)	(7.52)	(−5.19)	(−0.34)
Lev	−0.019***	−0.077***	−0.460***	−7.433**
	(−6.39)	(−9.96)	(−3.37)	(−2.55)
Roe	0.013***	−0.047**	1.410***	28.704**
	(2.82)	(−2.46)	(4.58)	(2.44)
Size	0.002***	0.006***	0.425***	13.382***
	(3.04)	(4.68)	(15.03)	(5.92)
Tang	−0.041***	−0.087***	−0.683***	−18.668***
	(−14.90)	(−13.81)	(−4.46)	(−3.85)
Soe	−0.001	−0.007***	0.032	5.437***
	(−1.07)	(−4.27)	(0.64)	(4.23)
Year	已控制	已控制	已控制	已控制
_cons	−0.006	−0.055*	−6.472***	−272.339***
	(−0.45)	(−1.89)	(−11.04)	(−5.74)
N	4 940	4 940	4 940	4 940
Adj.R-Square	0.14	0.18	0.11	0.08

注 1：括号内为 *P* 值，*** 代表在 1%以内显著，** 代表在 5%以内显著，* 代表在 10%以内显著。

注 2：*Gs2*＝政府补助。创新投入使用研发支出进行衡量，包括两种计算方式：分别对应 *Rdd* 和 *Rd_sale*。创新产出使用专利产出进行衡量，包括两种计算方式：分别对应 *Patent1* 和 *Patent2*。控制变量：*Soe*＝企业性质，*Mb*＝企业市值账面比，*Lev*＝资产负债率，*Roe*＝净资产收益率，*Size*＝企业规模，*Tang*＝资本密集度，*Year*＝年份。各变量操作定义见表 5-1。

最后，表 5-14 表明，高科技企业政府扶持与企业创新投入之间存在显著的负向相关关系，而与企业的创新产出存在显著的正向相关关系，因此，可以认为企业获得政府扶持会导致企业减少研发投入，但是会使企业的创新产出增加，企业在应用依托政治关联所获得的政府补助时，需要充分考虑政府补助所带来的消极影响，不可一概而论。

表 5-14　高科技企业政府扶持(Gs3)对企业技术创新的回归分析

模型	(1)	(2)	(3)	(4)
变量	Rdd	Rd_sale	Patent1	Patent2
Gs3	−0.219***	−0.827***	3.519***	88.629***
	(−5.16)	(−8.07)	(3.85)	(3.19)
Mb	0.003***	0.008***	−0.068***	−0.209
	(8.06)	(7.48)	(−6.08)	(−1.25)
Lev	−0.015***	−0.062***	−0.372***	−5.506*
	(−5.09)	(−8.37)	(−2.71)	(−1.87)
Roe	0.017***	−0.030**	1.456***	30.217**
	(3.28)	(−2.00)	(4.42)	(2.49)
Size	0.002***	0.007***	0.407***	13.201***
	(3.08)	(5.50)	(14.19)	(5.86)
Tang	−0.037***	−0.077***	−0.443***	−15.324***
	(−13.75)	(−12.61)	(−2.88)	(−3.27)
Soe	−0.001	−0.008***	0.032	5.363***
	(−1.38)	(−5.28)	(0.63)	(4.20)
Year	已控制	已控制	已控制	已控制
_cons	−0.012	−0.082***	−6.379***	−272.805***
	(−0.86)	(−3.00)	(−10.66)	(−5.73)
N	4 940	4 940	4 940	4 940
Adj. R-Square	0.18	0.26	0.10	0.09

注 1：括号内为 *P* 值，*** 代表在 1%以内显著，** 代表在 5%以内显著，* 代表在 10%以内显著。

注 2：*Gs*3＝政府补助。创新投入使用研发支出进行衡量，包括两种计算方式：分别对应 *Rdd* 和 *Rd_sale*。创新产出使用专利产出进行衡量，包括两种计算方式：分别对应 *Patent*1 和 *Patent*2。控制变量：*Soe*＝企业性质，*Mb*＝企业市值账面比，*Lev*＝资产负债率，*Roe*＝净资产收益率，*Size*＝企业规模，*Tang*＝资本密集度，*Year*＝年份。各变量操作定义见表 5-1。

通过表5-10和表5-11,结合对表5-15的解读,本书发现政府扶持(Gs1)在高科技企业政治关联与创新投入与创新产出之间均起到部分中介的作用,这进一步验证了本书的研究结果,即政府补助在企业政治关联与企业技术创新投入和技术创新产出之间起到中介作用,政府补助能够对企业技术创新投入和技术创新产出产生影响。

表5-15　　高科技企业政府扶持(Gs1)的中介作用

模型	(1)	(2)	(3)	(4)
变量	Rdd	Rd_sale	Patent1	Patent2
Pili	−0.001*	−0.008***	0.095**	7.671***
	(−1.81)	(−4.26)	(2.04)	(3.39)
Gs1	−0.000 2*	−0.000 2*	−0.004**	0.022*
	(−1.65)	(−1.68)	(−2.34)	(1.67)
Mb	0.003***	0.008***	−0.064***	−0.094
	(8.05)	(7.62)	(−5.85)	(−0.59)
Lev	−0.019***	−0.076***	−0.454***	−8.798***
	(−6.28)	(−9.83)	(−3.28)	(−2.80)
Roe	0.013***	−0.045**	1.360***	26.781**
	(2.87)	(−2.35)	(4.40)	(2.35)
Size	0.002***	0.007***	0.407***	13.202***
	(3.01)	(5.03)	(14.24)	(5.89)
Tang	−0.041***	−0.090***	−0.528***	−18.640***
	(−14.59)	(−13.63)	(−3.48)	(−3.75)
Soe	−0.001	−0.008***	0.049	6.574***
	(−1.27)	(−4.94)	(0.96)	(4.29)
Year	已控制	已控制	已控制	已控制
_cons	−0.006	−0.059**	−6.302***	−271.818***
	(−0.43)	(−2.03)	(−10.59)	(−5.72)

（续表）

模型	(1)	(2)	(3)	(4)
变量	Rdd	Rd_sale	Patent1	Patent2
N	4 940	4 940	4 940	4 940
R-Square	0.144	0.176	0.096	0.090
Adj. R-Square	0.14	0.17	0.09	0.09

注 1：括号内为 *P* 值，*** 代表在 1%以内显著，** 代表在 5%以内显著，* 代表在 10%以内显著。

注 2：*Pili*＝政治关联，*Gs*1＝政府补助。创新投入使用研发支出进行衡量，包括两种计算方式：分别对应 *Rdd* 和 *Rd_sale*。创新产出使用专利产出进行衡量，包括两种计算方式：分别对应 *Patent*1 和 *Patent*2。控制变量：*Soe*＝企业性质，*Mb*＝企业市值账面比，*Lev*＝资产负债率，*Roe*＝净资产收益率，*Size*＝企业规模，*Tang*＝资本密集度，*Year*＝年份。各变量操作定义见表 5-1。

同样地，通过表 5-10 和表 5-11，结合对表 5-16 的解读，本书发现政府扶持(Gs2)在高科技企业政治关联与创新投入与创新产出之间均起到部分中介的作用。这进一步验证了本书的研究结果，即政府补助在企业政治关联与企业技术创新投入和技术创新产出之间起到中介作用，政府补助能够对企业技术创新投入和技术创新产出产生影响。

表 5-16　　高科技企业政府扶持(Gs2)的中介作用

模型	(1)	(2)	(3)	(4)
变量	Rdd	Rd_sale	Patent1	Patent2
Pili	−0.001*	−0.008***	0.099**	7.707***
	(−1.80)	(−4.30)	(2.15)	(3.41)
*Gs*2	−0.011*	0.576***	−20.053***	−203.436***
	(−1.74)	(3.14)	(−8.04)	(−3.08)
Mb	0.003***	0.008***	−0.057***	−0.016
	(8.08)	(7.47)	(−5.15)	(−0.10)
Lev	−0.019***	−0.076***	−0.480***	−8.955***
	(−6.33)	(−9.93)	(−3.49)	(−2.86)
Roe	0.013***	−0.045**	1.389***	26.993**
	(2.87)	(−2.41)	(4.53)	(2.38)

（续表）

模型	(1)	(2)	(3)	(4)
变量	Rdd	Rd_sale	Patent1	Patent2
Size	0.002***	0.006***	0.425***	13.382***
	(3.04)	(4.69)	(15.05)	(5.95)
Tang	−0.041***	−0.085***	−0.706***	−20.460***
	(−15.02)	(−13.80)	(−4.60)	(−3.96)
Soe	−0.001	−0.008***	0.046	6.534***
	(−1.27)	(−4.85)	(0.91)	(4.27)
Year	已控制	已控制	已控制	已控制
_cons	−0.006	−0.054*	−6.490***	−273.693***
	(−0.43)	(−1.85)	(−11.07)	(−5.75)
N	4 940	4 940	4 940	4 940
Adj. R-Square	0.14	0.18	0.11	0.09

注1：括号内为 *P* 值，*** 代表在 1%以内显著，** 代表在 5%以内显著，* 代表在 10%以内显著。

注2：*Pili*＝政治关联，*Gs*2＝政府补助。创新投入使用研发支出进行衡量，包括两种计算方式：分别对应 *Rdd* 和 *Rd_sale*。创新产出使用专利产出进行衡量，包括两种计算方式：分别对应 *Patent*1 和 *Patent*2。控制变量：*Soe*＝企业性质，*Mb*＝企业市值账面比，*Lev*＝资产负债率，*Roe*＝净资产收益率，*Size*＝企业规模，*Tang*＝资本密集度，*Year*＝年份。各变量操作定义见表 5-1。

最后，通过表 5-10 和表 5-11，结合对表 5-17 的解读，本书发现政府扶持(Gs3)在高科技企业政治关联与创新投入与创新产出之间均起到部分中介的作用。这进一步验证了本书的研究结果，即政府补助在企业政治关联与企业技术创新投入和技术创新产出之间起到中介作用，政府补助能够对企业技术创新投入和技术创新产出产生影响。

表 5-17　　高科技企业政府扶持(Gs3)的中介作用

模型	(1)	(2)	(3)	(4)
变量	Rdd	Rd_sale	Patent1	Patent2
Pili	−0.001*	−0.006***	0.100**	7.784***
	(−1.69)	(−3.93)	(2.15)	(3.43)

（续表）

模型	(1)	(2)	(3)	(4)
变量	Rdd	Rd_sale	Patent1	Patent2
*Gs*3	0.218***	0.825***	3.552***	91.177***
	(5.15)	(8.06)	(3.89)	(3.26)
Mb	0.003***	0.008***	−0.068***	−0.175
	(8.05)	(7.43)	(−6.05)	(−1.05)
Lev	−0.015***	−0.060***	−0.391***	−6.989**
	(−5.03)	(−8.31)	(−2.84)	(−2.24)
Roe	0.017***	−0.029*	1.434***	28.533**
	(3.31)	(−1.93)	(4.37)	(2.43)
Size	0.002***	0.007***	0.407***	13.196***
	(3.08)	(5.52)	(14.20)	(5.89)
Tang	−0.037***	−0.075***	−0.465***	−17.049***
	(−13.84)	(−12.56)	(−3.01)	(−3.42)
Soe	−0.001	−0.009***	0.046	6.469***
	(−1.54)	(−5.79)	(0.90)	(4.25)
Year	已控制	已控制	已控制	已控制
_cons	−0.012	−0.081***	−6.397***	−274.198***
	(−0.85)	(−2.96)	(−10.69)	(−5.74)
N	4 940	4 940	4 940	4 940
Adj.R-Square	0.18	0.26	0.10	0.09

注1：括号内为 *P* 值，*** 代表在1%以内显著，** 代表在5%以内显著，* 代表在10%以内显著。

注2：*Pili*＝政治关联，*Gs*3＝政府补助。创新投入使用研发支出进行衡量，包括两种计算方式：分别对应 *Rdd* 和 *Rd_sale*。创新产出使用专利产出进行衡量，包括两种计算方式：分别对应 *Patent*1 和 *Patent*2。控制变量：*Soe*＝企业性质，*Mb*＝企业市值账面比，*Lev*＝资产负债率，*Roe*＝净资产收益率，*Size*＝企业规模，*Tang*＝资本密集度，*Year*＝年份。各变量操作定义见表5-1。

综合以上分析，本书认为政府扶持（Gs1、Gs2、Gs3）在高科技企业政治关联与企业创新投入（以及产出）之间均起到中介作用，并且中介效应表现为部分中介。结合本章的中介效应分析，以及本章第一次稳健性检验的结果，本书认为政府补助在企业政治关联与企业技术创新投入和技术创新产出之间起到中介作用，政府补助能够对企业技术创新投入和技术创新产出产生影响。

5.6 本章小结

通过本书细致地分析可以得出以下结论：政府扶持在政治关联与企业技术创新之间起到重要的桥梁作用。具体来讲，企业追求政治关联，可以帮助企业获得更多的政府扶持，这种政府扶持在本书中表现为政府补助与科技立项，尽管企业获得的政府补助与科技立项对企业创新活动有不同的影响，这主要视企业创新活动过程不同环节所致。对于企业创新投入而言，通过政治关联获得的这些政府扶持不利于企业研发投入的增加，但是有利于企业创新产出的提高，本书在此前的章节中已经对此现象进行了较为详细的论述，在此不做赘述。

那么，企业通过政治关联除了可以获得更多的政府补助与科技项目，并且可以在政治关联与企业创新活动之间起到中介作用，是否可以获得其他利好仍有待于验证，本书仅仅检验了政府补助与科技项目立项对于政治关联与企业技术创新之间的中介作用。比如企业追求的政治关联还可以为企业带来税收优惠、联盟推荐等优势，但是这些利好因素是否可以在政治关联与企业技术创新之间起到中介作用还可以进一步做深入研究，以便更深层次地打开政治关联影响企业技术创新的内在机理。总而言之，本书丰富了当前政治关联与企业技术创新之间的机理研究，为厘清政治关联与企业创新之间的内在过程提供了较好的研究发现。同时本书也拓展了政治关联与企业技术创新之间的研究范畴，为更好地认识政治关联与企业技术创新之间的关系提供新的洞见。本书对于企业更好地利用政治关联以及就由此带来的政府扶持，对于企业技术创新所带来的影响，起到了很好的指导借鉴作用。

除此以外，政治关联为企业带来的不仅仅是积极影响，也有可能是消极影响，现有少数学者已经关注到了这些负向影响，因此未来也可以尝试研究政治关联为企业带来负面作用如何影响企业的技术创新活动。本书仅仅关注了政治关联为企业带来的积极影响，即政治关联可以为企业带来更多的创新资源，进而有益于企业技术创新活动的开展。更进一步地，未来研究还可以考虑这些创新资源对于企业创新活动的不同阶段、不同生命周期有何影响。比如本书中的科技项目。通常情况下，科技项目有一定的时间期限，企业需要在规定的期限内创造出相应的成果，因而可以考虑在不同阶段，企业政治关联带来的创新资源所起的作用；亦可以考虑如何在期限将至，而企业又尚未达到规定的创新成果时，政府、企业双方之间的动态博弈，这些都是本书所没有深入探索的。尽管本书将企业技术创新视为一种过程性创新，分为企业创新投入与创新产出两个环节，但没有深入考虑政治关联所带来的创新资源在投入与产出阶段所起的作用。总而言之，本书主要发现了政治关联影响企业技术创新的两条新路径，丰富了政治关联与企业技术创新之间的研究成果，也在一定程度上拓展了资源基础理论，加深了对于企业政治关联、政府扶持（包括政府补助与科技立项）以及企业技术创新（包括技术创新投入与技术创新产出）三者之间关系的认识。

6 不同制度环境下政治关联影响企业技术创新绩效的差异分析

本章主要阐释了制度环境对于政治关联与企业技术创新的权变作用,即制度环境如何影响政治关联与企业技术创新投入和技术创新产出之间的关系。本章首先论述了制度环境对于企业的影响,随后基于制度理论从市场化程度和法治化水平两个方面论述了制度环境对于政治关联和企业技术创新关系的影响,具体表现为,市场化水平越高的地区,政治关联对于企业技术创新产出的积极影响越强,但是对于企业技术创新投入的消极影响越弱;同样地,法治化水平越高的地区,政治关联对于企业技术创新产出的积极影响越强,但是对于企业技术创新投入的消极影响越弱。随后本书通过大样本数据的获取检验了这一研究假设,并进一步进行敏感性检验以巩固本书的研究发现。检验结果基本支持本书的研究假设,即企业所面临的制度环境(包括市场化程度和法治化水平)能够增强政治关联对于企业技术创新产出的积极影响,同时能够缓解政治关联对于企业技术创新投入的消极影响,企业应当以权变、辩证、全面的思维来看待制度环境以及政治关联的耦合效应对企业所带来的影响。

6.1 研究问题的提出

根据资源基础理论,只有在资源是有价值的、稀有的、不可模仿的和不可替代的情况下,企业层面的资源才能使企业在与其他企业的竞争中脱颖而出(Barney, 1991)。竞争者在模仿这些成功资源基础时所面临的主要问题就是需要花费时间去创造和发展这些资源，然而这些资源具有模糊性因素，使得企业很难清楚地辨认出哪些资源激发了企业的竞争优势（Peteraf，1993）。在发展中国家，企业可以通过培训建立起所需要的资源、能力和技能来使企业变得具有创新力、竞争力（Goedhuys，Janz 和 Mohnen，2014）。然而拥有的这些资源并不能自动产生价值（Ndofor，Sirmon 和 He，2015；Sirmon，Hitt 和 Ireland，2007），企业必须积累、合并以及开发资源来从中提取价值（Grant，1991）。Barney（2001）认为，企业的这些资源必须在企业所处的更广泛的背景下理解，也就是说，即使企业比竞争者拥有更多的资源，并可以灵活使用这些有价值的、稀缺的、不可模仿的和不可替代的资源（Eisenhardt 和 Martin，2000），企业实际能从这些资源中提取有益价值的程度取决于企业所处的环境（Sirmon 等，2007）。因此，只是拥有并使用这些资源并不代表一定能从这些资源中获取价值，这也是处于转型中的国家正在面临的挑战，即制度环境所带来的挑战（Acemoglu 和 Robinson，2008）。由此企业在对这些资源进行应用时，需要充分考虑企业所处的社会环境，包括制度环境、法治环境、市场环境等，只有充分理解所处环境对于企业的要求，企业才可以有效地应用自身所拥有的资源。

从宏观层面讲，制度环境塑造了企业家寻求建立政治关联的动机，以求获得合法性和经济利益（Dimaggio 和 Powell，1991；Marquis 和 Qiari，2014）。然而随着法律和监管机构逐渐完善，市场越来越能够系统化发展（Guthrie，1998；Zhang 和 Keh，2010），因而在中国当前的市场环境下，企业建立的政治关联所带来的激励效应便会削减。商界领袖经常寻求政治联系来帮助他们的企业获得经济利益（Hillman 和 Hitt，1999；Hillman 等，2004；Li 和 Zhang，2007），因此企业管理层的行为、管理风格以及其制定的企业战略会影响企业的创新行为。企业的运行得益于企业高层管理者的决策与部署，而企业高管在进行相关决策时，通常会受到所处环境对其的影响，此外，此处的管理层不仅包括企业 CEO，也同时包括企业的董事会和监事会的成员，因为他们在监管管理层给他们提出建议过程中发挥着重要的作用。并且这些不同的决策主体,即便是在面临相同的环境,也有可能做出不同甚至相反的决策,如何考察环境对于管理者行为的影响,亟待深入分析。

有研究者认为国家和区域之间的宏观制度在企业创新过程中扮演至关重要的角色(Asheim 等,2006; Cooke, Uranga 和 Etxebarria, 1998),区域创新体系包括建立政策框架,以便系统地促进创新学习,提高区域经济创新水平和竞争优势(Cooke 等, 1998)。区域是经济协调的重要媒介(Lundvall 和 Borras 1997),更加重要的是,探索包括区域监管和制度框架在内的治理结构对加深理解创新过程至关重要(Ekman, 2011),这些内容的深入挖掘,不仅影响着政府的绩效,也对企业的绩效产生了显著的影响。此外,地理集群式的企业导致了非金钱的知识溢出,从而在区域增长中创造了更好的创新环境(Garavaglia 和 Breschi, 2009),这些都强调了在区域制度背景下研究创新的显著重要性。

制度可以由一些特定的正式规定(比如法律,规章制度)和非正式规定(比如规范和价值观)组成(North, 1990),并持久性地在特定区域发挥作用(Boschma 和 Frenken, 2009),它是成员共同遵守的规章或准则。从内涵上讲,制度环境质量包括:①政府监管的过程;②政府有效制定和执行健全政策的能力;③公民和国家之间经济互动和社会互动受到管理(Kaufmann 和 Mastruzzi, 2011)。这种制度上的约束,使得企业行为趋于一致,这也是为什么在同一地区中,这些企业的行为几乎无差异的重要原因。着重考虑不同市场环境和不同法治水平下的制度环境在政治关联与企业技术创新投入与技术创新产出关系之间所起的作用。

我国各地区的制度环境存在显著的差异,不同的制度环境给企业的经营决策会产生不一样的影响(李延喜 等,2012)。制度环境可以以不同的方式来影响企业的创新倾向(North, 1990),而且良好的制度环境可以激励有效的企业行为(Dollar 和 Kraay, 2003),但是薄弱的制度通常导致非有效行为，有时还会导致市场的失灵；此外，强制度环境可以减少交易成本和不确定性，简化经济主体之间的协调（Alonso 和 Garcimartín，2013），与此相反，如果制度得不到强有力的实施以及知识产权缺乏保护，可能会阻碍创新。例如，对于企业技术创新知识产权的保护力度上的全面性、完善性等方面的差异，对于企业持续从事技术创新活动有着直接的影响。已有研究用元分析方法发现，随着市场日趋完善，与商业关联相比，政治关联对企业的经济效益的影响有所削减（Luo，Huang 和 Wang，2012）。因此可以看出，当一个地区的市场环境十分优越时，政治关联对于企业技术创新的影响可能有所差异，因此亟须关注市场环境对于政治关联与企业技术创新投入以及技术创新产出之间关系所起的作用。

本章节主要聚焦于企业所处的区域制度环境，然而即便是同一个国家，不同地区的制度环境也存在很大差异，尤其是在庞大而复杂的国家中，其国内在正式制度实施过程中也会产生差异性（Shi，Sun 和 Peng，2012）。与 Laursen，Masciarelli 和 Prencipe（2012）的研究观点一致，本书认为区域制度环境会影响企业引进新的创新。在本书中，强制度环境指的是在区域内市场化程度高、法治性强以及监管水平高的一种环境。其中，更加值得注意的是，本书认为制度环境薄弱的地区，更难从创新所需要的资源中提取价值（Zhu，Xia 和 Makino，2015），这是由于在制度环境薄弱的地区，要素市场的功能被破坏，进而增加了交易成本，扩大了信息的不对称（Meyer 等，2009）。本书推断得出不同制度环境的差异，影响了企业能否成功地使用创新资源。因此，理解区域制度环境怎样影响企业层面资源转化为企业技术创新是十分重要和有意义的（Martín-de Castro 等，2013）。

本章节研究的主要贡献在于加深了对区域制度环境如何与企业层面资源交互而影响企业技术创新的理解，即企业所面临的制度环境在政治关联与企业技术创新之间起到何种作用。具体而言，企业所面临的市场化程度的高低对于企业政治关联与企业技术创新投入和技术创新产出之间的关系会起到何种影响；以及企业所面临的法治化水平高低对于政治关联与企业技术创新投入和技术创新产出之间的关系会起到何种影响。本书认为，区域异质性导致了区域制度环境差异（Silverman，Vogelsang 和 Kogul，2006），并且由于文化治理体系不同，不同的区域制度环境很可能会影响企业资源和创新的关系，并且这种影响随着市场化程度的提高以及法治化水平的增强而有所提高。因此，本书以实证的方式来探讨区域制度环境如何影响企业从现有资源中提取价值来影响其技术创新，试图分析随着区域性制度环境（即市场化程度和法治化水平）的变化，政治关联影响企业技术创新投入与技术创新产出的作用方式会如何发生改变。

6.2　理论分析与研究假设

企业层面的资源可以定义为企业可以使用的有形资产和无形资产（Barney 和 Arikan，2001），有形资产和无形资产构成了生产企业之间不同价值创造的基础（Ireland，Hitt 和 Sirmon，2003）。从资源基础理论来讲，企业特定资源需要有效地管理与灵活地应用，以便从中创造价值和提取价值（Ireland 等，2003；Mahoney，1993；Sirmon 等，2007）。因此，将资源进行整合以便在特定竞争环境中发挥作用，这种管理能力对于从企业层面资源中提取相关的价值元素是至关重要的（Ireland 等，2003）。企业的无形资产资源，比如企业的政治关联，即企业个人所扮演的角色以及他们对创新活动所做的贡献。这种贡献通常是无形的，难以通过一个可视化或标准化的评判方式加以评价，即便拥有相同的无形资产，但是潜在的不可控因素，使得相同的无形资产对企业的价值也截然不同。众所周知，创新是一种高风险和资源密集型的活动，这很依赖于管理资源，企业高管依靠长期积累的技能和经验来对创新机遇做出决策（Li 和 Atuahene-Gima，2001），这种经验式的决策对于企业的管理有着十分重要的影响。实证研究表明，相比于那些没有经验的管理者，有经验的管理者能更好地识别竞争环境的细微差别，这对企业技术创新绩效有着积极影响（McGee 和 Dowling，

2005)。

本书聚焦企业所处的广阔制度环境,以此来探究发展中国家的企业资源(例如政治关联)与创新(例如企业技术创新)之间的关系。大多数发展中国家企业治理还有待完善,这意味着制度运行不佳或者在某种程度上存在局限性。已有研究认为制度环境的差异导致了发展中国家的各种增长率的不同。其他一些实证研究也指出了制度对发展中国家经济增长和发展起着至关重要的作用(Acemoglu 和 Robinson, 2008)。制度理论指出,强有力的制度环境是企业技术创新的必要条件,其主要有以下两个原因:其一,强制度环境通过提供管理经济主体的规章和执行合同义务来减轻围绕创新活动的不确定性,这使得企业需要规范地开展相关活动,同时有效降低了不确定性发生的概率;其二,强制度环境可以有效调解管理创新活动的知识产权(IPR)和专利等相关纠纷,确保企业技术创新成果不被侵占。运作良好的制度环境对于创业活动和创新是必不可少的。一个较差的区域制度环境很难让企业从创新所需的资源中提取价值。因此,本书推断,企业能够成功地利用其资源进行创新的程度取决于区域制度环境。按照这种思路,本书假设更强的区域制度质量促进了政治资源向创新绩效的转化,更进一步地,两者的交互作用将在下面的章节中逐一阐述。

制度的实际实施或执行因国家内不同区域而有所不同(Asiedu 和 Freeman, 2009)。本书的制度环境根据樊纲市场化指数分为市场化总发展水平和法治水平,由于本书研究主题为企业政治关联与创新,样本数据为全样本,其中政治关联在很大程度上共线于与政府的关系;更进一步地,考虑到市场化指数中,政府治理水平越高,当地企业的政治关联所带来的影响会在一定程度上削弱。例如,政治治理水平越高的地区,政府与企业之间越不容易出现腐败现象。因此本书只选取了市场化水平与法治化水平这两个指标。有政治关联的企业高管更能够理解更广泛的制度环境,企业高管政治关联作为一种无形资产,可以给企业创新活动带来很多政策上的支持和其他创新资源的支持,以便促进企业技术创新。因此,本书提出强的制度环境强化了有政治关联的高管对创新绩效的作用，因为企业更有能力从高管的政治经验中提取价值；制度环境薄弱地区，通常知识产权保护力度不够，这意味着企业无法有效从政治资源中获取有用价值。当知识没有受到保护（例如专利授权）时，它很容易被模仿，并且企业更难从它那里获得适当的价值（Barney，1991）。因此，在几乎没有模仿限制的制度环境中，企业将无法成功地将从政治关联处获取的资源转化为创新绩效。由此制度环境薄弱可能导致高级管理人员从创新活动中转移注意力，进而导致低创新率。因此，本书认为，在具有低区域制度质量的环境中，政治关联企业更不愿意进行创新投入；在具有高度区域制度质量的环境中，企业内部 R&D 所能提供的价值均值较高，对创新产出有正向影响。综上所述，本书假设：

假设 6a. 相对于市场化程度较低地区而言，在市场化程度较高的地区，管理者政治关联对企业的创新产出推动作用更强，更愿意进行创新投入。

假设 6b. 相对于法治水平较低地区而言，在法治水平较高的地区，管理者政治关联对企业的创新产出推动作用更强，更愿意进行创新投入。

6.3 实证研究设计

6.3.1 样本筛选与数据来源

本书的时间窗口为 2008—2015 年，选取了中国沪深两市 A 股上市企业为研究对象。为了保证研究结论的可靠性，本书进行了如下的筛选：第一，删除了金融业上市企业的样本；第二，删除了在样本窗口期间被证监会 ST、* ST 的上市企业样本；第三，删除了企业高管政治关联数据、创新产出数据缺失的上市企业样本；第四，删除了在样本窗口期间主营业务变更、资产重组等事项的上市企业样本；第五，剔除样本期间内企业实际税率大于 1 或小于 0 的企业。经过筛选后，本书共获取了 12 711 个观测样本。本书中所采用的政治关联数据主要来自人工收集上市企业年报中出现的董事长和总经理的简历背景，具体方法如前文所述。创新产出数据和创新投入数据主要来自国家知识产权局网站和同花顺数据，制度环境数据主要来自樊纲等编制的《中国市场化进程：各地区市场化相对进程 2016 年报告》(以下简称《报告》)。

6.3.2 变量选择与定义

6.3.2.1 技术创新

按照研究内容，本书的被解释变量为技术创新，按照第 3 章的分析，本书采用比值法来衡量企业技术创新投入；技术创新产出主要指企业的专利产出，本书采用企业专利的数量来衡量企业技术创新产出。本书借鉴权小锋和吴世农 (2010)关于企业创新行为的测度，采取与本书技术创新定义一致的研发投入与专利产出来衡量企业技术创新。对于企业研发投入的衡量，本书以研发支出占初期总资产的比重(Adhikari 和 Agrawal，2016；黄庆华 等，2017；刘放 等，2016；潘越等，2009；袁建国 等，2015b)，以及研发支出占营业收入的比重(Adhikari 和 Agrawal，2016；Jung 等，2008；苟燕楠和董静，2014；康志勇，2013；刘放 等，2016；罗明新 等，2013；潘越 等，2009；水会莉等，2015)为度量。对于企业创新产出的测量主要以企业专利数据为度量，专利数据主要来自国家知识产权局网站，本书手工收集并整理了 2008—2015 年的数据，并且在搜集完成之后，进行了校对以确保数据搜集的完整性与准确性。鉴于此，结合之前的研究内容，本书主要是选取了创新投入(Rdd、Rd_sale)和创新产出(Patent1、Patent2)两个层次测度企业创新。本书认为采用多种方式全面地衡量企业技术创新能够较为完整地呈现企业真实的技术创新现状。

6.3.2.2 政治关联

政治关联主要表示企业高管是否曾在政府单位、部门任职，或者是否为现任或曾任人大代表、官员、政协委员等。结合本书的文献综述，并且参考了 Fisman 和 Wang (2013)、贾明和张喆 (2010)和余明桂等 (2010)关于政治关联的测量方式，本书采用了虚拟变量法这种主流的测量方式，来度量本书中的政治关联。本书选取了 2008—2015 年所有在我国沪深上市的企业作为初始样本，同时按照如下标准筛选：①剔除当年退市或 ST 的企业，即金融、房地产企业；②剔除样本期间内企业实际税率大于 1 或小于 0 的企业。高管背景样本通过手工整理涉及 13 601 个企业年度观测值，在剔除缺失财务数据后，最终样本涉及 12 711 个上市企业年度观测值。结合本书对政治关联的定义，本书采取了如下测量方式：使用 CSMAR 上市企业的高管人物特征数据库的高管履历，并同时使用万得数据库(WIND)、锐思数据库(RESSET)加以辅助，对于其中高管背景资料缺失或者披露不详的，则使用巨潮资讯的年度报告高管任职履历进行补充，从企业年报的高管信息一栏手工整理出企业是否具有政治关联的信息。企业政治关联为虚拟变量，用于衡量上市企业高管(董事长或总经理)是否为前任或现任政府官员、人大代表、政协委员等，因而将政治关联分解为官员型政治关联和代表型政治关联，如果企业高管曾在政府部门工作，则为官员型政治关联，取值为 1，否则为 0。同理，如果企业高管曾为人大代表或者政协委员，则为代表型政治关联，取值为 1，否则为 0(乐菲菲 等，2017；李诗田和邱伟年，2015)。

6.3.2.3 制度环境

樊纲等(2016)编制的《中国市场化进程：各地区市场化相对进程 2016 年报告》(以下简称《报告》)是关于我国制度环境最为权威的书籍，深受国内学者们的青睐，被广泛应用到制度环境的相关研究中(陈凌和王昊，2013；李延喜 等，2012)。目前已有较多的学者采用这一报告中的相关数据来代表地区的制度环境水平，鉴于此，本书也采用与现有研究一致的测量方式对本书的制度环境进行数据指代。由于本书探讨的政治关联和与政府关系有很大共线性，本书不考虑政府关系这一制度环境在本书中的应用。此外，由于本书选取全样本数据，并且考虑到数据的完整性，本书的制度环境主要包含市场化总指数 Mar、市场中介和法律制度环境 Law 两个角度，其中市场化总指数 Mar 是《报告》中的市场化总指数得分，市场中介和法律制度环境 Law 是《报告》中“市场中介组织的发育与法律制度环境”指数，报告中的数据一直到 2016 年。本书认为，市场化程度与法治化水平能够很好地反映出本书所探讨的制度环境，以及这一制度环境对于企业政治关联和企业技术创新投入与技术创新产出之间关系的影响。

6.3.2.4 控制变量

本书具体控制了一系列潜在的影响因素，包括企业规模、资产负债率、资产收益率、企业性质、企业市值账面比、企业年限、资本密集度以及行业，所有的测量方式均来自已有研究文献，并基于本书的研究情景进行了适当的修改以契合本书的研究场景，并设置了年度虚拟变量和行业虚拟变量，具体变量定义如表 6-1 所示。

表 6-1 政治关联、制度环境与企业技术创新的变量定义

变量类型	变量名称	变量符号	变量描述
被解释变量	创新投入：研发支出	*Rdd*	企业年度研发支出占期初总资产的比重
		Rd_sale	企业年研发支出占期初营业收入的比重
	创新产出：专利产出	*Patent*1	发明专利、实用新型专利和外观设计专利总申请数加 1 的自然对数
		*Patent*2	用 3 种专利加权总数加 1 的自然对数表示，3 种专利的权重按照 3∶2∶1
解释变量	政治关联	*Pili*	上市企业的董事长或者总经理二者任其一，现任或者曾任县级以上人民政府机构工作人员 上市企业的董事长或者总经理二者任其一，现任或者曾任县级以上人大代表或者政协委员 符合上述条件的，“1”表示政治关联；“0”表示不具备政治关联
调节变量	制度环境	*IE*	包含市场化总发展水平和中介组织的发育和法律制度环境
	市场化总指数	*Mar*	《报告》中的市场化指数总体评分指数
	市场中介和法律制度环境	*Law*	《报告》中“市场中介组织的发育与法律制度环境”指数

(续表)

变量类型	变量名称	变量符号	变量描述
控制变量	企业规模	*Size*	企业资产总额自然对数表示
	资产负债率	*Lev*	期末负债面值/期末资产面值
	净资产收益率	*Roe*	净利润/期末资产面值
	资产收益率	*Roa*	(净利润+利息支出)/ 总资产总额
	企业年限	*Age*	企业成立年限,用企业创立期到样本期的年限表示
	企业性质	*Soe*	企业性质
	资本密集度	*Tang*	固定资产/主营业收入
	行业	*Industry*	控制行业因素
	年份	*Year*	控制年份因素

6.3.3 模型设计

为了揭示不同制度环境情况下管理者政治关联影响企业技术创新的差异,本书特别构建了如下检验模型。模型主要探讨了在制度环境的影响下,政治关联如何影响企业技术创新,具体而言,本书认为市场化程度越高,政治关联对于企业技术创新投入以及技术创新产出的影响越大,同样地,本书主张相对于法治化水平不高的地区,那些法治化水平越高的地区,企业的政治关联对于企业技术创新投入以及技术创新产出的影响越大。具体模型设计如图 6-1 所示:

$$Y = C_5 + \beta_{51} \times Pili + \beta_{52} \times Pili \times IE + \beta_{53} \times IE + \beta_{54} \times Control + \mu_{55} \quad \text{(模型 5)}$$

特别地,与前文相一致,本书此处的 Y 应该分为 $Y1$ 创新投入(Rdd, Rd_sale)以及 $Y2$ 创新产出(Patent1, Patent2);Pili 为政治关联,Pili × IE 为政治关联和制度环境的交叉项,若该回归系数 β_{52} 在 $Y1$ 时显著为正,在 $Y2$ 时显著为负数,那么本书的假设 6 便得到了验证。按照前期的研究设计,本书随后对图 6-1 所示的研究模型进行数

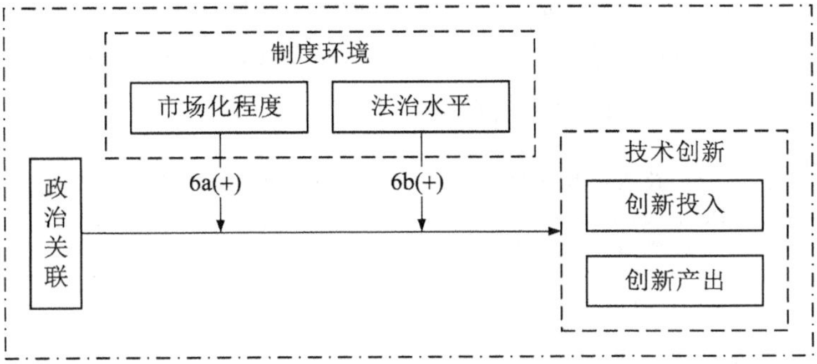

图 6-1 制度环境调节作用

据的采集以及相关的统计分析。此外，与此前的稳健性检验相类似，本章节中对于本书的研究结果进行敏感性测试，主要用于评价当计量指标发生变化，市场化水平以及法治化水平的影响是否保持较高的稳定性。

6.4 实证检验与结果分析

6.4.1 描述性统计分析

表 6-2 罗列了主要变量的描述性统计结果，从表 6-2 的结果可以发现，样本观测值为 12 711，由于这次处理中有很多缺失值，故将缺失值删除，所以样本企业比之前分析的有所减少。样本企业的创新投入中，研发投入最小值为 0，最大值为 0.458，另一种算法最小值为 0，最大值为 1.632，这表明我国上市企业的企业创新投入差距不是很大，因此可以认为我国上市企业的技术创新投入水平具有一致性。样本企业的政治关联 Pili 的平均值为 0.270，这说明样本企业中有 1 333 家企业具有政治关联，这基本符合我国政治相关研究的情况。另外，我国各地区的制度环境差异也较为明显。以市场化程度 Mar 为例，平均值为 7.742，最大值为 9.950，最小值仅仅为－0.300，这种制度环境差异主要是由于各地区的资源禀赋、历史文化和政府的发展战略造成的。此

外，法治化水平的平均值为 8.636，最大值为 16.190，而最小值为 −0.700，因此可以发现不同地区的制度环境(本书中主要包括市场化程度和法治化水平)存在较大的差异。

表 6-2　　政治关联、制度环境与企业技术创新的描述性统计分析

变量	观测值	平均值	标准差	最小值	最大值
Mar	12 711	7.742	1.531	−0.300	9.950
Law	12 711	8.636	4.449	−0.700	16.190
Pili	12 711	0.270	0.415	0	1
Rdd	12 711	0.029 5	0.032 0	0	0.458
Rd_sale	12 711	0.055 8	0.075 1	0	1.632
*Patent*1	12 711	2.159	1.459	0	8.200
*Patent*2	12 711	10.810	47.460	0	1 369
Lev	12 711	0.358	0.196	0.011 1	0.953
Roe	12 711	0.077 5	0.096 0	−3.242	0.852
Size	12 711	21.530	0.989	19.230	26.960
Tang	12 711	0.230	0.144	0.001 21	0.831
Roa	12 711	0.051 2	0.050 2	−0.646	0.482

注：*Pili*＝政治关联。创新投入使用研发支出进行衡量，包括两种计算方式：分别对应 *Rdd* 和 *Rd_sale*。创新产出使用专利产出进行衡量，包括两种计算方式：分别对应 *Patent*1 和 *Patent*2。*Mar*＝市场化总指数，*Law*＝市场中介和法律制度环境，控制变量：*Lev*＝资产负债率，*Roe*＝净资产收益率，*Size*＝企业规模，*Tang*＝资本密集度，*Roa*＝资产收益率。各变量操作定义见表 6-1。

表 6-3 为模型主要变量的 Pearson 相关性检验结果，从 Pearson 相关性检验结果可以看出，根据多重共线性判别原则，当变量之间的相关系数大于 0.6 时即存在多重共线性问题，由此可以得出本书设计的制度环境变量之间存在多重共线性问题，为了避免多重共线性问题对研究结论的影响，本书则在后续回归分析中每次仅仅代入一个制度环境代理变量，解决多重共线性问题引发的噪音。除了政治关联和制度环境变量，本书主要因变量和自变量之间的 Pearson 相关系数均远远小于 0.6，这说明这些变量之间并不存在多重共线问题，另外 Rdd 和

表 6-3　　政治关联、制度环境与企业技术创新的 Pearson 相关检验结果

变量	Rdd	Rd_sale	Patent1	Patent2	Pili	Soe	Mar	Law	Lev	Roe	Size	Tang	Roa	Age
Rdd	1													
Rd_sale	0.718***	1												
Patent1	0.099***	0.007	1											
Patent2	0.046***	−0.008	0.428***	1										
Pili	−0.041***	−0.070***	0.035**	0.070***	1									
Soe	−0.118***	−0.165***	0.085***	0.119***	−0.096***	1								
Mar	0.137***	0.139***	0.061***	0.024*	0.005	−0.293***	1							
Law	0.147***	0.150***	0.027*	0.006	−0.016	−0.292***	0.920***	1						
Lev	−0.220***	−0.294***	0.128***	0.137***	0.056***	0.360***	−0.860***	−0.097***	1					
Roe	0.120***	0.033**	0.113***	0.092***	0.034**	−0.037**	0.005	0.004	−0.066***	1				
Size	−0.105***	−0.146***	0.280***	0.276***	0.026*	0.320***	0.004	0.007	0.581***	0.104***	1			
Tang	−0.257***	−0.255***	−0.02	−0.023	0.062**	0.183***	−0.104***	−0.113***	0.019***	−0.134***	0.114***	1		
Roa	0.195***	0.106***	0.066***	0.019	0.013	−0.134***	0.026*	0.032**	−0.342***	0.811***	−0.046***	−0.189***	1	
Age	−0.174***	−0.195***	0.084***	0.146***	−0.055***	0.493***	−0.119***	−0.114***	0.487***	−0.039***	0.548***	0.229***	−0.167***	1

注 1：括号内为 P 值，*** 代表在 1%以内显著，** 代表在 5%以内显著，* 代表在 10%以内显著。

注 2：*Pili*＝政治关联。创新投入使用研发支出进行衡量，包括两种计算方式：分别对应 *Rdd* 和 *Rd_sale*。创新产出使用专利产出进行衡量，包括两种计算方式：分别对应 *Patent*1 和 *Patent*2。*IE*＝ 制度环境，*Mar*＝市场化总指数，*Law*＝市场中介和法律制度环境；控制变量：*Soe*＝企业性质，*Age*＝企业年限，*Lev*＝资产负债率，*Roe*＝净资产收益率，*Size*＝企业规模，*Tang*＝资本密集度，*Roa*＝资产收益率。各变量操作定义见表 6-1。

Rd_sale 的系数大于 0.6 也属于正常，因为二者都是衡量创新投入的一种方式，同理可见创新产出的变量表示。除此以外，其余变量之间的相关性均较低，可以认为这些变量之间具有良好的区分效度。总之，结合以上分析，本书认为这些研究变量之间不存在较大的多重共线性问题，且具有良好的区分效度。

6.4.2 组间差异分析

本书采用了 T 检验，分析了不同制度环境(包括市场化程度与法治化水平)下企业创新产出和创新投入的差异。表 6-4 和表 6-5 为不同制度环境情况下企业技术创新产出和创新投入的分组差异检验结果。此处值得说明的是，本书主要以制度环境变量的平均值为分组的标准，以市场化程度为例，本书将低于市场化程度平均值 7.74 的样本划入低市场化程度样本组，将高于 7.74 的样本划入高市场化程度样本组。同理，本书将低于法治化水平平均值 8.095 的样本划入低法治化水平样本组，将高于 8.095 的样本划入高法治化水平样本组。由此，本书得到了 4 个样本群，包括低市场化水平样本组、高市场化水平样本组、低法治化水平样本组和高法治化水平样本组。随后本书对上述样本组进行统计检验分析，以分析不同制度环境对于政治关联与企业技术创新投入和产出之间关系的影响情况。

表 6-4 为不同市场化程度情况下企业创新投入的差异分析结果，从表 6-4 中可以发现高市场化程度样本组企业的创新投入(Rdd)平均值为 0.033，而低市场化程度样本组企业创新投入的平均值为 0.026，两组之间的均值差异为 0.007，T 检验在 1%的水平下显著，同理可得 Rdd_Sale；从表中可以发现高市场化程度样本组企业的创新产出平均值为 2.199，而低市场化程度样本组企业创新产出的平均值为 2.112，两组之间的均值差异为 0.087，T 检验在 5%的水平下显著；同理可见 Patent2 的计算方法，在市场化程度较低地区的企业创新投入和创新产出均显著低于制度环境较高地区的样本组，因此可以初步认为市场化程度的高低对于政治关联和企业技术创新之间的关系会起到影响。

表 6-4　不同市场化程度情况下企业创新投入和创新产出的差异分析结果

变量	观测值	均值		T 检验/T 值
		高市场化程度样本组	低市场化程度样本组	
Rdd	2 272	0.033	0.026	0.007***
Rd_sale	2 272	0.065	0.045	0.020***
*Patent*1	2 272	2.199	2.112	0.087**
*Patent*2	2 272	12.912	8.808	4.104***

注：*** 代表在 1%以内显著，** 代表在 5%以内显著，* 代表在 10%以内显著。创新投入使用研发支出进行衡量，包括两种计算方式：分别对应 *Rdd* 和 *Rd_sale*；创新产出使用专利产出进行衡量，包括两种计算方式：分别对应 *Patent*1 和 *Patent*2。

表 6-5 为不同法治水平情况下企业创新投入的差异分析结果，从中可以发现高法治水平样本组企业创新投入的平均值为 0.035，而低法治水平样本组企业创新投入的平均值为 0.025，两组之间的均值差异为 0.01，T 检验在 1%的水平下显著，同理可见 Rd_sale；从表 6-5 中可以发现高法治水平样本组企业创新产出的平均值 2.191，而低法治水平样本组企业创新投入的平均值为 2.113，两组之间的均值差异为 0.078，T 检验在 10%的水平下显著。这意味着，法治水平较高地区的企业创新投入显著低于法治水平较低地区的创新投入。

表 6-5　不同法治水平情况下企业创新投入和创新产出的差异分析结果

变量	观测值	均值		T 检验/T 值
		高法治水平样本组	低法治水平样本组	
Rdd	2 631	0.035	0.025	0.010***
Rd_sale	2 631	0.068	0.045	0.024***
*Patent*1	2 631	2.191	2.113	0.078*
*Patent*2	2 631	10.058	11.883	1.825

注：*** 代表在 1%以内显著，** 代表在 5%以内显著，* 代表在 10%以内显著。创新投入使用研发支出进行衡量，包括两种计算方式：分别对应 *Rdd* 和 *Rd_sale*；创新产出使用专利产出进行衡量，包括两种计算方式：分别对应 *Patent*1 和 *Patent*2。

6.4.3　假设检验

为了进一步分析市场化程度和法治化水平对于政治关联和企业

技术创新投入和技术创新产出之间关系的影响，本书进一步分析了市场化程度和法治化水平的调节作用。表 6-6 为模型(5)的回归分析结果，主要检验了管理者政治关联、制度环境对企业技术创新的影响。从企业的管理者政治关联 Pili 的回归结果可知，政治关联和市场化程度的交叉项与企业技术创新产出呈现显著正相关，影响系数为 2.320(Patent 2)，在 10%的水平下显著。由此可以说明，相对于市场化程度较低的地方而言，在市场化程度较高的地区管理者政治关联对企业创新产出促进作用更强。因此可以得出，市场化程度越高，政治关联对于企业技术创新产出的影响越大。此外，政治关联和市场化程度的交叉项与企业创新投入显著负相关，影响系数为－0.001(Rdd)和－0.002(Rd_sale)，分别在 5%和 10%的水平下显著。由此可以说明，相对于市场化程度较低的地方而言，在市场化程度较高地区，有政治关联的企业较为愿意进行创新投入，这可以说明，政治关联对创新投入的消极影响随着市场化水平的提高得到抑制。因此可以得出，市场化程度越高，政治关联对于企业技术创新投入的负面越被抑制。综合以上分析，本书认为市场化程度的高低对于政治关联与企业技术创新之间的关系会起到显著的调节作用，具体而言，市场化程度越高的地区，企业的政治关联对于企业技术创新投入的消极影响越小，然而政治关联对于企业技术创新产出的积极影响被显著地放大。

表 6-6　政治关联、市场化发展水平与企业技术创新关系的回归结果

模型	(1)	(2)	(3)	(4)
变量	Rdd	Rd_sale	Patent1	Patent2
Pili	0.007*	0.009	－0.005	－11.064
	(1.82)	(0.94)	(－0.02)	(－1.23)
Mar	0.002***	0.005***	0.048***	－0.076
	(8.27)	(8.48)	(3.41)	(－0.37)
Pili×*Mar*	－0.001**	－0.002*	0.012	2.320*
	(－2.26)	(－1.65)	(0.41)	(1.75)

（续表）

模型	(1)	(2)	(3)	(4)
变量	Rdd	Rd_sale	Patent1	Patent2
Lev	−0.022***	−0.107***	−0.173	−12.948*
	(−6.45)	(−11.60)	(−1.18)	(−1.90)
Roe	−0.005	0.017	1.056**	66.857
	(−0.95)	(1.50)	(2.56)	(1.43)
Size	0.000	0.003**	0.427***	14.041***
	(0.07)	(2.11)	(14.99)	(5.82)
Tang	−0.044***	−0.103***	−0.347**	−16.881***
	(−15.08)	(−15.27)	(−2.33)	(−3.48)
Roa	0.078***	−0.068	0.213	−100.018
	(4.75)	(−1.43)	(0.25)	(−1.34)
Constant	0.025**	0.023	−7.387***	−284.380***
	(2.01)	(0.90)	(−12.68)	(−5.78)
Year	已控制	已控制	已控制	已控制
Industry	已控制	已控制	已控制	已控制
Observations	4 940	4 940	4 940	4 940
R-squared	0.118	0.140	0.091	0.091
r2_a	0.116	0.139	0.089 8	0.089 5
F	60.79	68.48	43.97	11.55

注 1：括号内为 *P* 值，*** 代表在 1%以内显著，** 代表在 5%以内显著，* 代表在 10%以内显著。

注 2：*Pili*＝政治关联。创新投入使用研发支出进行衡量，包括两种计算方式：分别对应 *Rdd* 和 *Rd_sale*。创新产出使用专利产出进行衡量，包括两种计算方式：分别对应 *Patent*1 和 *Patent*2。*Mar*＝市场化总指数，控制变量：*Lev*＝资产负债率，*Roe*＝净资产收益率，*Size*＝企业规模，*Tang*＝资本密集度，*Year*＝年份，*Industry*＝行业，*Roa*＝资产收益率。各变量操作定义见表 6-1。

从表 6-7 可以发现，管理者政治关联和法治水平的交叉项与企业创新产出呈现显著正相关，影响系数为 0.008（Patent1）、0.731（Patent2），都在 10%的水平下显著。由此可以说明，相对于法治水平较低的地区，法治水平较高地区管理者政治关联对企业创新产出的促进作用更强。管理者政治关联和法治水平的交叉项与企业创新投入呈现显著负相关，影响系数为−0.000 2(Rdd)和−0.001(Rd_sale)，分别在1%和5%的水平下显著。这意味着，相对于法治水平较低的地方而言，法治水平较高的地区，有政治关联的企业较愿意进行创新投入。因此，法治化水平越高的地区，企业政治关联对于技术创新投入的负面影响越小，而对于企业技术创新产出的积极影响反而越大。综合而言，管理者政治关联是促进企业创新产出增长的有效非制度替代机制，即在制度环境较差的地区，管理者政治关联对企业创新产出增长发挥着重要的替代效应，相应地，在制度环境较差的地区，政治关联的企业更不愿意进行创新投入，政治关联对企业的创新投入有挤出效应。总而言之，以上结果为本书的研究假设6a和6b提供了理论支持。

表6-7　　政治关联、法治水平与企业技术创新关系的回归结果

模型	(1)	(2)	(3)	(4)
变量	Rdd	Rd_sale	Patent1	Patent2
Pili	0.002	0.002	0.025	0.681
	(1.45)	(0.42)	(0.26)	(0.26)
Law	0.001***	0.002***	0.004	−0.231***
	(7.75)	(7.86)	(0.74)	(−2.90)
Law×*Pili*	−0.000 2***	−0.001**	0.008*	0.731*
	(−2.64)	(−2.06)	(1.79)	(1.93)
Lev	−0.021***	−0.106***	−0.207	−13.546**
	(−6.29)	(−11.45)	(−1.41)	(−1.99)
Roe	−0.005	0.018	1.059**	66.942
	(−0.89)	(1.54)	(2.47)	(1.43)
Size	−0.000	0.003**	0.432***	14.148***
	(−0.08)	(1.98)	(15.16)	(5.82)
Tang	−0.043***	−0.102***	−0.387**	−17.855***
	(−14.99)	(−15.08)	(−2.57)	(−3.54)

(续表)

模型	(1)	(2)	(3)	(4)
变量	Rdd	Rd_sale	Patent1	Patent2
Roa	0.078***	−0.069	0.172	−101.126
	(4.78)	(−1.45)	(0.20)	(−1.35)
Constant	0.037***	0.049**	−7.130***	−284.797***
	(3.08)	(1.99)	(−12.33)	(−5.74)
Year	已控制	已控制	已控制	已控制
Industry	已控制	已控制	已控制	已控制
Observations	4 940	4 940	4 940	4 940
R-squared	0.119	0.142	0.089	0.091
r2_a	0.118	0.140	0.087 4	0.089 2
F	59.32	67.93	42.01	9.853

注1：括号内为 *P* 值，*** 代表在1%以内显著，** 代表在5%以内显著，* 代表在10%以内显著。

注2：*Pili*＝政治关联。创新投入使用研发支出进行衡量，包括两种计算方式：分别对应 *Rdd* 和 *Rd_sale*。创新产出使用专利产出进行衡量，包括两种计算方式：分别对应 *Patent*1 和 *Patent*2。*Law*＝市场中介和法律制度环境，控制变量：*Lev*＝资产负债率，*Roe*＝净资产收益率，*Size*＝企业规模，*Tang*＝资本密集度，*Year*＝年份，*Industry*＝行业，*Roa*＝资产收益率。各变量操作定义见表6-1。

6.4.4 敏感性测试

为了保证研究结果的可靠性，本书进行了如下敏感性测试：第一，考虑到本书选取变量可能存在部分极端值，这会造成研究结果出现偏差，为了避免因变量极值造成的噪音，本书采用1%的 Winsorize 处理后，从回归的结果来看，与此前的结论基本一致；第二，考虑到宏观因素对企业技术创新的影响，本书在控制变量中加入了 GDP 增长率、货币发行量、国家财政支出和通货膨胀率等变量，回归后发现结论与前文一致；第三，变更制度环境变量的选择，本书以1996—2007年外部治理环境的平均增长幅度来推算2008年至2015年的数据，通过对模型进行回归分析发现，研究结论与前文无实质性差异。为了更加直观地表示市场化水平和法治水平这两种调节效应，本书将结果绘制了交互效应示意图，如图 6-2 和图 6-3 所示。本书认为对上述研究结果进行敏感性测试有助于为本书的研究提供更为强有力的支持。

从图 6-2 中，本书发现，政治关联对创新投入的消极作用随着制度环境的调节得到了缓解，即制度环境有效地抑制了政治关联对创新投入的负向作用。因此进一步说明了制度环境对于政治关联与企业创新投入之间可以起到缓和作用，因此对于政府而言需要完善我国的制度环境，这也说明了为什么在制度环境良好的国家，政治关联通常对企业产生积极的正向影响，而在制度环境较差的国家，政治关联往往会滋生腐败等现象。同样地，也可以看出，相比发达国家，发展中国家受到制度环境的影响更大。

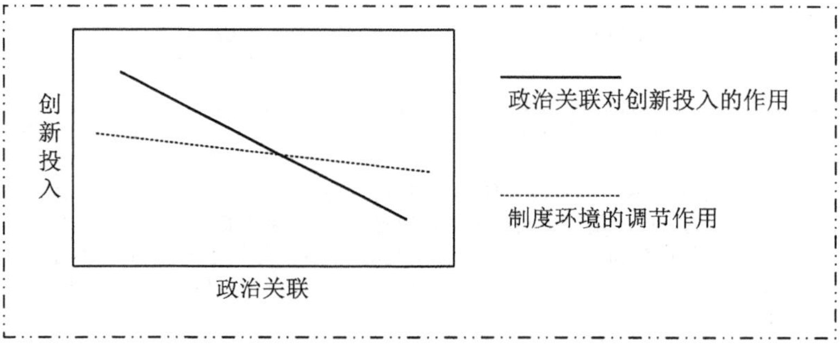

图 6-2　政治关联和创新投入：制度环境的调节作用

从图 6-3 中，我们发现，政治关联对创新产出的积极作用随着制度环境的调节得到了加强，即制度环境积极促进了政治关联对创新产出的正向作用。这一发现进一步验证了制度环境在政治关联与企业技术创新之间的作用，制度环境不仅可以抑制政治关联的负面影响，还可以增强政治关联的正向影响，因此这一研究发现，既说明了我国当前的制度环境还有提升与完善的空间，也说明了一个健全的制度环境对于规范企业生产经营活动、减少企业的不良行为有着重要的约束作用。综合以上分析，本书认为在制度环境越强（表现为市场化程度越高、法治化水平越高）的地区，政治关联对于企业技术创新投入的消极影响越小，对于企业技术创新产出的积极影响越大。这种强化效应与替代效应的并行，使得制度环境成为缓解政治关联与企业技术创新之间关系的有益手段。

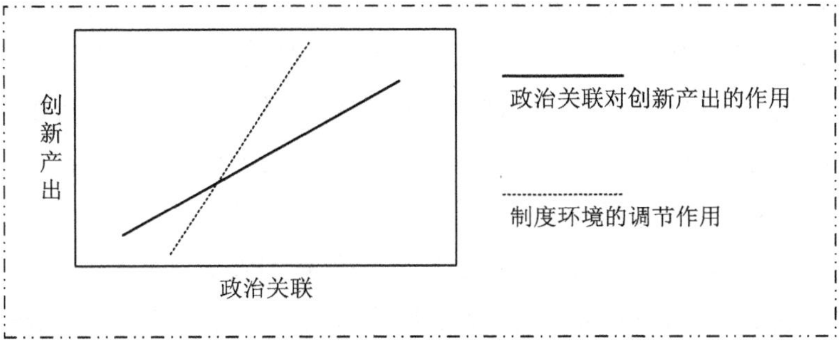

图 6-3　政治关联和创新产出：制度环境的调节作用

6.5　本章小结

现有研究在探讨企业政治关联和企业技术创新绩效关系的时候往往忽视了不同制度环境对其关系产生的影响，这就导致了以往研究不能清晰地把握企业政治关联对企业技术创新绩效的影响机理。鉴于此，本书采用 2008—2015 年我国沪深两市上市企业 12 711 个观察样本为研究对象，采用普通最小二乘法实证检验了不同制度环境背景下管理者政治关联对企业技术创新绩效影响的差异。研究结果发现，管理者政治关联和制度环境变量的交叉项与企业创新投入呈显著负相关关系，与企业创新产出呈显著的正相关关系，这说明管理者政治关联是一个有效的制度外替代机制，在制度环境薄弱的地区，管理者政治关联可以有效发挥替代机制，提高企业创新产出，却抑制企业创新投入。在制度环境薄弱的地区，管理者政治关联对企业创新产出增长的边际效应更大，但由于政治资源禀赋效应，以及创新投入周期长、见效慢，使得企业不愿进行过多研发投入，容易造成企业研发投入少的困境。

更为具体而言，相对于市场化程度较低地区，在市场化程度较高的地区，企业政治关联对企业创新产出增长推动作用更强，在市场化程度较低的地区，有政治关联的企业更不愿意进行创新投入，政治关联对企业创新投入有一定的挤出作用；相对于法治水平较低地区而言，在法治水平较高的地区，企业政治关联对其创新产出的增长的推动作用更强，在法治水平较低的地区，企业更不愿意进行创新投入，政治关联对企业创新投入在法治水平较低的地区有一定的挤出作用。总之，从本书的研究结果来看，那些市场化程度高、法治化水平高的地区，能够更好地利用政治关联对于企业带来的益处，即更好地促进企业技术创新产出，同时能够有效降低政治关联对于企业技术创新投入带来的负面影响，起到了很好的强化效应与替代效应。由此，我国政府部门应该积极推动制度环境建设，加强企业对通过政治关联进行寻租行为的监管，努力为企业的经营造一个良好的外部环境。一方面，政府部门应当积极构建良好的市场环境，提高市场化程度，尽可能让无形之手调节市场，尽可能减少对于市场的干预；另一方面，政府部门应当积极完善法律法规，构建更加公平、公正的法治化环境。同时，政府相关部门还可以通过对政治关联进行积极的正向引导，鼓励企业承担更多的社会责任，推动地方的社会经济长远发展。

7 政治关联、政府扶持和技术创新绩效
——一个有调节的中介模型

本章主要阐释了制度环境对于政府扶持中介作用的影响，即制度环境如何影响政府扶持在政治关联与企业技术创新投入和技术创新产出的中介作用。本章首先从一个综合的视角论述了制度环境、政府扶持对于企业的联合影响，随后基于资源基础理论、资源诅咒理论以及制度理论从整合的视角分析制度环境对于政府扶持在政治关联与企业技术创新之间中介作用的影响，具体表现为，相比制度环境（包括市场化程度较低、法治化水平较低）较差的地区，政府扶持（包括政府补助和科技立项）对制度环境较好地区的创新投入影响更大，从而进一步导致有政治关联企业对其创新投入的影响；同样地，相比制度环境较差的地区，政府扶持对制度环境较好地区的创新产出影响更大，从而进一步导致有政治关联企业对其创新产出的影响。随后本书通过大样本数据的获取检验了这一研究假设。检验结果基本支持本书的研究假设。企业应当以权变、辩证、全面的思维来看待制度环境以及政府扶持的耦合效应对企业所带来的影响。

7.1 研究问题的提出

根据国家创新系统理论（Nelson，1993）和三螺旋理论（Etzkowitz 和 Leydesdorff，2000），在当今环境下，创新是企业发展的根本。影响创新能力及其产出包括四个维度：产业结构、企业特征、组织间属性和制度影响。政府是创新能力的决定因素之一。从积极方面来看，有学

者提出政府补贴作为事前激励的主要方式，被认为是提高企业 R&D 投资的有效政策工具。大量的研究证实了这一作用，认为政府补贴能够作为一种事前鼓励对于企业技术创新产生显著的积极影响。政府补贴有利于促进企业研发活动，这意味着企业获得运营资金的成本能够有效降低，这有助于缓解其面临的资本限制。企业获得的政府补贴还可以弥补外部性带来的投资回报不足，加强企业的研发动机。有研究表明，当下游市场集中度较高时，最优的 R&D 政策是为这些企业提供补贴，或者最优策略是为下游企业提供税收激励。

从消极方面来看，每家公司可以申请补贴，并可以将补贴金用于私人研究投资。如果出现完全挤出效应，政府扶持不会导致任何提高技术性能的可能。此外，目前尚不清楚，收到补贴而进行的额外研发项目是否取得了成功。假设企业有一些研发项目投资组合可供选择，他们显然会从那些有望获得最高预期回报的项目开始。虽然人们普遍认为一个有能力的政府是重要的，但由于各种混杂原因的存在，政府应如何运作仍是一个值得商讨的问题，尤其是它应该如何发挥作用以及它在如何参与创新的方式上，是很值得探究的。而且我们很难对政府补助和科技立项对技术创新绩效的影响做出评估。政府的扶持对于支持研发和创新至关重要，因为仅靠市场无法为知识生产提供足够的激励。然而，政府扶持的程度在不同的经济体有所不同，也会因为制度环境不同而不同，从通过积极为产业政策提供咨询和在选定领域投资的直接干预，到通过创造积极的环境和为行业提供服务来促进干预，都对企业研发与创新产生差异化的影响。

以新加坡为例，该国从不同角度进行政府扶持产业，新加坡以强有力的政府干预著称。新加坡的创新活动主要是由政策驱动的，主要由大企业主导。通过对新加坡和中国香港地区 USPTO 专利差异分析，国际教育学院(ILED)发现，有证据证明政府的干预措施对提升科技有重要意义，对扩大创新范围颇有成效。这些发现可以揭示政府参与创新的意义。事实上，政府补贴是每个国家都存在的普遍现象。在创新政策领域，市场失灵的概念也被用来证明政府对科学技术的支持是正确的(Arrow,1962;Nelson,1959)。我国2019年政府工作报告中明确了建立国家科技创新体系,推动科技创新是国家战略。有学者认为应该存在多种形式和组织的经济,其中国家补助扶持只是一个程度的问题。

尽管已有研究对政府的作用进行了大量的讨论,但检验政府扶持水平与创新之间关系的实证研究仍然很少,尤其是科技立项对于企业技术创新的影响。现有的研究侧重于特定的政策一般工具,包括直接的补贴方式和间接的税收激励。研究最多的仍然也是直接研发补贴与税收抵免,因为这不仅很容易量化,而且这种政府补助对企业的产出方面的贡献是最为直接的。也有研究者指出,应当研究其他类型的创新产出,包括技术专利、新产品或工艺和新产品的销售对公司业绩的长期影响。然而,很少有研究将政府扶持作为一个整体来评估其对创新的整体影响,更少有研究将制度环境对政治关联作用于创新投入和创新产出的中介路径进行调节分析。这是由于国家创新宏观环境的动态性,中国各地区各省份之间的不同及不同的地区制度环境差异等造成的,这位本书开展这一类研究问题提供了有益的契机。

首先,市场化发展水平和法律发展水平作为制度安排的潜在特征,不同类型的企业在资源获取和管理能力上都有很大的差异,进而在利用政府补助和科技立项进行创新的机制上也有所不同。例如,早期有关反腐败的政策一出台,对于各地的政企关系带来了微妙的影响,并且随着打击力度的不断增强,政治关联对于企业技术创新的影响意外地被削弱了。其次,制度环境发展水平的高低,显著影响政府补助对不同类型企业技术创新绩效影响。那么,在转型经济背景下,制度环境是如何作用于政治关联影响企业技术创新的中介路径的?从目前已有的研究来看,尚无法明确制度环境如何作用于政府扶持在政治关联和企业技术创新之间的中介关系。但现有的研究认为,对于这一关系的明确有助于企业更为精准地把握政府以及制度环境对于企业的影响。针对这一问题,本章将资源基础观整合到经济学的研究框架中,从资源获取和市场要素扭曲的角度来剖析不同制度环境下由于资源禀赋效应和制度逻辑的差异，制度环境给政治关联对技术创新绩效的中介路径的调节效应带来的影响，对沪深A股2008—2015年的数据的统计分析结果支持了本书的假设。

本章主要聚焦于企业所处的区域制度环境，与Laursen等(2012)的研究观点一致，本书认为区域制度环境会影响政治关联作用于企业的创新路径。同第6章一样，本章强制度环境指的是在区域内市场化程度高、法治化水平强以及监管水平高的一种环境。其中，制度环境薄弱的地区，更难从创新所需要的资源中提取价值；这是由于在制度环境薄弱的地区，要素市场的功能被破坏，进而增加了交易成本，进而扩大了信息的不对称(Meyer等，2009)。Acemoglu等(2003)指出制度薄弱的国家，表现出高度的政治不稳定、普遍腐败、产权保护薄弱，以及市场运作薄弱等不良现象，由此导致了国家经济增长缓慢(Bräutigam和Knack，2004)，因此这对从现有资源中提取有价值的资源产生消极影响。本书进行推断得出不同制度环境的差异，影响了企业能否成功地使用创新资源。因此，理解区域制度环境是怎样影响企业层面资源转化为企业技术创新是十分重要和有意义的。

本章节研究的主要贡献在于加深了对区域制度环境是否对政治关联对企业技术创新的作用中介路径产生调节作用的理解。组织嵌入于复杂的制度环境情景中，往往受到多种制度逻辑的影响，制度逻辑之间的差异(包括市场化程度和法治化水平)使得不同组织对于政府扶持(政府补贴和政府科技立项)所包含的间接信号传递也不同，进而影响了不同的企业技术创新投入和创新产出。本书认为，区域的异质性导致了区域制度环境差异，并且区域不同的文化和不同治理体系，使得不同的区域制度环境很可能会影响企业资源和创新的关系。因此，本书以实证的方式来探讨区域制度环境如何影响企业从现有资源中提取价值来影响其企业的技术创新。通过深度区分不同制度环境，进一步挖掘政府扶持作为政治关联对创新投入和产出的作用路径收到不同制度环境的不同的调节效应，深化对创新产出和创新投入的知识。

随着研究的深入，我们发现进行异质性资源获取是创新的重要途径。不少学者从资源基础观角度，指出企业需要积极主动跨越组织边界和地理边界，并加强与外部组织的联系与合作，从而获取外部相关资源以更好实现创新。企业要想在全球市场中保持竞争优势，不仅需要依赖内部的创造或应用能力，而且需要跨越自身边界去获取和利用外部技术知识及相关能力（Benner 和 Tripsas，2012；Hoskisson 等，1999）。在认识到外部资源和能力获取的重要基础之上，企业会遇到以下核心问题：第一，针对自己面对的制度环境，企业需要关注什么样的资源和能力，这种资源和能力直接决定了企业如何进行顶层设计以规划资源的设计与调度，最终影响企业技术创新活动最初的行动。第二，企业如何高效地获取所需的资源和能力？这种动态地获取资源和提升应变的能力关系到企业技术创新的长久性投入，因为技术创新并非短期内可以成功，需要企业不断持续地输入资源与能力，以确保企业技术创新的连续性。第三，在发展中，企业如何将获取的资源转换为企业的实质绩效？企业最终的目的是盈利，如果科技创新的成果不能转化为商业价值，那么对于企业而言难以获得有效的收益与价值，企业继续从事技术创新的动力就会被淹没。总而言之，回答这一问题需要从一个全面的角度来看待，并且从一个系统的角度去思考如何高效地为企业提供解决方案。

从宏观层面讲，制度环境塑造了企业家寻求建立政治关联的动机，以求获得合法性和经济利益。制度理论具有公共政策明显的特征，它是一种关于社会结构深层次和更具弹性方面的理论。它由文化认知、规范和制度元素组成，这些元素连同相关的活动和资源一起为社会的稳定和有意义做出贡献。制度的传输载体包括符号系统、关系系统、规范等。然而随着法律和监管机构逐渐完善，市场便越能够系统化、集成化、全面性发展，因而在中国当前的市场环境下，企业建立的政治关联所带来的激励效应便会削减，这种效应在上述研究中得到了很好的验证，而且从现有的研究现状来看，确实存在这种削弱现象。但是，商界领袖经常寻求政治联系来帮助他们的企业获得经济利益企业管理层的行为、管理风格以及其制定的企业战略会影响企业的创新行为。而这种影响及其作用路径会受到制度环境强弱的调节影响，因而对于企业而言，势必需要重新审视技术创新的相关战略。

制度可以由一些特定的正式规定（比如法律，规章制度）和非正式规定（比如规范和价值观）组成，并持久性地在特定区域发挥作用。组织内部制度必须适应其外部制度环境，用来促进企业组织的有效运营，组织调整内部结构的过程，目的也是追求组织合法。在追求合法性的过程中，就实现了“合法化（legitimation）”。同第6章所述，本书的政治关联在一定程度上表示了政府与企业的关系，二者有很大的共线性，故本书着重考虑不同市场环境和不同法治水平下的不同制度环境。我国各地区的制度环境存在显著的差异，不同的制度环境给企业的经营决策会产生不一样的影响。如果制度得不到强有力的实施以及知识产权缺乏保护，可能会阻碍创新。有研究用元分析方法发现，随着市场日趋完善，与商业关联相比，政治关联对企业的经济效益的影响有所削减。总而言之，现有的研究零星地表明制度环境对于企业的种种“优化”的影响，本书则通过一个综合的视角来分析制度环境（包括市场化程度和法治化水平）在政治关联、政府扶持（包括政府补助和科技立项）以及企业技术创新投入和技术创新产出之间的影响，重点剖析在制度环境不断变化的情况下，上述三种变量之间的关系会发生何种变化。

7.2 理论分析与研究假设

本书聚焦企业所处广阔的制度环境，来探究发展中国家的企业资源与创新之间关系。大多数发展中国家企业治理还有待完善，这意味着制度运行不佳。已有研究认为制度环境的差异导致了发展中国家的各种增长率的不同。其他一些实证研究也指出了制度对发展中国家经济增长和发展起着至关重要的作用（Acemoglu 和 Robinson，

2008)。已有研究表明强有力的制度环境是创新的必要条件(Oyelaran-Oyeyinka 和 Lou，2004)，其主要有以下两个原因：其一，强制度环境通过提供管理经济主体的规章和执行合同义务来减轻围绕创新活动的不确定性。创新通常是具有高度不确定性的，并且由于外部环境的不确定性更为明显，政府通过立法、设立规则等手段，为企业营造一个良好的外部环境。这能够为企业降低外部不确定性提供有效保障。其二，强制度环境可以有效调解管理创新活动的知识产权(IPR)和专利等相关纠纷。技术创新最为关键的"产后"要求就是有一个零号的知识产权保护制度，这可以有效保证企业从技术创新成果中获利，并且不被他人轻易盗用，有效激励企业持续从事技术创新，尤其是那些高难度的技术创新活动。此外，运作良好制度环境对于创业活动和创新是必不可少的，与创新相辅相成的创业活动也是受到外部制度环境影响较大的创新活动。一个区域内，较差的制度环境让企业很难从创新所需的资源中提取价值，但是优渥的制度环境能够为企业萃取资源价值提供有效的保障。因此，本书推断，企业能够成功地利用其资源进行创新的程度取决于区域制度环境。

参照第 6 章的研究内容，本书的制度环境根据樊纲市场化指数分为市场化总发展水平和法治水平，由于本书研究主题为企业政治关联与创新，样本数据为全样本，其中政治关联在很大程度上共线于与政府的关系，因此本书只选取了这两个指标。企业是一个开放的系统，受到外部环境权变因素的影响。本书提出，强的制度环境强化了政府扶持对创新产出的作用，弱化了政府扶持对创新投入的负向影响，因为企业更有能力从高管的政治经验中提取价值。Trevor (1989)提出了国家创新体系(national system of innovation)的概念，将政府作为技术创新中的内在因子进行系统研究。他认为，产业和企业的技术创新需要政府的支持。政府在企业创新过程中通过制定一系列政策来确保企业的创新动力和资源投入。政府的创新政策类型有指令性的计划(独立科研所、高校等)和指导性的计划(以企业为主)，同时，政府通过在企业技术创新过程中提供补贴降低企业的技术创新成本的方式、其他一般性创新政策(新产品研究经费),以及特殊性创新政策(高新技术开发区政策)来鼓励企业进行创新。制度环境薄弱地区,通常知识产权保护力度不够,这意味着企业无法有效从政治资源中获取有用价值。当知识没有受到保护(例如专利授权)时,它很容易被模仿,并且更难从它那里获得适当的价值。因此,在几乎没有模仿限制的制度环境中,企业将无法成功地将政治关联获取的资源转化为技术创新绩效。此外,腐败的环境降低了企业研发投入的可能性,继而阻止了创新活动。腐败被认为是阻碍了经济活动的障碍之一,包括创新和创业。制度环境薄弱可能导致高级管理人员从创新活动中转移注意力,进而导致低创新率。制度环境对政治关联影响技术创新绩效的中介路径的调节如图 7-1 所示。制度环境可以以不同的方式来影响企业的创新倾向,而且良好的制度环境可以激励有效的企业行为,但是薄弱的制度通常导致非有效行为;此外,强制度环境可以减少交易成本和不确定性,简化经济主体之间的协调 ,因此在制度环境较好的地区(包括市场化程度水平较高以及法治化水平较高),政府扶持对企业技术创新投入不易产生挤出效应,而且在较高的制度环境中,政府扶持还有利于促进企业技术创新的产出。即中介作用的实现受到制度环境的调节,政治关联对创新的影响有调节的中介作用。综上所述,本书给出以下假设。

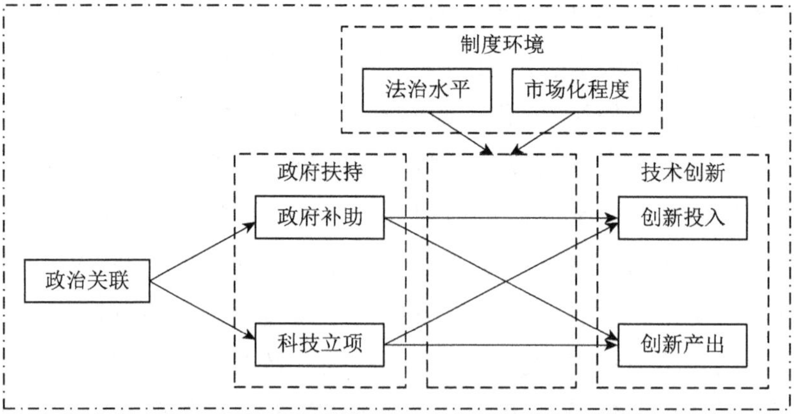

图 7-1　制度环境对政治关联影响技术创新绩效的中介路径的调节

假设7a. 政府扶持对政治关联和企业创新投入之间的部分中介作用受到了制度环境的调节，即相比制度环境较差的地区，政府扶持对制度环境较好地区的创新投入影响更大，从而进一步影响有政治关联企业对其创新投入的影响。

假设7b. 政府扶持对政治关联和企业创新产出之间的部分中介作用受到了制度环境的调节，即相比制度环境较差的地区，政府扶持对制度环境较好地区的创新产出影响更大，从而进一步影响有政治关联企业对其创新产出的影响。

7.3 实证研究设计

7.3.1 样本筛选与数据来源

本书的时间窗口为2008—2015年，选取了中国沪深两市A股上市企业为研究对象。为了保证研究结论的可靠性，本书进行了如下的筛选：①删除了金融业上市企业的样本；②删除了在样本窗口期间被证监会ST、*ST的上市企业样本；③删除了企业高管政治关联数据、创新产出数据缺失的上市企业样本；④删除了在样本窗口期间主营业务变更、资产重组等事项的上市企业样本；⑤剔除样本期间内企业实际税率大于1或小于0的企业。经过筛选后，本书共获取了12 711个观测样本。本书中所采用的政治关联数据主要来自手工收集上市企业年报中出现的董事长和总经理的简历背景，具体方法如前文所述。创新产出数据和创新投入数据主要来自国家知识产权局网站和同花顺数据，制度环境数据主要来自樊纲等编制的《中国市场化进程：各地区市场化相对进程2016年报告》（以下简称《报告》）。

7.3.2 变量选择与定义

7.3.2.1 技术创新数据

按照研究内容，本书的被解释变量为技术创新，按照第3章的分析，本书采用比值法来衡量企业技术创新投入；技术创新产出主要指企业的专利产出，本书采用企业专利的数量来衡量企业技术创新产出。本书借鉴权小锋和吴世农(2010)关于企业创新行为的测度，采取与本书技术创新定义一致的研发投入与专利产出来衡量企业技术创新。对于企业研发投入的衡量，本书以研发支出占初期总资产的比重(Adhikari 和 Agrawal，2016；黄庆华 等，2017；刘放 等，2016；潘越 等，2009；袁建国 等，2015b)以及研发支出占营业收入的比重(Adhikari 和 Agrawal，2016；Jung 等，2008；苟燕楠和董静，2014；康志勇，2013；刘放 等，2016；罗明新 等，2013；潘越 等，2009；水会莉 等，2015)为度量。对于企业创新产出的测量，主要以企业专利数据为度量，专利数据主要来源国家知识产权局网站，本书进行手工收集并整理了 2008—2015 年的数据，并且在搜集完成之后，进行了校对以确保数据搜集的完整性与准确性。鉴于此，结合之前的研究内容，本书主要是选取了创新投入(Rdd、Rd_sale)和创新产出(Patent1、Patent2)两个层次测度企业创新。本书认为采用多种方式全面地衡量企业技术创新能够较为完整地呈现企业真实的技术创新现状。

7.3.2.2 政治关联数据

结合本书的文献综述，并且参考了 Fisman 和 Wang (2013)、贾明和张喆 (2010)和余明桂等 (2010)关于政治关联的测量方式，本书采用了虚拟变量法这种主流的测量方式来度量本书中的政治关联。本书选取了 2008—2015 年所有在我国沪深上市的企业作为初始样本，同时按照如下标准筛选：①剔除当年退市或 ST 的企业，即金融、房地产企业；②剔除样本期间内企业实际税率大于 1 或小于 0 的企业。高管背景样本通过手工整理涉及 13 601 个企业年度观测值，在剔除缺失财务数据后，最终样本涉及 12 711 个上市企业年度观测值。结合本书对政治关联的定义，本书采取了如下测量方式：使用 CSMAR 上市企业的高管人物特征数据库的高管履历，同时使用万得数据库(WIND)、锐思数据库(RESSET)加以辅助，对于其中高管背景资料缺失或者披露不详的，则使用巨潮资讯的年度报告高管任职履历进行补充，从企业年报的高管信息一栏手工整理了企业是否具有政治关联的信息。企业政治关联为虚拟变量，用于衡量上市企业高管（董事长或总经理）是否为前任或现任政府官员、人大代表、政协委员等，因而将政治关联分解为官员型政治关联和代表型政治关联，如果企业高管曾在政府部门工作，则为官员型政治关联，取值为 1，否则为 0。同理，如果企业高管曾为人大代表或者政协委员，则为代表型政治关联，取值为 1，否则为 0（乐菲菲 等，2017；李诗田和邱伟年，2015）。

7.3.2.3 制度环境数据

樊纲等（2016）编制的《中国市场化进程：各地区市场化相对进程 2016 年报告》是关于我国制度环境最为权威的书籍，深受国内学者们的青睐，被广泛应用到制度环境的相关研究中。目前已有较多的学者采用这一报告中的相关数据来代表地区的制度环境水平，鉴于此，本书也采用与现有研究一致的测量方式对于本书的制度环境进行数据指代。由于本书探讨的政治关联和与政府关系有很大共线性，本书不考虑政府关系这一制度环境在本研究中的应用。此外，由于本书选取全样本数据，并且考虑到数据的完整性，本书的制度环境主要由包含市场化总指数 Mar 和法律制度环境 Law 两个角度，其中市场化总指数 Mar 是《报告》中的市场化总指数得分，法律制度环境 Law 是《报告》中“市场中介组织的发育与法律制度环境”指数，报告中的数据一直到 2016 年。本书认为，市场化程度与法治化水平能够很好地反映出本书所探讨的制度环境，以及这一制度环境对于企业政治关联和企业技术创新投入与技术创新产出之间关系的影响。

7.3.2.4 政府扶持数据

政府补助的数据均由手工整理搜集的 2008—2015 年上市企业年报中政府补助金额，本书参照陈维等（2015）对政府扶持政策的测量方式，将政府补助设立为三个解释变量：一是下一年度的实际所得税率（Gs1），二是下一年度的营业税率（Gs2），三是下一年度的政府补助（Gs3）。其中实际所得税率为当期所得税费用减去递延所得税费用之差除以应收税益，营业税率为营业税金除以营业收入，政府补助为政府补助金额除以营业收入。同样地，在本书中，Gs2 作为政府补助的主要测量方式，而 Gs1 与 Gs3 作为稳健性检验过程中，政府补助的替换变量使用。另外，鲜有学者对科技立项进行一个细致的测量，本书借鉴张振刚和薛捷（2004）对科技立项的划分，将科技立项分为企业从政府部门取得的科技项目，包括国家级、省级和市级科技项目，分别赋予不同量级 3、2、1，用来衡量企业的科技资源获取水平，并且手工搜集 2008—2015 年上市企业年报，参考杜元伟（2011）对重大科研项目的定义，本书将我国 863 计划、973 计划、国家科技基础条件平台建设、国家科技支撑计划、国家自然科学基金重大项目等获得了国家持续稳定财政支持并以提供公共科技产品为目的的国家科技主体计划，都归为国家立项，其余则省级和市级项目自行搜索，分别赋值 3、2、1 的权重，加权求和后用以衡量企业的企业科技项目获取水平。

7.3.2.5 控制变量数据

本书具体控制了一系列潜在的影响因素，包括企业规模、资产负债率、资产收益率、企业性质、企业市值账面比、企业年限、资本密集度以及行业，所有的测量方式均来自已有研究文献中，并基于本书的研究情景进行了适当的修改以契合本书的研究场景，并设置了年度虚拟变量和行业虚拟变量，具体变量定义如表 7-1 所示。

表 7-1　　政治关联、制度环境与企业技术创新的变量定义

变量类型	变量名称	变量符号	变量描述
被解释变量	创新投入：研发支出	*Rdd*	企业年度研发支出占期初总资产的比重
		Rd_sale	企业年研发支出占期初营业收入的比重
	创新产出：专利产出	*Patent*1	发明专利、实用新型专利和外观设计专利总申请数加 1 的自然对数
		*Patent*2	用 3 种专利加权总数加 1 的自然对数表示，3 种专利的权重按照 3∶2∶1 进行
解释变量	政治关联	*Pili*	上市企业的董事长或者总经理二者任其一，是否现任或者曾任县级以上人民政府机构工作人员 上市企业的董事长或者总经理二者任其一，是否现任或者曾任县级以上人大代表或者政协委员 符合上述条件的，“1”表示政治关联；“0”表示不具备政治关联

（续表）

变量类型	变量名称	变量符号	变量描述
调节变量	制度环境	*IE*	包含市场化总发展水平和中介组织的发育和法律制度环境
	市场化总指数	*Mar*	《报告》中的市场化指数总体评分指数
	市场中介和法律制度环境	*Law*	《报告》中“市场中介组织的发育与法律制度环境”指数
中介变量(M)	政府扶持：科技立项	*Lx*	企业从政府部门获取的立项，包括国家、省级和市级科技立项，分别赋予3、2、1权重后求和
	政府扶持：政府补助	*Gs*1	下一年度的实际所得税率
		*Gs*2	下一年度的营业税率，营业税金及附加除以营业收入
		*Gs*3	下一年度的政府补助
控制变量	企业规模	*Size*	企业资产总额自然对数表示
	资产负债率	*Lev*	期末负债面值/期末资产面值
	净资产收益率	*Roe*	净利润/期末资产面值
	资产收益率	*Roa*	(净利润＋利息支出)/总资产总额
	企业年限	*Age*	企业成立年限。用企业创立期到样本期的年限表示
控制变量	企业性质	*Soe*	企业性质
	资本密集度	*Tang*	固定资产/主营业收入
	行业	*Industry*	控制行业因素
	年份	*Year*	控制年份因素

7.3.3 模型设计

本章节承上，在前面章节已经验证过政府扶持即政府补助和政府项目科技立项对企业技术创新绩效起着部分中介作用(见5.4实证分析结果)，在经过前面章节已经检验过制度环境对政治关联对企业技术创新绩效的关系调节作用(见第6章6.3.3)，通过实证验证了制度环境的调节作用对主效应有直接的调节影响。接下来，为了揭示不同制度环境对政治关联影响技术创新绩效中介路径的调节作用，即在不同制度环境(市场化程度和法治化水平)的影响下，政府扶持(政府补助和科技立项)在政治关联与企业技术创新(创新投入和创新产出)之间的中介作用如何变化,为此本书特别构建了如下检验模型,具体模型设计如下。

$$Y = c_8 + \beta_{81} \times Pili + \beta_{82} \times IE + \beta_{83} IE \times M + \beta_{84} \times M + \mu_8 \quad (模型 8)$$

7.4 实证检验与结果分析

7.4.1 描述性统计分析

表 7-2 罗列了主要变量的描述性统计结果,从表 7-2 的结果可以发现,样本观测值为 12 711,由于这次处理中有很多缺失值,故将缺失值删除。样本企业的创新投入中,研发投入最小值为 0,最大值为 0.458,标准差为 0.032,这表明样本企业之间有关企业技术创新投入的差距并不是很大;而另一种算法最小值为 0,最大值为 1.632,标准差为 0.075 1,这同样表明我国上市企业的企业创新投入差距不是很大;样本企业的政治关联 Pili 的平均值为 0.253,这基本符合我国政治研究的情况,与之前的研究情况基本一致,仅 1/4 的企业拥有政治关联。另外,我国各地区的制度环境差异也较为明显。以市场化程度 Mar 为例,平均值为 7.74,最大值为 9.95,最小值仅为−0.30,这种制度环境差异主要由于各地区的资源禀赋、历史文化和政府的发展战略造成的。同样地,法治化水平的平均值为 8.636,最小值为−0.700,最大值为 16.19,这说明不同企业所在的地区之间的法治化水平差距较大。综合来看,样本企业具有较高的代表性,能够反映出我国当前企业的真实面貌。为此,本书将在后续的小节中对这些数据进行细致分析。

表 7-2　政治关联、制度环境、政府扶持与企业技术创新的描述性统计分析

变量	观测值	平均值	标准差	最小值	最大值
Pili	12 711	0.253	0.435	0	1.000
*Gs*2	12 711	0.016 0	0.027 8	0	0.608
*Gs*3	12 711	0.013 6	0.032 0	0	1.241

(续表)

变量	观测值	平均值	标准差	最小值	最大值
Lx	12 711	8.297	1.175	3.820	9.790
Mar	12 711	7.742	1.531	−0.300	9.950
Law	12 711	8.636	4.449	−0.700	16.190
Rdd	12 711	0.029 5	0.032 0	0	0.458
Rd_sale	12 711	0.055 8	0.075 1	0	1.632
*Patent*1	12 711	2.159	1.459	0	8.200
*Patent*2	12 711	10.810	47.460	0	1 369.000
Lev	12 711	0.358	0.196	0.011 1	0.953
Roe	12 711	0.077 5	0.096 0	−3.242	0.852
Size	12 711	21.530	0.989	19.230	26.960
Tang	12 711	0.230	0.144	0.001 21	0.831
Roa	12 711	0.051 2	0.050 2	−0.646	0.482

注：*Pili*＝政治关联，*Lx*＝科技立项，*Gs*2 和 *Gs*3 为政府补助。创新投入使用研发支出进行衡量，包括两种计算方式：分别对应 *Rdd* 和 *Rd_sale*。创新产出使用专利产出进行衡量，包括两种计算方式：分别对应 *Patent*1 和 *Patent*2。*Mar*＝市场化总指数，*Law*＝市场中介和法律制度环境，控制变量：*Lev*＝资产负债率，*Roe*＝净资产收益率，*Size*＝企业规模，*Tang*＝资本密集度，*Roa*＝资产收益率。各变量操作定义见表 7-1。

7.4.2 假设检验

对模型(8)运用普通最小二乘法进行回归检验，结果如表 7-3、表 7-4、表 7-5 所示。从表 7-3 来看，政府补助和法治水平的交互乘积项对创新投入系数显著且为负，这说明，该有调节的中介模型中后半路径的调节是存在的。具体来说，政府补助和法治水平的交互对政治关联对创新投入主效应有显著的负向影响，即政治关联对创新投入的主效应被法治水平削弱了，而且通过法治水平变量(Law)系数不显著可以判定这很大程度上是通过作用于中介而影响创新投入的；而在对创新产出的主效应中，政府补助和法治水平的交互乘积项系数显著且为正，这说明政府补助和法治水平的交互对政治关联对创新投入主效应有显著的正向影响，即政治关联对创新投入的主效应受到法治水平

表 7-3　法律发展水平对政府补助的中介路径的调节作用

模型	(1)	(2)	(3)	(4)	(5)	(6)	(7)	(8)
变量	Rdd	Rd_sale	Patent1	Patent2	Rdd	Rd_sale	Patent1	Patent2
Pili	−0.001*	−0.007***	0.098**	7.026***	−0.001	−0.006***	0.097**	7.023***
	(−1.77)	(−3.74)	(2.15)	(3.29)	(−1.51)	(−3.35)	(2.11)	(3.29)
Gs2	−0.442***	−0.905***	−22.995***	−413.007***				
	(−3.88)	(−3.06)	(−4.31)	(−3.75)				
Law	0.000	−0.000	0.003	−0.276**	0.001***	0.001**	0.011**	0.071
	(1.46)	(−0.20)	(0.38)	(−2.38)	(3.49)	(2.00)	(2.12)	(0.63)
Gs2Law	−0.069***	−0.226***	1.035*	28.237**				
	(−3.53)	(−5.16)	(1.74)	(2.46)				
Lev	−0.022***	−0.108***	−0.247*	−13.939**	−0.016***	−0.086***	−0.128	−11.152*
	(−6.55)	(−11.71)	(−1.70)	(−2.07)	(−4.77)	(−9.63)	(−0.87)	(−1.65)
Roe	−0.005	0.015	1.054***	66.765	−0.004	0.016	1.106**	68.161
	(−1.09)	(1.28)	(2.61)	(1.43)	(−0.88)	(1.34)	(2.41)	(1.43)
Size	0.000	0.003*	0.448***	14.288***	−0.000	0.002**	0.433***	14.119***
	(0.13)	(1.92)	(15.93)	(5.91)	(−0.02)	(2.13)	(15.20)	(5.85)

(续表)

模型	(1)	(2)	(3)	(4)	(5)	(6)	(7)	(8)
变量	Rdd	Rd_sale	Patent1	Patent2	Rdd	Rd_sale	Patent1	Patent2
Tang	−0.042***	−0.090***	−0.581***	−18.581***	−0.039***	−0.087***	−0.315**	−15.437***
	(−15.03)	(−14.88)	(−3.81)	(−3.72)	(−14.41)	(−13.98)	(−2.06)	(−3.17)
Roa	0.077***	−0.075	0.307	−100.216	0.086***	−0.033	0.200	−100.142
	(4.79)	(−1.59)	(0.36)	(−1.35)	(5.39)	(−0.70)	(0.22)	(−1.31)
Gs3					0.174*	0.389*	6.194***	151.476***
					(1.93)	(1.69)	(2.93)	(2.68)
Gs3Law					0.006	0.048	0.301*	−6.451
					(0.50)	(1.57)	(1.70)	(−1.60)
Year	已控制	已控制	已控制	已控制	已控制	已控制	已控制	已控制
Industry	已控制	已控制	已控制	已控制	已控制	已控制	已控制	已控制
_cons	0.039***	0.057**	−7.225***	−285.724***	0.031***	0.033	−7.324***	−289.999***
	(3.26)	(2.36)	(−12.70)	(−5.73)	(2.64)	(1.45)	(−12.53)	(−5.73)
N	12 711	12 711	12 711	12711	12 711	12 711	12 711	12 711
Adj. R-Square	0.12	0.16	0.10	0.09	0.16	0.24	0.09	0.09

注 1：括号内为 P 值，*** 代表在 1%以内显著，** 代表在 5%以内显著，* 代表在 10%以内显著。

注 2：*Pili*＝政治关联，*Gs*2 和 *Gs*3 为政府补助。创新投入使用研发支出进行衡量，包括两种计算方式：分别对应 *Rdd* 和 *Rd_sale*。创新产出使用专利产出进行衡量，包括两种计算方式：分别对应 *Patent*1 和 *Patent*2，*Law*＝市场中介和法律制度环境，控制变量：*Lev*＝资产负债率，*Roe*＝净资产收益率，*Size*＝企业规模，*Tang*＝资本密集度，*Year*＝年份，*Industry*＝行业，*Roa*＝资产收益率。各变量操作定义见表 7-1。

表 7-4　　市场化程度对政府补助的中介路径的调节作用

模型	(1)	(2)	(3)	(4)	(5)	(6)	(7)	(8)
变量	Rdd	Rd_sale	Patent1	Patent2	Rdd	Rd_sale	Patent1	Patent2
Pili	−0.002**	−0.007***	0.094**	6.985***	−0.001*	−0.006***	0.096**	7.024***
	(−1.99)	(−3.98)	(2.07)	(3.28)	(−1.71)	(−3.61)	(2.09)	(3.30)
Gs2	−0.976***	−2.894***	−19.014	−602.514**				
	(−3.46)	(−4.37)	(−1.43)	(−2.23)				
Mar	0.001**	0.001	0.050***	0.001	0.002***	0.002**	0.047***	0.597
	(2.56)	(0.99)	(2.63)	(0.00)	(3.91)	(2.15)	(3.07)	(1.57)
Gs2Mar	−0.141***	−0.497***	3.120*	65.460*				
	(−3.22)	(−4.80)	(1.74)	(1.83)				
Lev	−0.022***	−0.108***	−0.209	−13.165*	−0.016***	−0.086***	−0.088	−10.519
	(−6.63)	(−11.75)	(−1.44)	(−1.96)	(−4.84)	(−9.69)	(−0.60)	(−1.56)
Roe	−0.006	0.015	1.055***	66.847	−0.005	0.014	1.061**	67.750
	(−1.13)	(1.27)	(2.72)	(1.44)	(−1.01)	(1.28)	(2.48)	(1.43)
Size	0.000	0.003*	0.442***	14.178***	0.000	0.003**	0.427***	14.015***
	(0.16)	(1.93)	(15.73)	(5.88)	(0.07)	(2.19)	(14.98)	(5.82)

（续表）

模型	(1)	(2)	(3)	(4)	(5)	(6)	(7)	(8)
变量	Rdd	Rd_sale	Patent1	Patent2	Rdd	Rd_sale	Patent1	Patent2
Tang	−0.043***	−0.093***	−0.551***	−18.164***	−0.039***	−0.087***	−0.282*	−14.866***
	(−15.29)	(−15.23)	(−3.63)	(−3.71)	(−14.39)	(−14.04)	(−1.86)	(−3.11)
Roa	0.078***	−0.071	0.347	−99.373	0.087***	−0.028	0.333	−98.737
	(4.82)	(−1.51)	(0.42)	(−1.34)	(5.45)	(−0.60)	(0.39)	(−1.31)
Gs3					0.062	−0.407	0.975	141.056
					(0.30)	(−0.77)	(0.21)	(1.33)
Gs3Mar					0.022	−0.160**	0.963*	21.391*
					(0.72)	(−2.16)	(1.67)	(1.71)
Year	已控制	已控制	已控制	已控制	已控制	已控制	已控制	已控制
Industry	已控制	已控制	已控制	已控制	已控制	已控制	已控制	已控制
_cons	0.033***	0.052**	−7.494***	−286.088***	0.021*	0.020	−7.479***	−292.093***
	(2.77)	(2.15)	(−12.98)	(−5.70)	(1.81)	(0.86)	(−12.64)	(−5.62)
N	12 711	12 711	12 711	12 711	12 711	12 711	12 711	12 711
Adj. R-Square	0.12	0.15	0.10	0.09	0.16	0.24	0.09	0.09

注 1：括号内为 P 值，*** 代表在 1%以内显著，** 代表在 5%以内显著，* 代表在 10%以内显著。

注 2：*Pili*＝政治关联，*Gs*2 和 *Gs*3 为政府补助。创新投入使用研发支出进行衡量，包括两种计算方式：分别对应 *Rdd* 和 *Rd_sale*。创新产出使用专利产出进行衡量，包括两种计算方式：分别对应 *Patent*1 和 *Patent*2。*Mar*＝市场化总指数，控制变量：*Lev*＝资产负债率，*Roe*＝净资产收益率，*Size*＝企业规模，*Tang*＝资本密集度，*Year*＝年份，*Industry*＝行业，*Roa*＝资产收益率。各变量操作定义见表 7-1。

表 7-5　法律发展水平和市场程度对政府科技立项中介路径的调节作用

模型	(1)	(2)	(3)	(4)	(5)	(6)	(7)	(8)
变量	Rdd	Rd_sale	Patent1	Patent2	Rdd	Rd_sale	Patent1	Patent2
Pili	−0.001*	−0.007***	0.099**	6.908***	−0.002**	−0.007***	0.096**	6.875***
	(−1.79)	(−3.79)	(2.16)	(3.26)	(−1.96)	(−3.96)	(2.09)	(3.26)
Lx	0.001***	0.003***	−0.003	−1.015***	0.002***	0.006***	−0.031	−1.113
	(3.53)	(3.74)	(−0.18)	(−3.09)	(2.78)	(3.00)	(−0.73)	(−1.48)
Law	0.001***	0.002***	0.004	−0.091				
	(7.88)	(7.64)	(0.78)	(−0.82)				
LxLaw	−0.000**	−0.000**	0.003*	0.073*				
	(−2.54)	(−1.96)	(1.67)	(1.77)				
Lev	−0.021***	−0.106***	−0.226	−13.334**	−0.022***	−0.107***	−0.190	−12.641*
	(−6.33)	(−11.40)	(−1.54)	(−2.01)	(−6.51)	(−11.56)	(−1.30)	(−1.91)
Roe	−0.004	0.021*	1.062**	66.382	−0.004	0.020*	1.054**	66.495
	(−0.69)	(1.65)	(2.44)	(1.43)	(−0.76)	(1.65)	(2.53)	(1.44)
Size	−0.000	0.002*	0.431***	14.176***	−0.000	0.002*	0.427***	14.086***
	(−0.20)	(1.71)	(15.06)	(5.82)	(−0.08)	(1.80)	(14.92)	(5.81)

（续表）

模型	(1)	(2)	(3)	(4)	(5)	(6)	(7)	(8)
变量	Rdd	Rd_sale	Patent1	Patent2	Rdd	Rd_sale	Patent1	Patent2
Tang	−0.044***	−0.103***	−0.376**	−16.915***	−0.044***	−0.104***	−0.342**	−16.325***
	(−15.24)	(−15.41)	(−2.51)	(−3.55)	(−15.26)	(−15.47)	(−2.30)	(−3.49)
Roa	0.075***	−0.073	0.152	−101.004	0.076***	−0.072	0.196	−100.593
	(4.71)	(−1.53)	(0.17)	(−1.37)	(4.71)	(−1.52)	(0.23)	(−1.37)
Mar					0.002***	0.005***	0.046***	0.439
					(8.09)	(8.20)	(3.30)	(1.18)
LxMar					−0.000**	−0.001**	0.009*	0.203*
					(−2.27)	(−2.14)	(1.66)	(1.81)
Year	已控制	已控制	已控制	已控制	已控制	已控制	已控制	已控制
Industry	已控制	已控制	已控制	已控制	已控制	已控制	已控制	已控制
_cons	0.039***	0.056**	−7.131***	−286.456***	0.027**	0.031	−7.386***	−289.046***
	(3.21)	(2.26)	(−12.29)	(−5.67)	(2.20)	(1.21)	(−12.63)	(−5.58)
N	12 711	12 711	12 711	12 711	12 711	12 711	12 711	12 711
Adj. R-Square	0.12	0.14	0.09	0.09	0.12	0.14	0.09	0.09

注 1：括号内为 P 值，*** 代表在 1%以内显著，** 代表在 5%以内显著，* 代表在 10%以内显著。

注 2：*Pili*＝政治关联，*Lx*＝科技立项。创新投入使用研发支出进行衡量，包括两种计算方式：分别对应 *Rdd* 和 *Rd_sale*。创新产出使用专利产出进行衡量，包括两种计算方式：分别对应 *Patent*1 和 *Patent*2。*Mar*＝市场化总指数，*Law*＝市场中介和法律制度环境，控制变量：*Lev*＝资产负债率，*Roe*＝净资产收益率，*Size*＝企业规模，*Tang*＝资本密集度，*Year*＝年份，*Industry*＝行业，*Roa*＝资产收益率。各变量操作定义见表 7-1。

的加强作用。同理通过表 7-4 可见,市场化发展水平对中介效应路径的调节作用,意味着政府补助对政治关联和技术创新绩效之间的部分中介作用受到了市场化发展水平的调节,政府补助和市场化程度的交互乘积项对创新投入系数显著且为负,这说明,政府补助和市场化程度的交互对政治关联对创新投入主效应有显著的负向影响,即政治关联对创新投入的主效应被市场化程度削弱了;而在对创新产出的主效应中,政府补助和市场化程度的交互乘积项系数显著且为正,这说明政府补助和市场化程度的交互对政治关联对创新投入主效应有显著的正向影响,即政治关联对创新投入的主效应受到市场化程度的加强作用。

表 7-5 结果显示,政府项目科技立项和制度环境(市场化水平和法治化水平)的交互乘积项系数为负,这说明,政府科技立项和制度环境的交互对政府科技立项对创新投入效应有显著的负向影响,进而政治关联对创新投入的主效应被制度环境削弱了;而在对创新产出的主效应中,政府科技立项和制度环境的交互乘积项系数为正,这说明政府科技立项和制度环境的交互对立项对创新投入主效应有显著的正向影响,即政治关联对创新投入的主效应受到制度环境的加强作用。同理可见市场化发展水平对中介效应路径的调节作用。

原有的模型中,政府补助对创新投入的负向影响显著(见章节 4.2.1),且政府补助变量被纳入模型之后原有的制度环境对政治关联和创新投入之间关系的调节作用被削弱。即政府补助对于企业技术创新投入的负面影响随着制度环境的优化而有所降低。同样地,在原有的模型中,政府补助对创新产出是正向显著的(见章节 4.2.2),且政府补助变量被纳入模型之后原有的制度环境对政治关联和创新产出之间的关系的调节作用被加强,从而进一步影响到政治关联对技术创新绩效的作用关系。即政府补助对于企业技术创新产出的积极影响,随着企业外部制度环境的优化而有所增强。原有的模型中,科技立项对创新投入的负向影响显著(见章节 4.2.3),且政府补助变量被纳入模型之后原有的制度环境对政治关联和创新投入之间关系的调节作用被削弱，原有的模型中，科技立项对创新产出是正向显著（见章节 4.2.4），且立项被纳入模型之后原有的制度环境对政治关联和创新产出之间的关系的调节作用被加强。总而言之，政府扶持（包括政府补助和科技立项）对于企业技术创新投入的负面影响被良好的市场化环境和法治化环境所缓和，同时政府扶持对于企业技术产出的积极影响随着市场化环境和法治化环境的优化而增强。

为直观呈现模型(8)的回归结果，本书借鉴 Dawson(2014)的做法构建高低制度环境情形下主效应近似关系，如图 7-2 所示。以图 7-2 为例，通过两条线段的斜率对比可以发现，制度环境较高时，政府补助对创新投入的影响强度弱于制度环境较低的情形。回归结果及调节效应图均表明制度环境强弱对主效应（技术创新投入）有削弱的调节作用，对主效应（技术创新产出）有增强的调节作用。

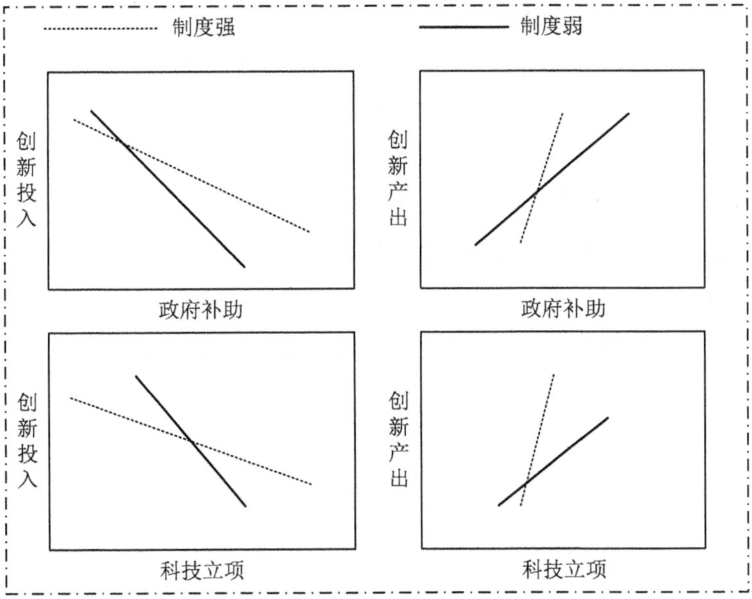

图 7-2　制度环境对中介后半路径的调节作用

由图 7-2 可知，制度环境对政府补助对创新投入的负向作用起到了削弱作用，这说明在制度环境较好的地区，政府补助对创新投入的挤出效应受到削弱，相应地，制度环境对政府补助对创新产出的正向作用起到了加强作用，这说明在制度环境较好的地区，政府补助对创新产出的正向作用起到了加强的作用。进一步分析可知：虽然企业技术创新的前因后果已经被不少研究证实，但综合考虑制度环境和政府扶持，探索其对创新投入和创新产出的研究还很缺乏。本书的研究结果能够在很大程度上弥补现有研究的不足，并且从一个更为综合的视角为理解政治关联、政府扶持、制度环境和企业技术创新之间的关系提供一个有益的见解，同时能够为企业辩证地看待这四者之间的关系提供有效的指导。

从本书的实证结果来看，结合上述的结果分析可知，政治关联一方面直接影响企业的创新投入和产出，另一方面通过影响政府扶持间接影响创新投入和创新产出。政治关联与公司创新投入负相关，与企业的创新产出呈正相关，并且受到政府补助和政府项目科技立项的部分中介作用；政府补助和科技立项与企业的创新投入负相关，与企业的创新产出正相关；同时，制度环境在其中中介作用中具有调节效应，即相比于制度环境较差的地区，制度环境较好的地区对政府补助和政府科技立项对企业创新投入的负向作用有削弱关系且对企业的创新产出的正向作用有加强作用。本书的研究结果有助于更好地认识政治关联对企业的创新投入和创新产出造成的后果，从而为政府监管部门制定经济发展对策提供一定的参考，以促进我国经济健康有序发展。

7.5 本章小节

现有研究往往是从一个单一的视角分析政治关联、政府扶持、制度环境和企业技术创新之间的关系，这就导致了以往研究不能清晰地把握企业政治关联对企业技术创新绩效的影响机理，本书从一个更为综合的角度分析了上述四者之间的关系。本书采用 2008—2015 年我国沪深两市上市企业 12 711 个观察样本为研究对象，采用普通最小二乘法实证检验了不同制度环境背景下管理者政治关联对企业技术创新绩效影响的差异。研究结果发现，管理者政治关联和制度环境变量的交叉项与企业创新投入呈显著负相关，与企业创新产出呈显著的正相关关系，这说明制度环境作为一种强有力的外部调节机制，能够大幅降低外部因素对于企业技术创新的不利影响，同时可以有效放大外部因素对于企业技术创新的有利影响。

更为具体而言，相对于市场化程度较低的地区而言，在市场化程度较高的地区，企业政治关联对企业创新产出增长推动作用更强，在市场化程度较低的地区，有政治关联的企业更不愿意进行创新投入，政治关联对企业创新投入有一定的挤出作用；相对于法治水平较低地区而言，在法治水平较高的地区，企业政治关联对其创新产出的增长的推动作用更强，在法治水平较低的地区，企业更不愿意进行创新投入，政治关联对企业创新投入在法治水平较低的地区有一定的挤出作用。总而言之，从本书的研究结果来看，那些制度环境优越的地区，能够更好地利用政治关联对于企业带来的益处，也能够更好地发挥政府扶持在这其中的作用。因此，对于企业而言，应当从一个综合的视角来看待政治关联、政府扶持、制度环境和企业技术创新之间的关系，而对于政府而言，如何有效设计科学、合理的制度环境，并且有效审视企业与政府的政商关系尤为重要。

8　研究结论与对策建议

本章主要是对上述五项研究结果的总结汇总，给出本书的主要研究结论，并据此推演出本书主要的理论贡献与实践启示，其中实践贡献方面主要表现为对政府的启示及对企业的启示两个方面。随后，本章对上述研究过程中出现的潜在问题进行分析讨论，总结出本书的研究局限，在此基础上给出未来可行且具有一定研究价值的研究方向。期望本书的研究成果能够加深学者、企业、政府对于政治关联、政府扶持、企业技术创新以及制度环境的认识与理解。

8.1　研究结论

为了更加清晰地理解本书的研究内容，笔者梳理了上述研究中的所有假设，并标记了相应的检验结果，具体如表 8-1 所示。从结果中可以看出，所有的理论假设都得到了有效的验证，尽管部分研究假设的稳健性检验没有与最初的假设检验保持高度的一致，但就整体而言，这些研究假设都得到了很好的验证。据此，本书可以认为政治关联有助于企业获得更多的政府补助以及有更高的机会获得科技立项，但是这些政府扶持并不完全有益于企业的技术创新，本书研究发现政府扶持能够促进企业技术创新产出的增加，但是降低了企业技术创新的投入。从这一点来看，企业应当审慎看待政府扶持对于企业技术创新的影响。同时本书也发现，政治关联能够直接影响企业的技术创新，并且积极影响企业技术创新产出，但是对于企业技术创新投入有负面影响。特别地，政府扶持在政治关联对于企业技术创新的影响起中介作用，而以市场化程度和法治化水平为代表的制度环境不仅调节了政治关联对于企业技术创新投入以及技术创新产出的影响，也调节了政府扶持在政治关联与企业技术创新投入和技术创新产出之间的中介关系。总而言之，本书的研究结果对于理解政治关联、政府扶持（包括政府补助和科技立项）、企业技术创新（包括企业技术创新投入和企业技术创新产出）以及制度环境（包括市场化程度和法治化水平）四者之间的关系，既可以帮助学者从理论层面厘清四者之间的交互耦合作用，也可以帮助政府从政治关联的角度理顺政府扶持在企业技术创新中的作用与价值，还可以帮助企业理顺政治关联对于企业自身技术创新的影响。本书在后续小节中将逐条分析本书的主要研究结果，从更为细致的角度剖析本书研究成果的价值。

表 8-1 本书假设及其结果汇总

假设	内容	结果
假设 1	政治关联不利于企业增加创新研发投入	显著
假设 2	政治关联的企业可以表现较多的创新产出	显著
假设 3a	政府补助对企业创新投入有消极影响	显著
假设 3b	政府补助对企业创新产出有积极影响	显著
假设 4a	政府项目科技立项对企业创新投入有消极影响	显著
假设 4b	政府项目科技立项对企业创新产出有积极影响	显著
假设 5a	政治关联对获得政府补助具有积极影响	显著
假设 5b	政治关联对获得政府科技项目立项具有积极影响	显著
假设 6	政府扶持在政治关联与企业技术创新绩效之间起到中介作用	显著
假设 6a	相对于市场化程度较低地区而言，在市场化程度较高的地区，管理者政治关联对企业的创新产出推动作用更强，更愿意进行创新投入	显著
假设 6b	相对于法治水平较低地区而言，在法治水平较高的地区，管理者政治关联对企业的创新产出推动作用更强，更愿意进行创新投入	显著
假设 7a	政府扶持对政治关联和企业创新投入之间的部分中介作用受到了制度环境的调节，即相比制度环境较差的地区，政府扶持对制度环境较好地区的创新投入影响更大，从而进一步影响有政治关联企业对其创新投入的影响	显著

（续表）

假设	内容	结果
假设 7b	政府扶持对政治关联和企业创新产出之间的部分中介作用受到了制度环境的调节，即相比制度环境较差的地区，政府扶持对制度环境较好地区的创新产出影响更大，从而进一步影响有政治关联企业对其创新产出的影响	显著

本书主要回答了政治关联是否会影响企业技术创新投入与技术创新产出，如果有，又是如何影响企业技术创新的投入与产出的，企业政治关联对于企业技术创新的影响有无边界。本书基于资源基础理论、资源诅咒理论以及制度理论，分步骤解决了上述研究问题，并且通过大样本检验证实了本书所提出的问题，具体来讲，主要包括以下三个方面的结论。

首先，本书发现了政治关联对企业技术创新的双重影响。企业追求政治关联对于企业创新活动的影响既有积极影响，也存在消极影响。企业追求政治关联可以获得更多的创新资源，但是企业获得的创新资源并非一定有利于企业创新活动的开展。一方面，企业追求的政治关联可以推动企业产出更多的创新成果，尤其是企业外观专利数量与实用新型专利数量。这种成果的增加并非是企业技术创新“质量”的叠加而是单纯的“数量”的增加，因为相比于发明专利而言，外观设计专利以及实用新型专利的成本相对较低，但同样地其价值也并不是特别的巨大。即便如此，从理论角度来看，政治关联确实有益于企业技术创新产出。更进一步地，企业追求的政治关联对于企业发明专利没有较为显著的影响，这也进一步验证了企业追求政治关联会对技术创新的数量产生影响，但是对于企业技术创新的质量难以起到有效的推动作用。另一方面，企业追求的政治关联却不利于企业增加研发投入，反而会抑制企业创新投入的增加。资源诅咒理论指出，当资源集聚过多，超过一定界限时，这些资源就会产生溢出效应，这种资源的溢出往往不利于当地经济的增长。同样地，在企业中，企业过多获得政府资源，反而会使得企业对于技术创新投入的降低。总而言之，企业追求政治关联不利于企业增加研发投入，但是企业却可以产出更多的创新成果，由此拓展了当前政治关联与企业技术创新之间的关系。企业在获得政府补助时，应当以审慎的态度面对政治关联，如果企业只是期望获得政府补助以及科技立项，并且对于技术创新的追求上，对创新“数量”的热衷程度高于“质量”，那么企业可以考虑获得更多的政府扶持，但是如果企业期望可以增加更多的创新“质量”，而非创新“数量”，那么企业应当以一种严谨的态度合理规划与获取政府扶持。

其次，通过厘清政治关联影响企业技术创新的内在机制，发现了政治关联影响企业技术创新的四条内在机制。本书基于资源基础理论诠释了政治关联作为企业技术创新获取创新资源的关键渠道，能够对企业创新活动产生影响。特别地，本书发现政治关联有益于企业获取政府补助与科技项目，并且进一步增加企业的创新产出。具体而言，企业追求政治关联，能够帮助企业获取更多的政府补助，这种政府补助的持续增加，能够有效增强企业技术创新的产出；同样地，企业政治关联能够为企业获得更多的科技立项提供有效的支持，并且这种政府科技立项能够有效推动企业技术创新产出的增加。同时，本书结合资源诅咒理论认为，企业获得过多的创新资源非但不利于企业创新活动，反而会产生负面影响，并且通过大样本实证检验发现，企业虽然通过政治关联从政府处获得了更多的研发补贴与科技项目，但是这些创新资源却不利于企业研发投入的增加。由此本书综合了资源基础理论与资源诅咒理论，用一个系统且辩证的思维考察了政治关联影响企业技术创新的内在机制，并据此发现了四条互相联系但又有区别的作用路径，加深政治关联与企业技术创新内在影响过程的认识，填补了当前对于政治关联如何影响企业技术创新研究的不足。

最后，本书深入分析了政治关联影响企业技术创新的情景效应及其中介路径的情景效应。考虑到企业的政治网络是嵌入制度环境中，制度环境的演进会影响政治关联作为资源渠道作用的发挥，本书验证了制度环境在政治关联影响企业技术创新直接效应中及其影响路径中的显著调节作用。特别地，本书发现了市场化程度越高的地区，越能够缓解政府补助和政府科技立项对创新投入负向作用,越能够缓解政治关联对企业创新投入的消极影响,也即当企业处于市场化程度较高的地区时,企业从政府获得的创新资源而对企业创新投入的消极影响可以被有效缓解,此外,市场化程度越高的地区,能够增强企业创新的产出,因此对于政府而言,应当在为企业提供充分创新资源时建立健全市场环境。除此之外,本书还发现,法治化水平越高的地区也有着与市场水平相同的效果,也即法治化水平越高的地区,越能够缓解政府补助和政府科技立项对创新投入负向作用,能够有效缓解政治关联对于企业创新投入的消极影响,并能够增强政治关联对于企业创新产出的积极影响。总而言之,制度环境作为一种有效的调节手段,能够有效缓和政治关联以及政府扶持对于企业技术创新投入的负面影响,同时可以显著增强政治关联以及政府扶持对于企业技术创新产出的积极影响,起到良好的抑制与推动作用,这对于企业有效利用已获得资源作用于企业技术创新提供有益的辅助支持,但与此同时,对于当地政府提出了更高的要求,要求当地政府为企业建立完备的法治化环境,营造恰当的市场化环境。总而言之,政府在企业提供充沛的创新资源时,应当为企业营造公正、平等的法治环境以及建立健全市场化环境,为企业技术创新减轻外部不确定性所带来的消极影响。

8.2 理论贡献

本书综合使用了资源基础理论、资源诅咒理论和制度理论,从一个综合的视角分析了政治关联如何影响企业技术创新的内在机理,并且界定了本书的边界条件,在一定程度上丰富了政治关联与企业技术创新的研究内容与视角,也拓展了资源基础理论、资源诅咒理论以及制度理论的应用。本书的主要理论贡献包括以下三个方面。

首先,基于多理论的系统性视角分析了政治关联如何影响企业技术创新。其一,本书从资源基础理论的视角出发,深入分析了企业追求政治关联,从而从政府处获得创新资源,并且进一步推动企业创新活动的开展，这既验证了以往大多数学者对于政治关联对企业创新活动的积极看法，也进一步证实了企业追求政治关联可以为企业带来足够的创新资源，进而有利于企业创新活动的开展。这种积极的影响使得企业不断追求政治关联，并且希望可以从政府处获得更多的资源，尽管不同的企业可以获得的资源多少因企业实力而有所差异，但是这种趋势并没有削弱。其二，本书从资源诅咒理论的角度出发，探讨了企业追求的政治关联所带来的创新资源可能产生挤出效应，即企业追求政治关联并非一定有利于企业创新活动的开展，反而不利于企业创新活动的展开，并且据此综合资源基础理论与资源诅咒理论分析了企业追求政治关联为企业获得的创新资源对企业不同创新活动产生的不同影响，由此得到了一个更为辩证的结论，拓展了当前对于政治关联与企业技术创新活动之间的单一看法。其三，从制度理论出发，界定了政治关联影响企业技术创新活动的边界条件，弥补了当前单一视角研究政治关联对企业技术创新活动的影响。同时，本书发现，不同市场化程度与法治水平在企业技术创新活动的不同方面可以起到不同的调节效应，由此拓展了政治关联与企业技术创新的边界研究。

本书从一个综合的视角出发，探索了政治关联为企业带来的不同创新资源对于企业不同创新活动顺利开展带来的差异性影响，并且这些影响受到制度环境的调节作用。这种辩证性的思维能够在一定程度上解释出已有研究存在差异的原因，弥合现有研究的争论，进一步体现了所整合理论框架的理论价值。

其次，本书发现了政府扶持作为企业的外部创新资源能够在政治关联与企业技术创新之间起到中介作用。本书从创新资源的角度提出政府扶持能够用于解释企业政治关联与技术创新活动之间的内在机理，并据此发现了四条影响机制，加深了当前政治关联与企业技术创新之间的内在逻辑关系的认识，为当前有关政治关联影响企业技术创新，尤其是企业技术创新投入与技术创新产出之间的作用方式给出了明确的作用路径，加深了现有研究对于政治关联、政府扶持以及企业技术创新之间的认识与理解。

其中，政府扶持作为一种特殊的创新资源，能够在企业政治关联与企业技术创新活动之间起到中介作用，具体来说，包括以下四条路径：其一，企业通过政治关联从政府处获得的政府补助并不有利于企业创新投入的增加，反而会起到消极作用。通常情况下，企业获得的政府补助一般以资金的形式注入企业，但是当企业的资金过于庞大时，企业往往会将部分用于企业技术创新的资金用于其他地方，由此存在溢出效应。其二，企业通过政治关联从政府处获得的科技立项也不利于企业创新投入的增加，这种科技立项虽然是以项目制的形式为企业提供支持，但究其本质，依旧是为企业技术创新注入资本。由此可以发现，企业通过政治关联从政府处获得的创新资源会抑制企业增加创新投入，因此本书很好地解释了，为什么当前没有政治关联的企业比那些拥有政治关联的企业可以有更高的创新效率(Claessens 等，2008)，也较好地解释了为什么拥有较多政治关联的企业其技术创新活动程度有所下降(罗明新 等，2013)。其三，企业通过政治关联从政府处获得的政府补助虽然会抑制企业增加创新投入，但是会刺激企业增加技术创新产出，这种技术创新产出的增加突出的表现为非发明专利的增加，即实用新型专利以及外观设计专利。其四，企业从政府处获得的科技立项也会增加企业的创新产出，这种创新产出的增加并非是发明专利的增加，而是表现为非发明专利的增加。由此可以看出，企业通过政治关联获得的政府扶持会增加企业的创新产出，这也与现有大多数研究相一致，都认为企业从政府处获得的创新资源对于企业实用新型专利以及外观设计专利的产出有积极影响(黎文靖和郑曼妮，2016；吴剑峰和杨震宁，2014)。

总而言之，应当以一个辩证的视角去看待企业通过政治关联从政府处获得的创新资源，审慎看待这些资源对于企业技术创新投入以及技术创新产出的影响。

最后，本书发现了制度环境能够在企业政治关联与企业技术创新活动之间以及其中介路径中起到调节作用，拓展了政治关联与企业技术创新活动的边界研究。本书从制度理论出发，发现企业所处的制度环境可以显著缓和政治关联所带来的负面影响，并能够增强政治关联所带来的积极效应，这对于企业而言，能够有效控制政治关联对于企业技术创新的影响，帮助企业更好地把握政治关联与企业技术创新之间的关系。

制度环境对于政治关联和企业技术创新之间关系的调节作用具体来讲包括以下两个方面：其一，企业所处的市场化水平越高，越有利于企业开展技术创新活动，从而可以有效缓解政治关联对于企业创新投入的负面影响，同时可以增强企业的创新产出。较高程度的市场化程度所带来的这种积极的影响，不仅对于政治关联与企业技术创新投入以及技术创新产出之间的关系起到了调节作用，而且对于政府扶持和企业技术创新投入和技术创新产出之间的关系起到了强化作用。由此可以看出，政府对于企业创新活动的支持并不局限于创新资源的投入，而要同时为企业营造一个良好的市场环境。其二，企业所处的环境法治化水平越高，越有利于企业开展技术创新活动，由此可以带来与市场化程度相同的效果。即较高水平的法治化程度所带来的这种积极的影响，不仅对于政治关联与企业技术创新投入以及技术创新产出之间的关系起到了调节作用，而且对于政府扶持和企业技术创新投入和技术创新产出之间的关系起到了强化作用。因此，政府除了为企业营造良好的市场环境，也应当为企业建立健全法制环境。

总而言之，企业所处环境中的市场化水平与法治化水平能够有效调节政治关联与企业技术创新活动之间的关系，缓和不利影响，增强正向效应。一方面，较高水平的市场化水平和法治化水平能够有效缓和政治关联对于企业技术创新投入的负面影响，降低政治关联的负面的影响；同时，较高水平的市场化水平和法治化水平能够有效增强政治关联对于企业技术创新产出的正面影响，增强政治关联的积极的影响。另一方面，较高水平的市场化水平和法治化水平能够有效缓和政府补助和科技立项对于企业技术创新投入的负面影响，降低政治关联的负面的影响；同时，较高水平的市场化水平和法治化水平能够有效增强政府补助和科技立项对于企业技术创新产出的正面影响，增强政治关联的积极的影响。总而言之，这种复杂的权变的关系，能够加深已有关于政治关联、政府扶持（包括政府补助和科技立项）、制度环境（包括市场化程度和法治化水平）以及企业技术创新（包括创新投入和创新产出）四者之间关系的理解与认识，同时也拓展了对于制度理论的应用与理解。

综上所述，本书既丰富了政治关联影响企业技术创新活动的研究视角，也发现了政治关联影响企业技术创新的具体路径，拓展了政治关联与企业技术创新的机理研究，同时还界定了政治关联影响企业技术创新的边界研究，充实了政治关联与企业技术创新的研究内容。更进一步地，本书通过大样本检验的方式，证实了本书所提出的理论假设，也填补了以往小样本检验或者聚焦在某一个行业内的样本检验的研究缺口，避免了由于样本本身所带来的潜在弊端，进一步夯实了当前已有政治关联与企业技术创新活动之间关系的研究。总而言之，本书能够拓展已有研究对于政治关联、政府扶持（包括政府补助和科技立项）、制度环境（包括市场化程度和法治化水平）以及企业技术创新（包括创新投入和创新产出）四者之间关系的理解，同时有效助推了对资源基础理论、资源诅咒理论以及制度理论在政治关联与企业技术创新关系的研究。

8.3 实践贡献

政治关联自提出以来，一直受到诸多学者的重视，我国企业依赖政府的程度较高，因而政治关联对于企业技术创新活动的影响一直是当前学术界的研究热点。丰富的理论研究既有利于拓展当前政治关联对企业技术创新的研究内容，也有利于为政府更好地提供创新资源，以及企业更好地利用创新资源提供理论上的指导。因此，研究政治关联对于企业生产活动的影响，能够对企业应对政治关联带来较多的启示。同时，本书重点关注企业技术创新这一高难度、高收益、高风险并存的经营活动，探讨政治关联对于企业技术创新投入以及技术创新产出之间关系的影响，能够为企业更好地利用政治关联服务企业技术创新提供有益的理论指导。此外，对于政治关联的研究也有助于政府相关部门加大对于企业生产活动尤其是企业技术创新活动的支持力度，能够更好地处理政府与企业之间的关系，也能够为企业更好地出台与企业技术创新相关的政策提供有效的引导。为此，本书通过细致地梳理、理论模型的假设以及大样本的检验，得出以下两个方面的实践贡献，具体可以分为政府层面的实践贡献与企业层面的实践贡献。本小节主要从政府以及企业两个角度出发，提出政府以及企业应当如何应对政商关系，并且对如何看待政府扶持、企业技术创新以及制度环境提出相对应的对策与建议。

8.3.1 政府层面

当前我国正在积极推动供给侧结构性改革，旨在提高企业供给端供给的质量，而提升企业产品或服务的质量在很大程度上取决于企业的创新活动。我国拥有庞大的内需市场，但是当前大多数国内产品档次较低，难以满足人们对于高档产品的需求，而企业技术创新可以大幅改善这种被动局面，有效满足内需的同时提高企业的绩效水平。而研究政治关联与企业技术创新活动之间的关系，可以从政府和企业两个角度，很好地支持政府出台的系列举措如何对企业创新活动产生影响，并且，结合企业技术创新所面临的制度环境，可以有效考察外部市场化环境以及法治化环境对于企业技术创新的影响。具体而言，本书对于政府而言，主要包括以下三个方面的实践启示。

首先，政府应当合理配置企业所需的创新资源。企业与政府建立政治关联，核心目的在于从政府处获得各种优势资源，包括创新资源。但是从本书的研究结果来看，由于企业获得的创新资源对于企业创新活动的开展存在不同的影响，既包括积极的促进作用，也包括消极的抑制作用，因此政府应当充分考虑企业拥有的这些创新资源会对企业产生何种影响，同时兼顾想要企业产出何种创新成果，针对性地提供政府扶持，最大化政府资源的效应。假如政府需要兼顾各类企业的均衡发展，同时考虑企业创新产出的质量，那么政府便需要有一套行之有效的扶持方式来合理配置创新资源，并且在大多数情况下，政府期望看到的是往往是企业技术创新质量的提升，而非数量的增加。

虽然对于企业而言，存在着信息的不对称，但同样地对于政府而言，也存在着信息的不对称，这就使得这些创新资源到底用于何处难以进行有效考察与评估。政府应当改变资助方式，应当综合考虑项目的整体利益以及长远效益，同时兼顾项目的延续性效益与拓展性效益，以此保证科技立项的公正性。

其次，政府应当以企业创新质量衡量企业创新产出的高低，而非以创新数量考核企业的技术创新绩效。尽管政府对于企业的扶持有益于企业创新成果的增加，但是与现有少数研究相一致的是，企业增加的创新产出往往是提高了创新成果数量，而非创新成果的质量，尤其是当前我国正在着力推动供给侧结构性改革，企业的这种的创新成果并非有益于供给侧结构性改革的顺利开展，因此这就要求政府在考核企业创新成果时将重心进行转移，从创新成果数量转移到创新成果质量上来。并且从本书的研究结果来看，创新成果数量的增加是比较容易实现的，但是对于技术创新质量的提升，即发明专利的增加是较为困难的。同时考虑到企业发明专利的提升较为困难，并且往往对于企业而言存在较大的难度，因此如何平衡创新资源、创新质量、政府考核之间的关系应当是政府当前首先需要考虑的问题。就创新的难度而言，政府应该结合企业的实际情况，针对性地给出与技术创新内容相契合的考评方式。例如，华为连续数十年保持企业技术创新的投入不变，但是近十年的时间，企业技术创新的成效并不显著，这主要是因为想要突破国外高科技技术的封锁，势必需要进行突破式创新，而非渐进性创新，这种创新对于企业技术创新提出了很高的要求，企业很有可能连续多年的技术创新得不到相对应的创新成果。因此，政府应当根据技术创新的难度给予差异化的考评方式，尤其是对那些创新难度大的“卡脖子”技术的创新。

本书的研究也发现，尽管政府扶持有助于企业创新成果的增加，但是这些创新成果反映在企业专利上时，通常表现为实用新型专利以及外观设计专利，发明专利却较为欠缺，因此如何激励企业增强核心技术攻关，产出更多的发明专利需要政府给予高度重视。比如，发明专利的产出可以来自难度较高的科技项目，但是这些项目可能并不能立马产生效果，因而政府并不是十分愿意对这些项目进行扶持，而这可能会打击企业专注于研发的热情，又或者增加企业加大创新活动的难度及创新成本，因此政府应当充分考虑企业攻关难度较大的科技项目，确保政府扶持的延续性。总而言之，政府应当对企业技术创新给予合适的考评方式，分阶段给予创新支持，让企业能够有充分时间突破高新技术难题，实现企业技术创新的突破式发展。

最后，政府应当为企业创新活动的开展营造良好的制度环境。本书发现，一个良好的制度环境可以缓解政治关联带来的消极效应，同时增强整治关联带来的积极影响，如前所述，制度环境可以有效放大政府扶持对于企业技术创新的积极影响，同时缩小政府扶持对于企业技术创新的负面影响，这对于政府而言，在扶持企业开展技术创新活动时，应当为企业营造一个良好的市场环境以及法治化环境。比如，现有研究发现，政府制定环保政策、进行环境规制时，可以显著激励企业从事绿色技术创新活动（余伟 等，2017），这种有明确导向性的制度环境能够直接决定企业技术创新的方向。同样地，本书发现政府建立一个良好的市场环境，可以推动企业增加研发投入以增强企业技术创新活动，同时又可以推动企业增加创新产出；此外，企业处于一个法治化水平较高的环境中也可以产生相同的效果，因此政府应当建立健全企业生存发展的制度环境。

这种完善的市场化环境、法治化环境能够为企业技术创新提供有效的保障，具体表现为政府应当完善市场运行规则，规范市场交易行为，同时健全法治标准，从法律层面保护企业的知识产权不被他人轻易盗用，或者非法使用等，由此便可以激励企业从事那些高难度、资本回收周期长的研发项目（康志勇，2018），并且可以增强企业持续从事技术创新活动的动力与信心。此外，良好的制度环境对于政府扶持积极效应的放大以及消极效应的缩小都有着十分重要的作用，一方面可以将政府创新资源的效应发挥到最大效用，另一方面又可以将政府创新资源的负面影响降到最低，为企业技术创新活动的顺利开展提供有效的环境支撑。

总而言之，政府应当充分考虑企业获取的创新资源的双重效果，同时需要为这些创新资源发挥效益建立健全保障体系，确保企业可以最大化地使用这些创新资源，并且对于企业产出的创新成果进行有效的保护，一站式服务让企业专注于研发创新，而不被外部不利影响因素所限制，从而在降低企业研发成本、维持成本的同时，进一步激励企业持续从事研发创新活动。

8.3.2 企业层面

考虑到企业从政府处获得的创新资源的双重效应，企业应当以一个辩证的视角看待从政府处获得的创新资源。既要充分发挥这些创新资源的优势效应，也要避免获得过多创新资源所带来的挤出效应。本书认为，从企业的角度来看，企业应当正视与政府之间的政商关系以及审慎看待从政府处获得的创新资源。这些创新资源对于企业不同创新活动所产生的不同影响，可以为企业更好地从事技术创新活动提供理论上的指导，因而对于企业而言，本书有以下三个方面的实践启示。

首先，企业应当正确认识政治关联对企业技术创新活动的影响，合理使用通过政治关联获得的创新资源。企业拥有的政治关联可以为企业带来较多的创新资源，尤其是那些异质性资源，往往可以为企业带来竞争优势，但是这些创新资源的获取仅仅是企业开展创新活动的起点，因而这些创新资源是否可以有效提升企业的创新活动仍有待于验证。本书通过大样本检验发现，这些创新资源存在双重效应，因而企业在使用这些创新资源时，既要增强通过政治关联获得的创新资源对于企业技术创新产出的正向效应，也要避免创新资源对于企业技术创新活动投入的负面影响，以此促进企业技术创新活动的顺利开展。

只有正确把握政治关联所产生的双重效应，才能给为企业追求政治关联提供更为清晰、更为全面的视角与认识。一方面，企业追求政治关联主要体现在企业高管追求政治关联，因而对于企业高管而言，应当充分认识政治关联的正向与负向影响，把握政治关联对企业技术创新活动影响的平衡点，确保政治关联可以促进企业技术创新活动，而非抑制企业技术创新。另一方面，政府扶持作为一种特殊的创新资源，无论是政府补助还是科技立项，究其本质而言都是政府为企业提供的创新资源，能够为企业技术创新带来充沛的资金投入，同时也能够为企业持续获得更多的创新资源、良好的社会声誉带来有益的影响。企业在应用这些资源时，需要通盘考虑政府扶持的积极影响与消极影响，尽可能降低政府扶持带来的不利影响，并最大限度地发挥政府补助以及科技立项的积极影响。

其次，企业应当正确认识政治关联影响自身创新活动的逻辑路径，增加企业创新成果的质量而非数量。本书的结果显示，企业追求政治关联会通过政府扶持产生影响，即政府扶持在政治关联与企业技术创新之间起到中介作用，并且对于不同创新活动起到不同的影响。因而企业管理者应当洞悉高管政治关联影响企业技术创新的决策过程，理解政府扶持在这一传导过程中的连接作用，进一步厘清政治关联、政府扶持、企业技术创新活动三者之间的关系。本书的研究结果表明，与政府建立政治关系以及从政府处获得研发补助或科技项目都能够促进企业技术创新成果的增加，尤其是以实用新型专利和外观设计专利为代表的创新成果，但是对于发明专利的获得却表现得较为乏力。因此，这一研究洞察能够为企业重新看待政治关联以及政府扶持提供有效的引导作用。企业片面地追求创新成果的数量，而忽视创新成果的质量，可能并不有益于企业长远目标的实现，虽然这些创新成果可以为企业带来充沛的创新资源，然而如前所述，过多的创新资源会产生挤出效应，进而会抑制企业创新活动的开展。因此，企业建立持续性竞争优势，不仅需要以一个辩证的思维看待创新资源所带来的效益，还要通盘考虑，以提升创新成果质量为首要目标，而非创新成果数量，进行相关资源的获取。更进一步地，企业管理者应当审慎看待企业借助政治关联获得政府补助以及科技立项，进而影响企业技术创新投入与产出的作用路径，充分考虑政治关联可以通过政府扶持影响企业技术创新这一作用方式来应用政治关联。

最后，企业应当正确把握企业所面临的外部制度环境，以进一步维持获得的持续性竞争优势。随着我国整体市场经济步入新常态，为了有效提升我国企业供给能力，增强供给端供给质量，我国政府出台了系列政策推动企业以提升产品或服务质量为目标的系列举措，其中既包括正向激励措施，比如财政支持，也包括负向的抑制措施，比如环境规制。在市场机制、政治体制、法律体制、金融体制等各种商业环境巨变的背景下，企业如何妥善识别、感知显得尤为重要，并且如何针对性地给出应对措施，以帮助企业更好地适应这些制度环境对于企业基业长青亦有十分重要的作用。具体来讲，本书发现，在市场化水平以及法治化水平较高的地区，企业往往会更加倾向于技术创新活动，这是因为一方面，企业拥有良好的制度环境，这让企业没有创新的担忧，同时企业又拥有足够的动力去从事技术创新活动，而不至于增加企业创新成本。另一方面，高程度的市场化水平和法治化水平能够显著增强政治关联以及政府扶持（包括政府补助和科技立项）对于企业技术创新产出的积极影响，以及有效缓和政治关联以及政府扶持对于企业技术创新投入的消极影响。这种有利的调节方式既缓和企业对于政府关系和政治资源获取与使用的不平衡关系，也有效缓和了这种创新资源与企业技术创新之间的矛盾关系，对于企业技术创新大有裨益。因而，管理者应当根据外部制度环境的演变，打破市场竞争战略思维的局限性，适时调整企业的经营战略、政治战略等，以提升企业技术创新活动的灵活性与对外部制度环境的敏感性，既要有效应对各种复杂的制度环境，包括市场环境和法治环境，也要对充分利用外部环境的变化，化挑战为机遇，为企业合理使用政府创新资源提供强有力的辅助支持。

总而言之，企业在从事技术创新活动时，应当充分考虑政治关联对企业带来的双重影响，同时也要充分考虑政府扶持这种创新资源对企业技术创新投入与产出所带来的不同的影响，避免政治关联与政府扶持的消极影响。无论是政治关联还是政府补助和科技立项，对于企业而言，都是一种外部创新资源，如何将这些创新资源应用于企业技术创新，并放大企业技术创新的效应是企业值得思考的问题之一。更进一步地，考虑到资源诅咒效应的存在，这些创新资源或许并非完全有益于企业技术创新，也会对企业技术创新带来显著的负面影响，因此，对于企业而言，如何降低甚至规避同类创新资源的负面影响也是企业高管需要思考的问题之一。值得一提的是，企业面临的外部制度环境（包括市场化环境和法治化环境）能够有效帮助企业放大积极效应，降低消极影响。因而，对于企业而言，可以有效利用这种完善的制度环境为企业所用。最后，企业也应当以增加创新成果质量为目标，为不是以获得更多的创新资源而增加企业创新产出的数量。虽然这种创新资源的获取对于企业技术创新产出有着显著的积极影响，但是本书进一步分析发现，这种数量的增加只是实用新型专利以及外观设计专利，而非发明专利的增加，对于企业而言，发明专利的价值远高于非发明专利的价值，因此企业在从事技术创新活动时应当更加注重发明专利的产出。

8.4 研究局限与展望

本书主要研究了政治关联与企业技术创新活动之间的内在机理过程以及界定了研究边界，拓展了当前有关政治关联与企业技术创新活动之间的关系研究，同时通过大样本检验证实了政治关联双重效应的存在，以及政治关联影响企业技术创新的内在逻辑。尽管本书在研究设计上较为严谨，并且谨慎地选了研究方法，制定了细致的研究框架，但仍旧存在些许不足之处，具体表现为以下三个方面：

首先，本书只考虑了企业创新资源在政治关联与企业技术创新活动中所起的作用，可能存在其他视角下的影响因素。现有研究也探索了诸如市场机制、企业知识获取的中介效应，因此未来的研究既可以尝试探索其他种类的创新资源在政治关联对企业技术创新活动中所起的作用，也可以尝试挖掘其他视角下的中介因素，比如政府规制措施、企业管理者相关因素等。当然，未来的研究还可以试图探索这些因素是否存在交互、替代效应。考虑到不同的影响因素在政治关联与企业技术创新活动之间所发挥的作用各不相同，因此研究这些异质效应之间是否存在互相促进或者正反效应互相抵消值得进一步探索。更进一步地，现有关于政治关联与企业技术创新活动的研究还可以充分考虑新制度理论、知识协作理论等新演化而出的理论的应用，从一个新的理论视角挖掘出更多政治关联影响企业技术创新活动的逻辑路径。此外，以往的研究表明，政治关联对于企业技术创新的影响往往不是由某一单一因素引起，它是多种因素耦合的结果，未来的学者可以考虑通过其他视角探索政治关联影响企业技术创新的作用方式。更进一步地，相比于政治关联对于企业技术创新积极影响路径的探索，挖掘政治关联影响企业技术创新的消极路径能够帮助企业发现更多难以把控的因素，对企业更好应用政治关联服务于技术创新提供更加有益的价值。

其次，本书只考虑了制度环境在政治关联与企业技术创新活动之间的调节效应，可能存在其他调节因素。已有对于调节效应的检验较为丰富，现有研究已经识别了诸如企业性质、地区市场化程度、经济发达程度、企业家人力资本等企业内外部因素的影响，本书充分考虑了制度环境对企业创新投入与产出的影响，在一定程度上丰富了现有边界研究。但可能依旧存在其他权变因素，尤其是当前市场经济快速变化，信息技术的快速迭代对企业技术创新活动起到十分重要的影响，因而未来的研究可以充分考虑外部新兴信息技术变迁、竞争对手信息技术突破对于企业创新活动的影响，尤其是在政治关联与企业技术创新活动之间的影响。特别地，技术的突破式创新，往往会带来知识的流动与溢出，因此企业如何妥善识别、吸收这些知识为自身所用，从而促进企业技术创新活动显得尤为重要，但是对于企业如何完成这一系列步骤仍有待于深入探索。此外，不同视角下的政治关联与企业技术创新投入或技术创新产出之间的关系或许存在显著的差异化影响，并且随着研究情景的变化，这些因素与政治关联的耦合效应也会存在显著的变化，甚至完全相反的变化。

最后，本书所采用的数据主要来源于2008—2015年所有在我国沪深上市的企业数据，这些二手数据也存在一定的弊端。尽管本书收集了大量的企业数据样本，并且这些数据也有效地验证了本书的假设，同时不同来源的数据互相印证、补充，保证了数据拥有更高的信效度，并且已有大多数与政治关联与企业技术创新之间的研究都是以二手数据作为研究数据，以此获得研究成果，但是对于研究者而言，如果可以结合一手数据，或者一手资料，那么可以帮助研究者构建更好的研究模型，同时充分使用一手数据和二手数据开展更为有趣的研究。此外，值得一提的是，本书的研究样本数量众多，由此得到的结论具有较强的可塑性与外拓性，因而未来的研究也应当选择样本量大、数据资料翔实的样本企业作为研究样本。同时，未来的研究可以考虑更长时间范围、更宽的企业类型开展政治关联与企业技术创新相关的研究，从多维数据获取渠道夯实政治关联与企业技术创新之间的关系研究。

总而言之，为了开展更具有理论意义与现实意义的研究，研究人员应当充分认识到已有研究的局限性与不足之处，在研究设计之初就避免现有研究的不足之处，设计出更为合理与严谨的研究模型，同时充分利用可用资源来充实自身的研究，丰富现有关于政治关联与企业技术创新活动之间的研究，为政府以及企业管理者提供更为精准的理论指导与实践启示。希望本书能够为未来有关政治关联与企业技术创新之间关系的研究提供有益的视角。

9 参考文献

[1] 梁莱歆，冯延超. 民营企业政治关联、雇员规模与薪酬成本[J]. 中国工业经济，2010，(10)：127-137.

[2] 罗明新，马钦海，胡彦斌. 政治关联与企业技术创新绩效——研发投资的中介作用研究[J]. 科学学研究，2013，31(6)：938-947.

[3] 曲亮，任国良. 高管政治关系对国有企业绩效的影响——兼论国有企业去行政化改革[J]. 经济管理，2012，(1)：50-59.

[4] 游家兴，徐盼盼，陈淑敏. 政治关联、职位壕沟与高管变更——来自中国财务困境上市公司的经验证据[J]. 金融研究，2010，(4)：128-143.

[5] 张建君，张志学. 中国民营企业家的政治战略[J]. 管理世界，2005，(7)：94-105.

[6] 曾萍，吕迪伟，刘洋. 技术创新、政治关联与政府创新支持：机制与路径[J]. 科研管理，2016，37(7)：17-26.

[7] 陈维，吴世农，黄飘飘. 政治关联、政府扶持与公司业绩——基于中国上市公司的实证研究[J]. 经济学家，2015，(9)：48-58.

[8] 党力，杨瑞龙，杨继东. 反腐败与企业创新：基于政治关联的解释[J]. 中国工业经济，2015，(7)：146-160.

[9] 邓建平，曾勇. 政治关联能改善民营企业的经营绩效吗[J]. 中国工业经济，2009，(2)：98-108.

[10] 杜元伟. 重大科技项目研究述评[J]. 中国市场，2011，(13)：129-130.

[11] 高照军，张宏如，蒋耘莛. 制度合法性距离、二次创新与开放式创新绩效的关系研究[J]. 管理评论，2018，30(3)：47-59.

[12] 苟燕楠，董静. 风险投资背景对企业技术创新的影响研究[J]. 科研管理，2014，35(2)：35-42.

[13] 黄庆华，陈习定，张芳芳，等. CEO 两职合一对企业技术创新的影响研究[J].

科研管理，2017，38(3)：69-76.

[14] 贾军，张卓. 技术多元化对企业绩效的影响研究——技术关联的调节效应[J]. 管理评论，2013，25(8)：126-133.

[15] 贾明，张喆. 高管的政治关联影响公司慈善行为吗？[J]. 管理世界，2010，(4)：99-113.

[16] 简兆权，陈键宏，王晨. 政治和商业关联、知识获取与组织创新关系研究[J]. 科研管理，2014，35(10)：17-25.

[17] 江静. 公共政策对企业创新支持的绩效——基于直接补贴与税收优惠的比较分析[J]. 科研管理，2011，32(4)：1-8.

[18] 江雅雯，黄燕，徐雯. 市场化程度视角下的民营企业政治关联与研发[J]. 科研管理，2012，33(10)：48-55.

[19] 康志勇. 融资约束、政府支持与中国本土企业研发投入[J]. 南开管理评论，2013，16(5)：61-70.

[20] 乐菲菲，张金涛，齐莹莹. 外部资源、技术决策偏好与政治关联企业研发投资——来自创业板上市公司的经验证据[J]. 科技进步与对策，2017，34(24)：78-87.

[21] 雷光勇，李书锋，王秀娟. 政治关联、审计师选择与公司价值[J]. 管理世界，2009，(7)：145-155.

[22] 黎文靖，郑曼妮. 实质性创新还是策略性创新？——宏观产业政策对微观企业创新的影响[J]. 经济研究，2016，(4)：60-73.

[23] 李传宪，干胜道. 政治关联、补贴收入与上市公司研发创新[J]. 科技进步与对策，2013，30(13)：102-105.

[24] 李梅，余天骄. 研发国际化是否促进了企业创新——基于中国信息技术企业的经验研究[J]. 管理世界，2016，(11)：125-140.

[25] 李诗田，邱伟年. 政治关联、制度环境与企业研发支出[J]. 科研管理，2015，36(4)：56-64.

[26] 李维安，李浩波，李慧聪. 创新激励还是税盾？——高新技术企业税收优惠研究[J]. 科研管理，2016，37(11)：61-70.

[27] 李新春，肖宵. 制度逃离还是创新驱动？——制度约束与民营企业的对外直接投资[J]. 管理世界，2017，(10)：99-112.

[28] 刘放，杨筝，杨曦. 制度环境、税收激励与企业创新投入[J]. 管理评论，2016，28(2)：61-73.

[29] 潘清泉，唐刘钊. 技术关联调节下的企业知识基础与技术创新绩效的关系研究[J]. 管理学报，2015，12(12)：1788.

[30] 潘越，戴亦一，李财喜. 政治关联与财务困境公司的政府补助——来自中国ST公司的经验证据[J]. 南开管理评论，2009，12(5)：6-17.

[31] 权小锋，吴世农. 投资者关注、盈余公告效应与管理层公告择机[J]. 金融研究，2010，(11)：90-107.

[32] 王锋正，陈方圆. 董事会治理、环境规制与绿色技术创新——基于我国重污染行业上市公司的实证检验[J]. 科学学研究，2018，36(2)：361-369.

[33] 温忠麟，张雷，侯杰泰，等. 中介效应检验程序及其应用[J]. 心理学报，2004，36(5)：614-620.

[34] 吴剑峰，杨震宁. 政府补贴、两权分离与企业技术创新[J]. 科研管理，2014，35(12)：54-61.

[35] 吴文锋，吴冲锋，刘晓薇. 中国民营上市公司高管的政府背景与公司价值[J]. 经济研究，2008，(7)：130-141.

[36] 吴文锋，吴冲锋，芮萌. 中国上市公司高管的政府背景与税收优惠[J]. 管理世界，2009，(3)：134-142.

[37] 夏力，李舒好. 政治关联视角下的政府补贴与民营企业技术创新[J]. 科技进步与对策，2013，30(3)：108-111.

[38] 肖文，林高榜. 政府支持、研发管理与技术创新效率——基于中国工业行业的实证分析[J]. 管理世界，2014，(4)：71-80.

[39] 徐建中，贾大风，李奉书，等. 装备制造企业低碳技术创新对企业绩效的影响研究[J]. 管理评论，2018，30(3)：82-94.

[40] 徐建中，曲小瑜. 低碳情境下装备制造企业技术创新行为的影响因素分析[J]. 科研管理，2015，36(3)：29-37.

[41] 徐业坤，钱先航，李维安. 政治不确定性、政治关联与民营企业投资——来自市委书记更替的证据[J]. 管理世界，2013，(5)：116-130.

[42] 许玲玲. 高新技术企业认定、政治关联与民营企业技术创新[J]. 管理评论，2017，29(9)：84-94.

[43] 杨风. 媒体治理、政治关联与研发投资——来自创业板上市公司的经验证据[J]. 科技进步与对策，2016，33(21)：76-82.

[44] 杨洋，魏江，罗来军. 谁在利用政府补贴进行创新？——所有制和要素市场扭曲的联合调节效应[J]. 管理世界，2015，(1)：75-86.

[45] 余菲菲，钱超. 政府科技补助对企业创新投入的门槛效应——基于科技型中小企业的经验研究[J]. 科研管理，2017，38(10)：40-47.

[46] 余明桂，范蕊，钟慧洁. 中国产业政策与企业技术创新[J]. 中国工业经济，2016，(12)：5-22.

[47] 余明桂，回雅甫，潘红波. 政治联系、寻租与地方政府财政补贴有效性[J]. 经济研究，2010，(3)：65-77.

[48] 余明桂，潘红波. 政治关系、制度环境与民营企业银行贷款[J]. 管理世界，2008，(8)：9-21.

[49] 袁建国，程晨，后青松. 环境不确定性与企业技术创新——基于中国上市公司的实证研究[J]. 管理评论，2015a，27(10)：60-69.

[50] 袁建国，后青松，程晨. 企业政治资源的诅咒效应——基于政治关联与企业技术创新的考察[J]. 管理世界，2015b，(1)：139-155.

[51] 张维今，李凯，王淑梅. CEO 权力的调节作用下董事会资本对公司创新的内在机制影响研究[J]. 管理评论，2018，30(4)：70-82.

[52] 张一林，龚强，荣昭. 技术创新、股权融资与金融结构转型[J]. 管理世界，2016，(11)：65-80.

[53] 张泳，王馨，侯敏，等. 制度驱动要素对企业标准竞争参与意向的影响[J]. 科研管理，2017，38(7)：1-8.

[54] 张振刚，薛捷. 中国科技企业孵化器的现状及潜在问题分析[J]. 中国科技论坛，2004，(2)：54-58.

[55] 周明，吴翠青. 政府补贴对中小企业科技创新的影响[J]. 科研管理，2017，38(S1)：574-580.

[56] 周亚虹，蒲余路，陈诗一，等. 政府扶持与新型产业发展——以新能源为例[J]. 经济研究，2015，(6)：147-161.

[57] 朱益宏，周翔，张全成. 私营企业家政治关联：催化了投机行为还是技术创新?[J]. 科研管理，2016，37(4)：77-84.

[58] ACEMOGLU D，JOHNSON S，ROBINSON J，et al. Institutional Causes，Macroeconomic Symptoms：Volatility，Crises and Growth [J]. Journal of Monetary Economics，2003，50(1)：49-123.

[59] ACEMOGLU D，ROBINSON J A. Persistence of Power，Elites，and Institutions[J]. American Economic Review，2008，98(1)：267-293.

[60] ADHIKARI A，DERASHID C，ZHANG H. Public Policy，Political

Connections, and Effective Tax Rates: Longitudinal Evidence from Malaysia[J]. Journal of Accounting and Public Policy, 2006, 25(5): 574-595.

[61] ADHIKARI B K, AGRAWAL A. Religion, Gambling Attitudes and Corporate Innovation[J]. Journal of Corporate Finance, 2016, 37(2014): 229-248.

[62] AUSTIN J E. Managing in Developing Countries: Strategic Analysis and Operating Techniques[J]. Journal of Management, 1990, 19(3): 77-78.

[63] AUTY R. Sustaining Development in Mineral Economies [M]. USA and Canada: Routledge, 1993: 1-283.

[64] BARNEY J. Firm Resources and Sustained Competitive Advantage[J]. Journal of Management, 1991, 17(1): 99-120.

[65] BARNEY J B. Resource-Based Theories of Competitive Advantage: A Ten-Year Retrospective on the Resource-Based View[J]. Journal of Management, 2001, 27(6): 643-650.

[66] BAUMANN J, KRITIKOS A S. The Link between R&D, Innovation and Productivity: Are Micro Firms Different? [J]. Research Policy, 2016, 45(6): 1263-1274.

[67] BRADLEY S W, MCMULLEN J S, ARTZ K, et al. Capital is not Enough: Innovation in Developing Economies[J]. Journal of Management Studies, 2012, 49(4): 684-717.

[68] BUSHMAN R M, PIOTROSKI J D, SMITH A J. What Determines Corporate Transparency? [J]. Journal of Accounting Research, 2004, 42(2): 207-252.

[69] CASTELLACCI F, LIE C M. Do the Effects of R&D Tax Credits Vary across Industries? A Meta-Regression Analysis[J]. Research Policy, 2015, 44(4): 819-832.

[70] CLAESSENS S, FEIJEN E, LAEVEN L. Political Connections and Preferential Access to Finance: The Role of Campaign Contributions[J]. Journal of Financial Economics, 2008, 88(3): 554-580.

[71] DIMAGGIO P J, POWELL W W. The Iron Cage Revisited: Institutional Isomorphism and Collective Rationality in Organizational Fields[J]. American Sociological Review, 1983, 48(2): 147-160.

[72] DINÇ I S. Politicians and Banks: Political Influences on Government-Owned Banks in Emerging Markets[J]. Journal of Financial Economics, 2005, 77(2):

453-479.

[73] ENGELEN A, BRETTEL M. A Coalitional Perspective on the Role of the R&D Department within the Organization [J]. Journal of Product Innovation Management, 2012, 29(3): 489-505.

[74] ETZKOWITZ H, LEYDESDORFF L. The Dynamics of Innovation: From National Systems and "Mode 2" to a Triple Helix of University-Industry-Government Relations[J]. Research Policy, 2000, 29(2): 109-123.

[75] FACCIO M, LANG L H P. The Ultimate Ownership of Western European Corporations[J]. Journal of Financial Economics, 2002, 65(3): 365-395.

[76] FACCIO M, MASULIS R W, MCCONNELL J J. Political Connections and Corporate Bailouts[J]. Journal of Finance, 2006, 61(6): 2597-2635.

[77] FAGERBERG J. Innovation Policy: Rational, Lessons and Challenges[J]. Journal of Economic Surveys, 2017, 31(2): 497-512.

[78] FISMAN R. Estimating the Value of Political Connections[J]. American Economic Review, 2001, 91(4): 1095-1102.

[79] FISMAN R, WANG Y. The Unsafe Side of Chinese Crony Capitalism[J]. Harvard Business Review, 2013, 91: 24-25.

[80] GANTER A, HECKER A. Persistence of Innovation: Discriminating between Types of Innovation and Sources of State Dependence[J]. Research Policy, 2013, 42(8): 1431-1445.

[81] HILLMAN A J, KEIM G D, SCHULER D. Corporate Political Activity: A Review and Research Agenda[J]. Journal of Management, 2004, 30(6): 837-857.

[82] IRELAND R D, HITT M A, SIRMON D G. A Model of Strategic Entrepreneurship: The Construct and Its Dimensions [J]. Journal of Management, 2003, 29(6): 963-989.

[83] JANSEN J J P, VAN DEN BOSCH F, VOLBERDA H W. Exploratory Innovation, Exploitative Innovation, and Performance: Effects of Organizational Antecedents and Environmental Moderators[J]. Management Science, 2006, 52(11): 1661-1674.

[84] JUNG D, WU A, CHOW C W. Towards Understanding the Direct and Indirect Effects of Ceos' Transformational Leadership on Firm Innovation[J]. Leadership

Quarterly, 2008, 19(5): 582-594.

[85] KLEER R. Government R&D Subsidies as a Signal for Private Investors[J]. Research Policy, 2010, 39(10): 1361-1374.

[86] LAURSEN K, MASCIARELLI F, PRENCIPE A. Regions Matter: How Localized Social Capital Affects Innovation and External Knowledge Acquisition [J]. Organization Science, 2012, 23(1): 177-193.

[87] LI H, ZHANG Y. The Role of Managers' Political Networking and Functional Experience in New Venture Performance: Evidence from China's Transition Economy[J]. Strategic Management Journal, 2007, 28(8): 791-804.

[88] LUK C L, YAU O H M, SIN L Y M, et al. The Effects of Social Capital and Organizational Innovativeness in Different Institutional Contexts[J]. Journal of International Business Studies, 2008, 39(4): 589-612.

[89] MEYER K E, ESTRIN S, BHAUMIK S K, et al. Institutions, Resources, and Entry Strategies in Emerging Economies[J]. Strategic Management Journal, 2009, 30(1): 61-80.

[90] OLIVER C. Sustainable Competitive Advantage: Combining Institutional and Resource - Based Views[J]. Strategic Management Journal, 1997, 18(9): 697-713.

[91] PENG M W, LUO Y. Managerial Ties and Firm Performance in a Transition Economy: The Nature of a Micro-Macro Link[J]. Academy of Management Journal, 2000, 43(3): 486-501.

[92] PFEFFER J, SALANCIK G R. The External Control of Organizations: A Resource Dependence Perspective[J]. Social Science Electronic Publishing, 2003, 23(2): 123-133.

[93] PORTER M E. The Contributions of Industrial Organization to Strategic Management[J]. Academy of Management Review, 1981, 6(4): 609-620.

[94] SILVA G M, STYLES C, LAGES L F. Breakthrough Innovation in International Business: The Impact of Tech-Innovation and Market-Innovation on Performance[J]. International Business Review, 2017, 26(2): 391-404.

[95] SIRMON D G, HITT M A, IRELAND R D. Managing Firm Resources in Dynamic Environments to Create Value: Looking inside the Black Box[J]. Academy of Management Review, 2007, 32(1): 273-292.

[96] SOBEL M E. Asymptotic Confidence Intervals for Indirect Effects in Structural Equation Models[J]. Sociological Methodology, 1982, 13(13): 290-312.

[97] SUN P, MELLAHI K, WRIGHT M, et al. Political Tie Heterogeneity and the Impact of Adverse Shocks on Firm Value[J]. Journal of Management Studies, 2015, 52(8): 1036-1063.

[98] TREVOR M. Technology Policy and Economic Performance. Lessons from Japan[J]. R&D Management, 1989, 19(3): 278-279.

[99] WERNERFELT B. A Resource-Based View of the Firm[J]. Strategic Management Journal, 1984, 5(2): 171-180.